**POLYGLOTT** auf Reisen

Kanarische Inseln

Susanne Lipps

Mit einem opulenten Tourenreiseführer
die Vielfalt der Welt erleben

Fischerboote dümpeln im Hafen von Arrecife

Lange Sandstrände säumen die Halbinsel Jandía

INHALT

KANAREN – MAGAZIN
20 **Die Kanaren entdecken**
24 **In Kürze**
26 Vulkanisches Erbe
32 Einmalige Flora
40 Spärliche Fauna
46 Umwelt- & Naturschutz
50 Rätselhafte Ureinwohner
56 Malvasier & Muskateller
62 **Geschichte der Kanaren**
64 Miguel de Unamuno
66 **Architektur**
74 César Manrique
78 **Malerei & Skulptur**
80 Lucha Canaria
82 Der Timple
84 Höhlendörfer
86 Windmühlen
88 **Folklore & Brauchtum**
92 Kunsthandwerk
94 **Feste & Veranstaltungen**
98 Son y Salsa
100 **Essen & Trinken**
104 Rezepte
108 Gofio – Speise der Ureinwohner
110 **Die besten Strände**
120 Gourmetsalz aus dem Atlantik
124 Läuse als Farbstofflieferanten
126 Aloe vera – Pflanze & Wirkung

TOP 12 HIGHLIGHTS
130 ⭐ Parque Nacional del Teide
132 ⭐ La Orotava
134 ⭐ Caldera de Taburiente
136 ⭐ Parque Cultural La Zarza
138 ⭐ Valle Gran Rey
140 ⭐ Mirador de la Peña
142 ⭐ Dunas de Maspalomas
144 ⭐ Puerto de Mogán
146 ⭐ El Jable
148 ⭐ Betancuria
150 ⭐ Parque Nacional de Timanfaya
152 ⭐ Jameos del Agua

Die Marina von San Sebastián de La Gomera

TOUREN AUF DEN KANAREN

156	**Teneriffa**	282	Tour ⓯ Strandwandern auf der Halbinsel Jandía
158	Tour ❶ Ins Anagagebirge	283	Tour ⓰ Mountainbiketour nach El Cotillo
158	Tour ❷ Auf Spaniens höchsten Gipfel		
163	Tour ❸ Landstädtchen im Norden	284	Unterwegs auf Fuerteventura
164	Unterwegs auf Teneriffa	298	**Lanzarote**
196	**La Palma**	301	Tour ⓱ Auf den Spuren von César Manrique
199	Tour ❹ Die Nordtour		
200	Tour ❺ Durch den vulkanischen Süde	302	Tour ⓲ Durch die Feuerberge
201	Tour ❻ Auf den Roque de los Muchachos	303	Tour ⓳ Auf die Nachbarinsel La Graciosa
203	Unterwegs auf La Palma	304	Unterwegs auf Lanzarote
220	**La Gomera**		
222	Tour ❼ In den Garajonay-Nationalpark	**BESONDERE TOUREN**	
222	Tour ❽ Bootsfahrt nach Los Órganos		
224	Unterwegs auf La Gomera	320	Kanaren-Kreuzfahrt
234	**El Hierro**	**REISEINFORMATION**	
236	Tour ❾ Ans »Ende der Welt« im äußersten Westen		
238	Tour ❿ Dörfer und Badebuchten im Norden	328	Klima & Reisezeit
		331	Anreise
239	Unterwegs auf El Hierro	332	Reisen in der Region
244	**Gran Canaria**	334	Sport & Aktivitäten
246	Tour ⓫ Panoramastraße im Westen	340	Unterkunft
248	Tour ⓬ Die Nordküste entlang	342	Infos von A–Z
248	Tour ⓭ Ins zentrale Bergland	347	Register
250	Unterwegs auf Gran Canaria	351	Impressum
278	**Fuerteventura**	352	Alle Touren auf einen Blick
280	Tour ⓮ Auf der Windmühlenroute		

Bizarre Steilküsten prägen vielerorts die Landschaft

ALLGEMEINE KARTEN
10 Übersichtskarte der Kapitel

REGIONEN-KARTEN
160 Teneriffa
198 La Palma
223 La Gomera
237 El Hierro
247 Gran Canaria
281 Fuerteventura
300 Lanzarote

STADTPLÄNE
164 Santa Cruz de Tenerife
186 Puerto de la Cruz
251 Las Palmas de Gran Canaria

SYMBOLE
☆ Top 12 Highlights
★ Highlights der Destination
❶ Die POLYGLOTT-Touren
🔟 Stationen einer Tour
[A1] Die Koordinate verweist auf die Platzierung in der Faltkarte
[a1] Platzierung Rückseite Faltkarte

PREIS-SYMBOLE
	Hotel (DZ)	Restaurant (Menü)
€	unter 60 EUR	unter 12 EUR
€€	60 bis 120 EUR	12 bis 20 EUR
€€€	über 120 EUR	über 20 EUR

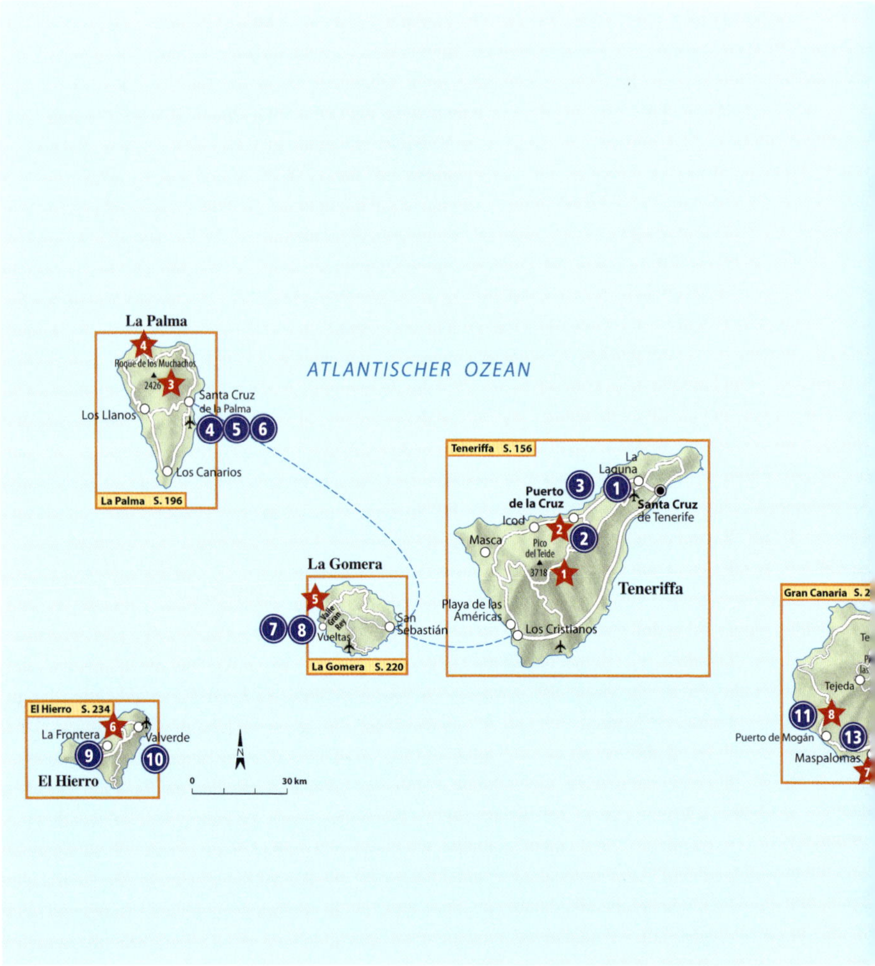

Zeichenerklärung
der Karten

	beschriebene Region (Seite=Kapitelanfang)
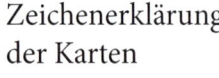	Sehenswürdigkeiten
	Tourenvorschlag

Übersichtskarte der Kapitel

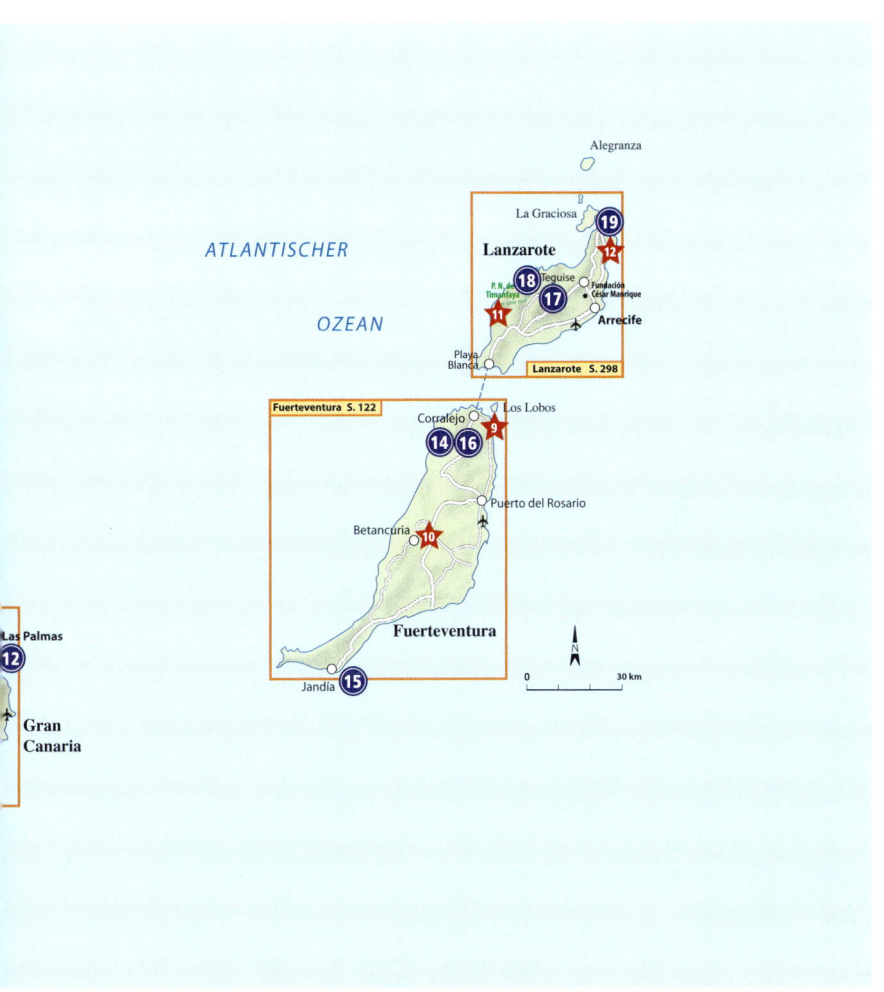

Blick vom Roque de los Muchachos in den Talkessel Caldera de Taburiente

Weiße und bunte Häuserwürfel in San Sebastián de La Gomera

Dschungelartiger Lorbeerwald bedeckt das Anagagebirge

Die alte Windmühle von Tefía ist wieder funktionsbereit

DIE KANAREN ENTDECKEN

Auf den Kanaren ist immer Saison. Der die Inseln umgebende Atlantik sorgt für ein ausgeglichenes Klima mit milden Wintern und angenehm temperierten Sommern. Weitere Pluspunkte sind wunderbare Strände und grandiose Landschaften. So wurde die zu Spanien zählende Inselgruppe vor Nordwestafrika, die von Mitteleuropa aus in nur vier Stunden per Flugzeug zu erreichen ist, zu einer der beliebtesten Destinationen für Bade- und Wanderurlauber.

Trotz des gemeinsamen vulkanischen Erbes hat jede der sieben Hauptinseln einen eigenständigen Charakter. Teneriffa vereint die meisten Superlative auf sich: Sie ist die größte und mit dem 3718 m hohen Pico del Teide auch höchste Insel. Mit ihren faszinierenden Naturräumen gilt sie zudem als die spektakulärste und vielseitigste der Kanaren.

La Palma im Nordwesten des Archipels nennt sich zu Recht die grünste Insel der Kanaren. Ausgedehnte Kiefernwälder in den hohen Lagen, Reste eines dschungelartigen Lorbeerwaldes im feuchten Norden und dazu ein alpin anmutender Gebirgskamm mit jungen Vulkanen und einem bizarren Talkessel im Zentrum machen die *isla bonita* (schöne Insel) zu einem echten Wanderparadies.

Hervorragend zum Wandern geeignet ist auch La Gomera. Markenzeichen der in den 1970er-Jahren von den Hippies für sich entdeckten Insel sind tiefe Schluchten, liebliche Palmentäler und ein von dichtem Nebelwald überzogenes Hochland. Die Szene trifft sich im legendären Valle Gran Rey.

Das am äußersten südwestlichen Rand des Archipels gelegene El Hierro wird bislang kaum von Touristen besucht. Die kleinste der sieben Kanareninseln kann zwar mit beeindruckenden Tauchgebieten aufwarten, die schroff abfallenden Küstenfelsen bieten allerdings kaum Raum für Badespaß am Strand. Dafür punktet El Hierro mit Ursprünglichkeit und einer zwar rauen, aber reizvollen Landschaft.

Gran Canaria im Zentrum der Kanaren verhalf dem Archipel zu seinem Namen, obschon die Insel nur die drittgrößte ist. Die weitläufigen Sandstrände im Süden machten Gran Canaria

Schönster Badeplatz im Norden von El Hierro: die Naturpools von La Maceta

Playa de Las Canteras, der Stadtstrand von Las Palmas

vor allem als Badeinsel bekannt, allerdings auch das wildromantische Bergland und nicht zuletzt die quirlige Metropole Las Palmas sind eine Erkundung wert.

Im Osten präsentiert sich Fuerteventura, die Afrika am nächsten gelegene Insel, fast waldlos und wüstenhaft trocken. Wegen der kilometerlangen Sandstrände ist »Fuerte« jedoch ein Paradies für Badegäste. Optimale Windverhältnisse machen die Insel außerdem für Wind- und Kitesurfer zum Hawaii Europas.

Auch Lanzarote zeigt sich wegen geringer Niederschläge vegetationsarm. Gewaltige Vulkanausbrüche im 18./19. Jh. verwandelten weite Teile der »Feuerinsel« in eine bizarre Mondlandschaft. Außer mit dem Nationalpark Timanfaya und Traumstränden glänzt Lanzarote mit dem künstlerischen Erbe seines großen Sohns, César Manrique.

IN KÜRZE

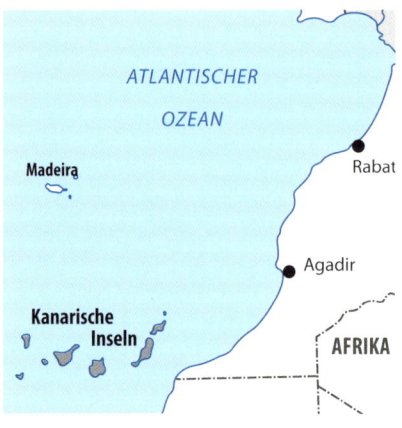

» **Einwohner:** Insgesamt ca. 2,12 Mio.; Teneriffa 898 000, La Palma 85 000, La Gomera 21 000, El Hierro 11 000, Gran Canaria 853 000, Lanzarote 142 000, Fuerteventura 109 000
» **Fläche:** Insgesamt 7447 km²; Teneriffa 2034 km², La Palma 708 km², La Gomera 370 km², El Hierro 269 km², Gran Canaria 1560 km², Lanzarote 846 km², Fuerteventura 1660 km²
» **Hauptstädte:** Santa Cruz (Provinz Teneriffa); Las Palmas (Provinz Gran Canaria)
» **Amtssprache:** Spanisch
» **Landesvorwahl:** 00 34
» **Währung:** Euro
» **Zeitzone:** MEZ -1 Std. ganzjährig

LAGE

Geografisch gesehen sind die Kanarischen Inseln Afrika zuzuordnen. Sie liegen zwischen dem 27. und 29. Breitengrad, unweit der südmarokkanischen Küste. Der Archipel besteht aus sieben Hauptinseln. Im Zentrum liegen Teneriffa und Gran Canaria, westlich davon die kleineren Inseln La Palma, La Gomera und El Hierro, im Osten Lanzarote und Fuerteventura. Zu den Hauptinseln gesellen sich noch einige Inselchen und Felsenriffe, als größte davon sind La Graciosa vor dem Nordzipfel von Lanzarote und Islote de Lobos im Nordosten von Fuerteventura zu erwähnen.

BEVÖLKERUNG

Im 20. Jh. und zu Beginn des 21. Jhs. hat sich die Einwohnerzahl der Kanaren mehr als vervierfacht. Etwa 2,1 Mio. Menschen leben gegenwärtig auf den Inseln; der weitaus größte Teil auf den beiden Hauptinseln Teneriffa und Gran Canaria. Amts- und Umgangssprache ist Spanisch, in den Ferienorten ist die Verständigung auf Englisch und Deutsch aber kein Problem.

POLITIK UND VERWALTUNG

1982 erhielten die beiden kanarischen Provinzen innerhalb Spaniens den Status einer Autonomen Region. Seither genießen sie u. a. in den Bereichen Tourismus, Erziehung und Kultur weitgehende Selbstständigkeit. Bedeutsame politische Entscheidungen werden jedoch nach wie vor in der Hauptstadt Madrid gefällt. Eine Loslösung vom spanischen Staat steht für die überwiegende Mehrheit der Canarios nicht zur Diskussion.

Der Sitz der Regionalregierung wechselt jede Legislaturperiode zwischen Santa Cruz de Tene-

In Kürze

rife und Las Palmas de Gran Canaria. Mit den *cabildos insulares* (Inselräten) verfügt außerdem jede der Inseln über ein eigenes lokales Selbstverwaltungsgremium.

Die beiden etablierten großen Festlandparteien der Sozialisten (PSOE) und Konservativen (PP) müssen sich zunehmend gegen lokalpolitisch geprägte Gruppierungen behaupten.

WIRTSCHAFT

Auf Teneriffa, Gran Canaria, Fuerteventura und Lanzarote, in zunehmendem Maße aber auch auf La Palma und La Gomera, ist der Tourismus der wichtigste Erwerbszweig. Zuletzt besuchten jährlich rund 13 Mio. Gäste – mehrheitlich sind es Deutsche, Engländer und Festlandspanier – den Archipel. Die Kanaren gehören damit zu den weltweit bedeutendsten Urlaubsdestinationen. In jüngster Zeit erfuhr der Tourismus einen erneuten Aufschwung, bedingt durch die Krisensituation im Nahen Osten. Diese führte zu einer erhöhten Nachfrage auf den Kanarischen Inseln, der allerdings eine begrenzte Zahl von Gästebetten gegenübersteht. Seit um die Jahrtausendwende ein weitgehender Baustopp in Kraft trat, ist die Bettenzahl sogar um 5 % zurückgegangen. Jetzt liegt die Auslastung in der Hochsaison regelmäßig bei 90–95 %, die Zimmerpreise steigen.

Daneben ist die Landwirtschaft ein ökonomisches Standbein. Die mit Abstand wichtigste Exportfrucht auf den Zentral- und Westkanaren ist die Banane, die mit hohem Bewässerungsaufwand in den Küstenzonen kultiviert wird. Traditionell handelt es sich dabei um die im 19. Jh. von dem französischen Diplomaten und Botaniker Sabin de Berthelot eingeführte Dwarf Cavendish, eine äußerst schmackhafte Zwergsorte. Zunehmend finden allerdings auch andere, ertragreichere Sorten Verwendung. Während die Plantagen im regenreichen Norden der Inseln grüne Teppiche bilden, sind sie im Süden, wo Wasser aus Kanälen zugeführt werden muss, mit Plastikplanen abgedeckt und wirken von Weitem wie ein riesiger See, eine viel kritisierte Umweltsünde. Allerdings ist der Anbau seit den 1980er-Jahren rückläufig. Hauptabnehmer ist das spanische Festland. Tomaten und Kartoffeln werden dagegen vornehmlich für den Eigenbedarf angebaut, Wein auch in kleinen Mengen für den Export. Auf Fuerteventura und Lanzarote ist Aloe vera ein erfolgreiches Nischenprodukt; aus der Pflanze werden vor Ort Pflege- und Heilmittel hergestellt.

Die Küstenfischerei geht seit Jahren zurück und kann den Eigenbedarf nicht mehr decken. In jüngerer Zeit hat sich jedoch die Fischzucht zu einem wachsenden Erwerbszweig entwickelt. Aus der Aquakultur kommen vornehmlich Dorade und Wolfsbarsch.

Von den etwa 730 000 Personen, die auf den Kanaren in einem Beschäftigungsverhältnis stehen, sind rund 3 % in der Landwirtschaft, etwa 5 % in der Industrie, 6 % in der Baubranche sowie 86 % im Dienstleistungssektor tätig, was die Bedeutung des Tourismus unterstreicht.

VULKANISCHES ERBE

Der vulkanische Ursprung der Inselgruppe ist unverkennbar. Schroffe Vulkankegel und unwirtliche Aschefelder oder dunkle Lavaströme (*malpaís* = schlechtes Land), die für den Ackerbau unbrauchbar sind und allenfalls als Ziegenweide taugen, prägen weite Teile der kanarischen Landschaft. Während die Ostinseln sich vor etwa 20 Mio. Jahren, immer wieder vergrößert durch Eruptionen, allmählich aus dem Atlantik erhoben, wird den Westkanaren ein Alter von weniger als 3 Mio. Jahren attestiert. Die beiden jüngsten Inseln, La Palma und El Hierro, bringen es gerade mal auf 1,5 Mio. Jahre.

JUNGE AKTIVITÄT

So unterschiedlich wie das Alter der Inseln nimmt sich auch deren vulkanische Tätigkeit aus. La Gomera und Gran Canaria waren schon lange nicht mehr aktiv, auf Fuerteventura liegt der letzte Vulkanausbruch mindestens 7000 Jahre zurück. Hingegen wurde die nur wenige Kilometer entfernte Nachbarinsel Lanzarote noch im 19. Jh. von gewaltigen Eruptionen heimgesucht, die weite Flächen der Insel umgestalteten. Teneriffa erlebte in historischer Zeit eine ganze Reihe von Vulkanausbrüchen. So wurde etwa 1706 die Hafenstadt Garachico an der Nordküste vollständig durch Lavamassen zerstört. Zuletzt aktiv war 1909 der Chinyero an der Nordwestflanke des Pico del Teide. Noch jüngere Vulkane besitzt La Palma. Dort begann am 24. Juni 1949 die San-Juan-Eruption, wobei sich wochenlang Lava aus mehreren Schlünden ergoss und Aschewolken über der Insel standen. 1971 hatte die Eruption des Teneguía im Süden La Palmas einen regelrechten Vulkantourismus zur Folge. Faszinierende Wanderwege erschließen diese Gebiete. Der letzte Vulkanausbruch fand 2011 vor der Küste von El Hierro statt und hatte vorübergehend die Evakuierung des Hafenorts La Restinga zur Folge – ein deutliches Zeichen dafür, dass der Archipel noch immer »in Arbeit« ist.

Der Pico del Teide überragt das zentrale Gebirge Teneriffas

Einsam steht die Kiefer an La Palmas Vulkanroute

BARRANCOS UND STEILKÜSTEN

Das Alter der Inseln spiegelt sich in der landschaftlichen Ausprägung wider. Auf den Ostinseln hatten die Erosionskräfte genug Zeit, die Bergstöcke, die sich aus weiträumigen Ebenen emporheben, teilweise sanft zu runden. Die Oberflächen dieser Inseln sind daher verhältnismäßig flach, wenngleich es einige mäßig hohe Bergmassive gibt. Ganz anders präsentieren sich die Zentral- und Westkanaren. Tief eingeschnittene, kilometerlange Schluchten *(barrancos)* graben sich vom Landesinneren ans Meer. Von Steilstufen und unwegsamen Katarakten unterbrochen, verleihen sie den Inseln einen wild zerklüfteten Charakter. Die bizarre Topografie wird durch Hangtäler abgemildert, die größten darunter – wie das Valle de Orotava auf Teneriffa – avancierten aufgrund fruchtbarer Böden und lieblicher Landschaft zu bevorzugten Siedlungsgebieten.

Genauso zerfurcht wie das Inselinnere gestalten sich die Küstenlinien. Auf den Ostinseln fassen den Meeressaum zum Teil kilometerlange, helle Strände ein, deren Sand keineswegs aus Afrika herübergeweht wurde, wie oft vermutet wird, sondern größtenteils aus zerriebenen Kalkschalen von Meerestieren besteht. Hier und da wurde der Sand weit landeinwärts geweht und bildet dort ausgedehnte Dünenfelder. Demgegenüber sind die übrigen Inseln gar nicht so üppig mit natürlichen Stränden ausgestattet, wie mancher Besucher glaubt. Vielfach fällt das Land an vielen Stellen zum Meer hin steil ab. Teneriffa besitzt allerdings längere Strände bei den großen Ferienorten im Südwesten sowie einen künstlich angelegten Sandstrand bei Santa Cruz de Tenerife. Und Gran Canaria zeichnet sich – abgesehen vom berühmten Hauptstadtstrand Playa de Las Canteras – durch den gewaltigen Dünenstrand im Süden bei Playa del Inglés und Maspalomas aus. Hingegen sind die drei kleineren Westinseln größtenteils von Klippen und Steilküste umgeben, die nur hier und da durch kleine Badebuchten unterbrochen werden. Deren dunkel gefärbter Sand oder Kies geht auf Vulkangestein zurück. Ersatz für fehlende Strände bieten an manchen Stellen bizarre Naturpools in den Brandungsfelsen.

DIE NATIONALPARKS

Von ihrer schönsten Seite präsentiert sich die vulkanische Natur in mehreren als Nationalparks ausgewiesenen Schutzzonen. Der Parque Nacional del Teide auf **Teneriffa** › **S. 156** stellt mit dem 3718 m hohen Pico del Teide, Spaniens höchstem Berg, der von Las Cañadas, einem der größten Krater der Welt, umgeben ist, eine der spektakulärsten Landschaften der Kanaren dar. Die von scharfkantigen, erkalteten Lavaströmen durchzogenen Cañadas entstanden nicht bei einem Vulkanausbruch, sondern durch Einsturz eines ellipsenförmigen Gebiets von bis zu 17 km Durchmesser über einer entleerten Magmakammer. Nicht minder imposant ist der Parque Nacional Caldera de Taburiente auf **La Palma** › **S. 196**. Der schütter mit Kiefern bewaldete, mehr als 1600 m tiefe und durch zahlreiche schmale *barrancos* zerfurchte Kraterkessel zeigt sich vom Mirador am Roque de los Muchachos in seiner ganzen Ausdehnung. Seine Entstehung verdankt er nach neueren Forschungen nicht vulkanischen Vorgängen, sondern der Erosion. Im Gegensatz zu den Cañadas gibt es einen Abfluss aus dem Kessel, den atemberaubend engen Barranco de Las Angustias (Schlucht der Todesängste). Einen deutlichen Kontrast dazu setzt der Parque Nacional de Timanfaya auf **Lanzarote** › **S. 298**. Zwischen nackten Vulkankegeln, den erst im 19. Jh. entstanden Feuerbergen, macht sich eine Lavawüste breit, auf der bisher keine Vegetation Fuß fassen konnte und die gerade deswegen so faszinierend wirkt. Mancherorts ist hier noch die Erdwärme zu spüren, die ein Restaurant sogar für seinen Naturgrill nutzt. Ganz anders der Parque Nacional de Garajonay auf **La Gomera** › **S. 220**, wo nicht nur die vulkanischen Formen Anlass für den Schutz der Landschaft boten, sondern vor allem ein Märchenwald wie aus dem Bilderbuch, mit Flechten behangenen Bäumen und von Moosen gepolsterten Bachufern.

Weit schweift der Blick über die Caldera de Taburiente

EINMALIGE FLORA

Die Paradiesvogelblume wurde zum Wahrzeichen Teneriffas

Gleich ins Auge springen dem Besucher Hunderte von tropischen und subtropischen Ziergewächsen aus aller Welt. Sie gedeihen in Gärten, Parks, Patios und an Straßenrändern, darunter farbenprächtige Bougainvilleen, grellorangerote Feuerbegonien, baumhohe Weihnachtssterne und süßlich duftender Oleander. Viele öffentliche Plätze werden von riesigen Gummibäumen beschattet, für hübsche Farbakzente sorgen im Frühjahr die taubenblau blühenden Jacarandabäume und leuchtend roten Afrikanischen Tulpenbäume. Die Paradiesvogelblumen oder Strelitzien, ursprünglich in Südafrika heimisch, gedeihen vor allem auf Teneriffa und Gran Canaria prächtig. Als Mitbringsel halten sie zu Hause in der Vase bis zu zwei Wochen.

ENDEMISCHE KOSTBARKEITEN

Aber auch die einheimische Pflanzenwelt ist exotisch genug. Sie ist zwar weniger blüten-, aber nicht weniger artenreich. Was im Miozän und Pliozän 45 bis 25 Mio. Jahre vor unserer Zeitrechnung noch im Mittelmeerraum wuchs und inzwischen dort längst ausgestorben ist, blieb auf den Kanaren auf wundersame Weise erhalten. Dank ihrer geografischen Randlage von der letzten Eiszeit so gut wie verschont, konnte auf den Inseln so manche Pflanzenart überleben. Knapp 800 Pflanzen sind im Archipel heimisch. Von ihnen wachsen etwa 30 % nur auf den Kanaren, Madeira, den Azoren und den Kapverden, dem sogenannten Makaronesischen Raum. Solche Arten werden Endemiten genannt. Endemisch sind z. B. Kanarische Dattelpalme und Kanarische Kiefer. Allein 130 Pflanzenarten gedeihen allein auf Teneriffa, der botanisch vielseitigsten der Kanaren. Einige davon gibt es nur an ein oder zwei Stellen auf der Insel, so die besondere Vegetation des Teide-Nationalparks und ein rot blühendes Wolfsmilchgewächs, das in freier Natur nur im Barranco del Infierno und im Tenogebirge vorkommt. Einen hervorragenden Überblick über die Flora der Inseln bietet der Jardín Botánico Viera y Clavijo bei Las Palmas (Gran Canaria). Hingegegen widmet sich der Botanische Garten von Puerto de la Cruz (Teneriffa) den exotischen, von fernen Kontinenten importierten Pflanzen.

HUMBOLDTS HÖHENSTUFEN

Mit der Höhenlage ändert sich der natürliche Pflanzenbewuchs. Besonders deutlich ist diese Tatsache auf den Inseln Teneriffa und La Palma zu erkennen, die Höhen von 3718 m (Pico del Teide) bzw. 2426 m (Roque de los Muchachos) erreichen. Das Verdienst, erstmals die nach Höhenlagen gegliederten Vegetationszonen beschrieben zu haben, gebührt dem deutschen Naturforscher Alexander von Humboldt. Beispielhaft war für ihn das Orotava-Tal auf Teneriffa, wo von der Küste bis hinauf in die Hochgebirgsregion des Teide alle Zonen mit einem Blick zu erfassen sind.

In den trockenen, heißen Tiefenzonen bis in 400 m Höhe haben die einheimischen Pflanzen besondere Fähigkeiten entwickelt, um dort existieren zu können. Sie bilden, um die Feuchtigkeitsabgabe zu minimieren, z. B. nur schmale Blätter, umgeben sich mit harten Hüllen (Verholzung) oder verwandeln ihre Feuchtigkeit in einen dicken Saft, die »Wolfsmilch« (Vorsicht: ätzend!). So wird die Sukkulenten-Formation der Küstenzone von trockenheitsresistenten Euphorbiengewächsen wie der Kandelaber- oder Säulenwolfsmilch und der König-Juba-Wolfsmilch, einem wie ein Minibaum wirkenden Busch, geprägt. Hinzu gesellt sich vielerorts die Opuntie, ein aus Mexiko eingeführter Feigenkaktus, den die Einheimischen *tunera* nennen. In der Küstenzone war ursprünglich auch der in der Natur selten gewordene, dafür in Parks und Gärten häufig gepflanzte Drachenbaum (span. *drago*) zu Hause, der berühmteste Spross der Kanarenflora. Das bis zu 20 m hohe, mit Lilien und Agaven entfernt verwandte Gewächs kommt sonst nur auf Madeira, den Azoren und den Kapverdischen Inseln sowie interessanterweise an einigen Stellen am Roten Meer vor. Vor Jahrmillionen war der *drago*, wie durch Fossil-

Stiller Kiefernwald im Bergland von Gran Canaria

funde bekannt ist, auch im Mittelmeerraum verbreitet, starb dort allerdings im Verlauf des Eiszeitalters aus. Den Ureinwohnern der Kanaren war er heilig, sein harziger Saft diente ihnen zur Mumifizierung ihrer Toten. Da Drachenbäume keine Jahresringe aufweisen, gab die Altersbestimmung Anlass zur Legendenbildung: Von den Canarios wird der größte *drago* in Icod de los Vinos (Teneriffa) tausendjähriger Drachenbaum genannt. Botaniker attestieren dem derzeit ältesten Drachenbaum allerdings höchstens 400 Jahre. Die Kanarische Dattelpalme, eine Verwandte der nordafrikanischen Dattelpalme, die allerdings keine essbaren Früchte liefert, wächst an Stellen, wo sie Grundwasser findet. Auf Lanzarote und Fuerteventura sowie im Süden Gran Canarias bildet sie regelrechte Oasen. Die meisten Palmen wachsen übrigens nicht auf La Palma, wie der Name der Insel vermuten lassen könnte, sondern auf La Gomera, wo rund 200 000 von ihnen gezählt werden.

Unmittelbar an der Küste sind mancherorts die salzresistenten Pflanzen besonders interessant. Diese gedeihen in flachen Uferzonen und bilden vor allem auf Lanzarote und Fuerteventura regelrechte Salzwiesen. Oft sind sie fleischfressend, und gelegentliche Überschwemmungen mit Meerwasser können ihnen nichts anhaben. Der Färberflechte, einer Pflanze, aus der früher ein purpurner Farbstoff gewonnen wurde und die an den Brandungsklippen gedeiht, verdankten die beiden Ostinseln ihren gemeinsamen Namen Purpurarien.

Auf den Westkanaren, vor allem auf La Gomera und La Palma, aber auch auf Teneriffa im Anagagebirge sind große Restbestände des Lorbeerwaldes erhalten. Gran Canaria besitzt nur noch einen kleinen, kaum mehr als wenige Quadratmeter großen Bestand im Norden bei Moya. Dieser immergrüne Feuchtwald bildet mit diversen Baumarten, Sträuchern und Farnen ein

La Palma ist die Insel der Drachenbäume

einzigartiges Ökosystem. Hier findet man unter vier verschiedenen Lorbeerbaumarten auch den *laurel,* den Kanarischen Lorbeer, dessen Blätter den Duft des Gewürzlorbeers verströmen. Die humusreichen Wälder wurden vielfach für die Gewinnung von Baumaterial und Möbelholz, Holzkohle und Feldern geopfert.

Hier und da haben aber inzwischen Aufforstungsarbeiten begonnen, etwa im Norden Gran Canarias. Wo der Lorbeerwald nicht mehr genug Feuchtigkeit vorfindet, hat sich die Fayal-Brezal-Formation breitgemacht, die im oberen, trockeneren Bereich der Passatwolken in Höhen bis zu 1500 m zu finden ist.

Große Bestände bildet die Fayal-Brezal-Formation etwa im Inselinneren von El Hierro. Die beiden Leitpflanzen dieser Zone sind der Gagelbaum und die auf den Kanaren bis zu 20 m hoch wachsende Baumheide.

KIEFERNWALD UND HOCHGEBIRGSWÜSTE

Eine wichtige Rolle im Wasserhaushalt spielt der Kiefernwald. Die endemische Kanarenkiefer holt sich ihr Wasser aus den Wolken. Die Feuchtigkeit bleibt an den bis zu 30 cm langen, in Dreierbüscheln wachsenden Nadeln hängen, tropft ab und trägt so dazu bei, die Wasserreserven der Inseln aufzufüllen. Um auf Vulkaninseln mit Ausbrüchen und folgenden Feuern überleben zu können, hat die Kanarische Kiefer eine ganz besondere Eigenschaft entwickelt: Sie ist feuerresistent. Ihr harzreiches, hartes Kernholz übersteht Brände, weil es von einer dicken,

Lorbeerwald im Nationalpark Garajonay

mehrfach geschichteten Borke geschützt ist. Selbst wenn der Baum in einer Feuersbrunst alle Äste verloren hat, schlägt er im nächsten Jahr direkt am Stamm wieder aus. Kiefern wachsen in Höhenlagen bis zu 2000 m. Im Unterholz der Kiefernwälder gedeihen nur zwei Endemiten: *amagantes*, eine Zistrose mit zartrosa Blüten, und *codeso*, eine Leguminose, die im Frühjahr leuchtend gelb blüht.

Die subalpine Hochgebirgszone oberhalb der Passatwolken ist auf Teneriffa und La Palma beschränkt. Hier ist es ganzjährig trocken und sonnig, die Temperaturen zwischen Tag und Nacht schwanken stark, im Winter gibt es regelmäßig Frost und teilweise auch Schneefall. Spektakulärste Pflanze in diesem Bereich, in dem nur wenige hoch spezialisierte Arten gedeihen, ist der Rote Teide-Natternkopf mit bis zu 3 m hohen Blütenkerzen von Ende Mai bis Ende Juni. Jede davon trägt bis zu 30 000 winzige Blüten. Zu jeder Jahreszeit fallen hier die riesigen Ginsterbüsche ins Auge. Der Teideginster blüht in den ersten Sommermonaten weiß und duftet betörend süß, der gelb blühende Ginster hat sich aus den Kiefernwäldern hierher vorgewagt. Als runde Polster treten die Teidemargariten, die ebenfalls gelb blühende Besenrauke und der rosa-lila blühende Teidelack auf. In Höhen oberhalb von 2900 m, die nur auf Teneriffa erreicht werden, hat es bloß das Teideveilchen geschafft. Es wächst an den Bimssteinhängen des Vulkans. Eine Spezialität der Insel La Palma ist das La-Palma-Veilchen in der Gipfelregion.

BUCHTIPP:
»Die Kosmos Kanarenflora« von Peter und Ingrid Schönfelder, Franckh-Kosmos Verlag.

SPÄRLICHE FAUNA

So beeindruckend sich die Flora der Kanarischen Inseln darstellt, so unspektakulär ist die Tierwelt. Erst die gute Nachricht: Es gibt so gut wie keine gefährlichen Tiere. Unterwegs in der Natur werden Besuchern allenfalls Ziegen und Schafe und höchstens einmal ein verirrter Jagdhund begegnen. Ciempiés, 10–20 cm lange Tausendfüßler, deren Biss giftig sein kann, verstecken sich vorzugsweise in den abgelegenen heißen Gegenden unter Steinen. Vor Schlangen braucht sich niemand zu fürchten, es gibt nämlich keine.

Jetzt die schlechte Nachricht: Die kanarische Tierwelt ist ausgesprochen artenarm. Auf den meisten Inseln sind die einzigen von Natur aus vertretenen Säugetiere Fledermäuse. Nur auf Fuerteventura und Lanzarote so-

Ziegen liefern die Milch für den begehrten kanarischen Weichkäse

Die Population der Schmutzgeier auf Fuerteventura wächst wieder

wie einigen ihrer kleinen Nebeninseln kommt außerdem noch die selten gewordene, endemische Kanaren-Spitzmaus vor. Weitere Säugetiere, etwa Ziegen, Esel oder Dromedare, wurden vom Menschen als Haustiere eingeführt, Kaninchen als Jagdwild. Auf Fuerteventura bekommt man das putzige Wüstenhörnchen oft zu Gesicht, es wurde in jüngerer Zeit aus der ehemaligen Spanisch-Sahara eingeschleppt. Leider richtet es – ebenso wie das Kaninchen – schwere Schäden an der kanarischen Vegetation an.

PARADIES FÜR ORNITHOLOGEN

Recht vielseitig ist dagegen die Vogelwelt, rund 35 Arten leben ganzjährig auf den Inseln und brüten hier. An Lagunen und Stauseen finden sich in den Wintermonaten außerdem etliche Zugvögel ein. Dank strenger Schutzbestimmungen erholen sich die Vogelbestände, die früher durch Jagd dezimiert wurden. Auf allen Inseln des Archipels brütet der Kanarenpieper. An seinem typischen, wellenförmigen Flug erkennt man den Raubwürger, der verschiedene Kleinvogelarten schlägt.

Vergeblich sucht man übrigens den bekannten bunten Kanarienvogel *(canario)* – er ist eine reine Züchtung. Auf den Inseln lebt nur dessen Stammvater, der eher unscheinbar gelb, grau und grün gefärbte Kanariengirlitz, der auch nicht unentwegt trällert.

Als »kanarische Nachtigall« gilt die Mönchsgrasmücke. An Greifvögeln sind Sperber, Turmfalke und Mäusebussard vertreten. Von dem stark gefährdeten Schmutzgeier gibt es auf Fuerteventura wieder etwa 240 Exemplare. Auf den anderen Inseln ist er praktisch ausgestorben.

Fauna

Auf La Palma lebt eine endemische Unterart der kleinen Kanareneidechse

RIESENEIDECHSEN UND CO.

Wenn es im Gesträuch raschelt, tummeln sich dort wahrscheinlich flinke Eidechsen *(lagartos)*. Die Kanareneidechse gibt es nur auf den Kanarischen Inseln, die Purpurarien-Eidechse, die an ihren türkisfarbenen Flecken an den Flanken zu erkennen ist, gar nur auf Lanzarote und Fuerteventura. Beide verschmähen ein Stück Banane oder Apfel nicht. Eine Besonderheit sind die Rieseneidechsen, die vermutlich auch auf dem Speiseplan der kanarischen Ureinwohner standen. Mehrere Inseln haben eigene endemische Arten hervorgebracht. Auf Gran Canaria sind die *lagartos gigantes* noch recht häufig, werden allerdings maximal 50 cm lang. Auf El Hierro können sie bis zu 75 cm Länge erreichen, galten aber bis vor wenigen Jahren als ausgestorben und werden heute mit hohem Aufwand nachgezüchtet, um sie anschließend auszuwildern. Auch auf Teneriffa und vielleicht auf La Palma kommen Rieseneidechsen vor. Ihre sehr viel kleineren Verwandten, die an den Haftzehen zu erkennenden Geckos, verkriechen sich tagsüber in Mauerritzen oder Felsspalten und verlassen am Abend ihr Versteck, um auf Insektenfang im Hotel die Zimmerwände hinaufzuhuschen. Sie sind nützliche Mückenvertilger. Sehr selten geworden ist der an Sandstränden lebende, harmlose Skink. Ihm ist zum Verhängnis geworden, dass er oft für eine Schlange gehalten und erschlagen wurde.

Den größten Teil der Inselfauna machen die Insekten aus. Im Frühjahr begleiten Schmetterlinge die Wanderer, kleine, wie die knallgelben Zitronenfalter, aber auch eindrucksvoll große und tropisch bunte wie der Monarch. Libellen

Die Unechte Karettschildkröte zieht ihre Kreise in kanarischen Gewässern

Fauna

schwirren in der Nähe von Stauseen, Grillen zirpen im Gebüsch.

WAS SICH IM MEER TUMMELT

Unüberschaubar ist hingegen die Zahl der Seevögel, von denen ständig neue Arten an den Küsten gesichtet werden, und der Meeresbewohner. Zur Freude der Schnorchler und Taucher leben zahlreiche kleine bunte Fische längs der Felsküsten und geben gemeinsam mit Seesternen und Seelilien ein tropisch anmutendes Bild ab. Weiter außerhalb sind Schwertfische, Mantas, Haie (die sich nur selten in flache Küstengewässer wagen), Thunfische und Meeresschildkröten zu Hause. Mehr als 20 Arten von Walen und Delfinen kommen in den kanarischen Gewässern vor. Sie sind bei den auf den sechs größeren Inseln angebotenen Bootsexkursionen zu beobachten. Gefährdet sind diverse Weich- und Krustentierarten, die in den Felsen der Steilküsten leben, insbesondere die selten gewordene Kanarische Miesmuschel und die Entenmuschel *(percebes)*. Für vier Arten von Napfschnecken *(lapas)* musste einige Jahre lang sogar ein Sammelverbot erlassen werden. Zwei der betroffenen Arten haben sich seither erholt und dürfen wieder verzehrt werden.

Das goldfarbene Weibchen der Feuerlibelle sitzt auf einer Aloe

UMWELT- & NATURSCHUTZ

Der Fremdenverkehr brachte den Canarios zwar mit den höchsten Lebensstandard innerhalb Spaniens ein, erkauft wurde der neue Wohlstand aber mit mancherorts zugebauten Küsten. Allerdings wurde um die Jahrtausendwende ein Baustopp für touristische Anlagen erlassen. Neue Hotels und Apartmentanlagen werden zwar genehmigt, aber dafür müssen alte abgerissen werden. In der Praxis hat dies in den letzten Jahren sogar zu einer Verringerung der Zahl der Gästebetten um rund 5 % geführt. Traumhafte Naturstrandzonen wie die Playas del Papagayo im Süden Lanzarotes oder die Grandes Playas bei Corralejo (Fuerteventura) dürfen nicht mehr bebaut werden.

KNAPPES WASSER

Mit dem Einzug einer moderneren Lebensweise, einem rapiden Bevölkerungswachstum durch Zuwanderung vom spanischen Festland und aus dem Ausland sowie dem zunehmenden Tourismus stieg der Wasserbedarf auf den Inseln in den vergangenen Jahrzehnten immens. Pro Kopf konsumieren die Canarios heute rund 300 l pro Tag. Für einen Touristen kalkulieren die Hotels mit 400 l. Auf den feuchteren Inseln Gran Canaria, Teneriffa, La Palma und La Gomera ist allerdings die Landwirtschaft der mit Abstand größte Verbraucher von Wasser, das für die künstliche Bewässerung der Bananenplantagen gebraucht wird.

Auf den trockenen Inseln im Osten des Archipels, wo die Menschen früher Trinkwasser durch Auffangen der geringen Niederschläge gewannen, wird es heute ausschließlich von Meerwasserentsalzungsanlagen erzeugt, die allerdings weitgehend umweltfreundlich mit Windenergie versorgt werden. Hingegen stammt das Wasser auf den feuchteren Inseln aus Quellen oder auch aus in die Berge getriebenen, kilometerlangen Stollen. Letztere sind vor allem auf Teneriffa und La Palma in die Kritik geraten, da sie bereits zu einer erheblichen Absenkung des Grundwasserspiegels führten. Der Trinkwasserversorgung dienen oft auch küstennahe Tiefbrunnen, deren Wasser durch Einsickern von Meerwasser allmählich versalzt und damit als Trinkwasser unbrauchbar zu werden droht.

Strand und Hotelkulisse von Puerto de la Cruz

Immer wieder kommt es auf den Kanaren zu Waldbränden, hier auf La Palma

FEUERTEUFEL

Ein regelmäßig wiederkehrendes Problem auf den Inseln sind die Waldbrände. Jeden Sommer gibt es auf den Kanaren zwischen 70 und 150 davon, einige schaffen es sogar bis in die internationale Presse. Bei den schlimmsten Bränden in jüngerer Zeit wurden 2012 auf Teneriffa rund 6500 ha und auf La Gomera etwa 2800 ha Wald vernichtet. Schon eine achtlos weggeworfene brennende Zigarette, ein nicht sorgfältig gelöschtes Grillfeuer beim Picknick oder eine Glasflasche (Brennglaseffekt) können verheerende Auswirkungen haben. Daran sollte man immer denken. Dennoch kommt Unachtsamkeit als Ursache der Brände eher selten infrage. Die meisten Feuer scheinen absichtlich gelegt zu werden, auch wenn es den Behörden selten gelingt, die Täter zu ermitteln. Solcher Taten verdächtigt werden etwa Viehhirten, die Weideflächen für ihre Tiere gewinnen wollen, oder Arbeitslose, die hoffen, bei den anschließend notwendigen Aufräumarbeiten im Wald Beschäftigung zu finden. In Einzelfällen sollen auch Pyromanen am Werk gewesen sein.

NATURSCHUTZ GROSS GESCHRIEBEN

»Canarias, naturaleza cálida« (Kanarische Inseln, milde Natur) lautet ein offizieller Werbeslogan der Inselgruppe. Dieses Motto zeigt, welche Bedeutung die kanarische Regierung der Natur als touristisches Potenzial beimisst. Wie eine Untersuchung des Studienkreises für Tourismus ergab, legt nahezu die Hälfte der deutschen Urlauber Wert auf aktive Maßnahmen zum Umweltschutz am Urlaubsort. Bei der Entscheidung für die Kanarischen Inseln als Urlaubsziel spielt ihre natürliche Schönheit eine wichtige Rolle. Um sie zu erhalten, hat das kanarische Parlament in den letzten Jahren mehrere Gesetze zum Schutz von Natur und Umwelt verabschiedet. Seither stehen große Flächen auf den Inseln, nicht zuletzt auch die vier **Nationalparks › S. 30** auf Teneriffa, La Palma, La Gomera und Lanzarote, sowie breite Meeresstreifen vor den Küsten unter Naturschutz. Andere Gesetze, deren Einhaltung mit Nachdruck verfolgt wird, dienen dem Erhalt von Flora und Fauna und unterstützen alternative Energien.

RÄTSELHAFTE UREINWOHNER

Als die Spanier im Verlauf des 15. Jhs. den kanarischen Archipel eroberten, stießen sie auf eine steinzeitliche Kultur, die weder Metallverarbeitung noch das Rad kannte. Die Altkanarier, auf Teneriffa als Guanchen bezeichnet, wohnten in Höhlen, kleideten sich in Felle und kämpften mit Beilen aus Vulkangestein. Sie lebten von Viehhaltung und primitivem Ackerbau. Hauptbestandteile der Ernährung waren *gofio*, eine Mischung aus geröstetem und gemahlenem Getreide, sowie Ziegenmilch, Honig und Meeresschnecken. Bis heute ist nicht geklärt, wie die Ureinwohner auf die Kanaren gekommen sind, da die Spanier bei der Conquista im 15. Jh. keine Boote vorfanden. Vielleicht waren es Ausgestoßene, die auf kaum seetüchtigen Flößen die Inseln zufällig erreichten, oder auch Deportierte aus dem Römischen Reich. Durch Radiokarbondatierungen und Kulturvergleiche ist bekannt, dass die ersten Einwanderer etwa zwischen 500 und 200 v. Chr. auf die Inseln kamen und von nordwestafrikanischen Berbern abstammten. Einige Sprachreste sind im Inseldialekt noch nachzuweisen oder sind überliefert. Die Überbleibsel der archaisch anmutenden Kultur faszinieren heute nicht nur Archäologen.

Guanchen-Statuen am Mirador de Betancuria

PETROGLYPHEN UND WOHNHÖHLEN

Die Letreros de El Julán im menschenleeren Westen von El Hierro zählen zu den wichtigsten Felsbildstellen des Archipels. Die in Lavaplatten gravierten Zeichen weisen Ähnlichkeiten mit einer libyschen Berberschrift auf und gelten als Beleg dafür, dass die Kanarischen Inseln von Nordafrika aus besiedelt wurden. Die Anfahrt zum **Parque Cultural de El Julán** erfolgt ab El Pinar in Richtung Leuchtturm. Das Besucherzentrum (tgl. 10–18 Uhr) bietet eine informative Ausstellung und ist Ausgangspunkt für geführte Touren zu Fuß oder per Jeep zu der archäologischen Zone, die – um Vandalismus vorzubeugen – nicht auf eigene Faust besichtigt werden darf. Die Touren werden meist zweimal pro Tag angeboten (aktuelle Infos unter Tel. 922 55 41 09 oder 922 55 03 02).

Im Tal von La Zarza im Nordwesten von La Palma befinden sich Felswände mit spiralförmigen Petroglyphen. Im **Parque Cultural La Zarza** › S. 136 informiert ein Besucherzentrum über die Kultur der Altkanarier, anschließend führt ein Rundweg zu den Fundstätten (tgl. 11–17, im Sommer bis 19 Uhr). Eine weitere bedeutende archäologische Stätte auf La Palma ist die **Cueva de Belmaco** › S. 207, wo die einstige Wohnhöhle eines altkanarischen Herrschers, einige Grabhöhlen und spiral- und labyrinthförmige Felsgravuren in einen Archäologiepark einbezogen wurden (Mo–Sa 10–15 Uhr).

Der Barranco de Guayadeque im Südosten Gran Canarias, erreichbar über die Landstraße von Agüimes nach Guayadeque, war einer der Hauptsiedlungsplätze der Altkanarier. In dem noch bewohnten Höhlendorf Cuevas Bermejas wurden Mumien und Grabbeilagen entdeckt. Auf eine ganz besondere Attraktion trifft man am Ende der Schlucht: das außergewöhnliche Höhlenrestaurant **Tagoror** (www.restaurantetagoror.com, Tel. 928 17 20 13). Ebenfalls in Gran Canarias Osten kann man die 7 x 17 m große Wohnhöhle **Cuatro Puertas** › S. 263 besichtigen (an der Straße von Telde nach Ingenio); auf dem Berg oberhalb davon befindet sich ein alter Kultplatz. Das eingezäunte Gelände ist tagsüber frei zugänglich.

Eine der bedeutendsten archäologischen Stätten des Archipels ist **Cenobio de Valerón** › S. 272 bei Guía im Norden von Gran Canarias (April–Sept. Di–So 10–18, sonst bis 17 Uhr). Und im nahen Gáldar trifft man auf die spektakulär ausgemalte **Cueva Pintada** › S. 272.

Lanzarotes bedeutendste prähistorische Ausgrabungsstätte ist der **Poblado de Zonzamas** (frei zugänglich) im Zentrum der Insel bei Tahiche. Zonzamas regierte die Insel um die Mitte des 14. Jhs., als es die ersten Kontakte der Urbevölkerung mit europäischen Seefahrern gab. Von vier Wohn- und Vorratshäusern sind die Wände noch intakt. Die Häuser ducken sich mit ihren extrem dicken Mauern aus groben Steinblöcken in flache Vertiefungen aus Lavagestein. Diese Wohnform *(casa honda)* wurde von den Bewohnern der Purpurarien bevorzugt, da die niedrige Bauweise optimalen Schutz gegen den häufig kräftig über die Insel fegenden Wind bot. Etwas abseits liegt die Quesera de Zonzamas, die den Archäologen bis heute Rätsel aufgibt. Auf knapp 4 m Länge wurden hier vier parallele Längsrillen ins Gestein geschnitten. Vielleicht handelte es sich um eine Kultstätte, in der Milchopfer dargebracht wurden.

Der prähistorische Höhlenkomplex des Cenobio de Valerón

Auf Fuerteventura blieb mit La Atalayita (frei zugänglich) im Osten der Insel bei Pozo Negro ein ganzes Dorf der Ureinwohner erhalten. Zu sehen sind Kuppelbauten, eine Wohnhöhle, eine *casa honda* sowie Viehpferche. Daneben türmen sich Haufen von Muschel- und Schneckenschalen *(concheros)*. Möglicherweise verspeisten die Altkanarier diese Meeresfrüchte aus magisch-religiösem Anlass in großer Zahl.

KULTBERG AUF FUERTEVENTURA
Nördlich des Dorfes Tindaya ragt die **Montaña Tindaya** (397 m) auf. Der ockerfarbene, kahle Felsklotz galt den Altkanariern als heilige Stätte. Archäologen haben dort Felsritzungen entdeckt, die an Fußabdrücke erinnern. Der ambitionierte Plan von Eduardo Chillida, den Berg auszuhöhlen, um ein »Museum der Leere« zu schaffen, wurde bislang nicht verwirklicht. Vorübergehend durfte die Montaña Tindaya nicht mehr bestiegen werden, da jemand versucht hatte, eine der Petroglyphenplatten zu entwenden. Ab Ende 2016 soll sie auf einem neu eingerichteten, bewachten Lehrpfad zugänglich sein. Vor dem Aufstieg lohnt das Informationszentrum Casa Alta de Tindaya am Fuß des Berges mit einer Ausstellung zu den Felsritzungen und zum Chillida-Projekt einen Besuch (tgl. 10–14 Uhr).

PYRAMIDEN AUF TENERIFFA
Unter der Leitung des norwegischen Ethnologen Thor Heyerdahl (1914–2002) entstand in Güímar der **Parque Etnográfico** › S. 173, dessen Zentrum mehrere Steinpyramiden bilden. Heyerdahl betrachtete die Pyramiden von Chacona als Bindeglied zwischen den ägyptischen und aztekischen Pyramiden in der Neuen Welt; womöglich dienten sie einem astronomischen Zweck. Die höchste der wie aztekische Stufenbauten terrassenförmig aufgeschichteten Pyramiden ist etwa 10 m hoch. Ähnliche Bauten gibt es auf La Palma im oberen Aridane-Tal bei El Paso sowie an der Ostküste oberhalb von Los Cancajos. Bevor sich der Norweger des Phänomens annahm, hielt man die Relikte nur für Lesesteinmauern, wie sie im bäuerlichen Umfeld zu finden sind.

Kanarische Archäologen indes schreiben den Pyramiden, solange vorspanische Siedlungsspuren nicht bewiesen sind, lediglich ein Alter von maximal 200 Jahren zu.

BEDEUTENDE ARCHÄOLOGISCHE SAMMLUNGEN
Die herausragenden Sammlungen des Archipels vereint das **Museo Canario** › unten, in Las Palmas. Teneriffas Parademuseum ist das **Museo de la Naturaleza y el Hombre** › unten, dessen archäologische Abteilung Kleidung und Werkzeuge, aber auch Mumien und die Begräbniswelt der Guanchen zeigt. In Puerto de la Cruz (Teneriffa) widmet sich das **Museo Arqueológico** › S. 188 dem erstaunlich variantenreichen Töpferhandwerk der Ureinwohner. Sie kannten keine Töpferscheibe, sondern schufen ihre Gefäße von Hand mittels der auch in Afrika verbreiteten Aufbautechnik und verzierten sie insbesondere auf der Insel La Palma mit ausgefeilten Ritzzeichnungen. La Palma besitzt mit dem **Museo Arqueológico Benahoarita** › S. 212 in Los Llanos de Aridane auch eine umfassende Ausstellung zum Alltagsleben und zur Religion der Ureinwohner. Eine ähnliche Zielsetzung verfolgt das **Museo Arqueológico de La Gomera** › S. 224 in San Sebastián. Das **Museo Arqueológico de Fuerteventura** › S. 291 in Betancuria präsentiert eine herausragende Sammlung von prähistorischen Idolen (Fruchtbarkeitsstatuetten).

Museo Canario
Calle Dr. Verneau 2
Las Palmas de Gran Canaria
www.elmuseocanario.com
Mo–Fr 10–20, Sa/So 10–14 Uhr

Museo de la Naturaleza y el Hombre
Calle Fuente Morales s/n
Santa Cruz de Tenerife
www.museosdetenerife.org
Di–Sa 9–20, So/Mo, Fei 10–17 Uhr

Kanarische Ureinwohner

Die Stufenpyramide bei Güímar gibt Rätsel auf

Museo Arqueológico
Calle de Lomo Nieves 9
Puerto de la Cruz | www.arqueopc.com
Di–Sa 10–13, 17–21, So 10–13 Uhr

Museo Arqueológico Benahoarita
Calle de Las Adelfas 3 | Los Llanos de Aridane
www.cabildodelapalma.es
Mo–Sa 9–20, So 9–14 Uhr

Museo Arqueológico de La Gomera
Calle Torres Padilla 8
San Sebastián de La Gomera

www.museoslagomera.es
Di–Fr 10–16, Sa 10–14 Uhr

Museo Arqueológico de Fuerteventura
Calle Amador Rodríguez s/n
Betancuria
www.artesaniaymuseosdefuerteventura.org
wegen Umbaus geschl., Wiedereröffnung stand bei Redaktionsschluss kurz bevor, voraussichtlich Di–Sa 10–18 Uhr

MALVASIER & MUSKATELLER

Kanarische Weine haben eine lange Geschichte – die kretische Malvasierrebe erreichte bereits vor 400 Jahren die »Glücklichen Inseln«. Der fortan auf den vulkanischen Böden gereifte schwere »Canary sack« (englische Verballhornung für den trockenen Wein – *canario seco*) genoss einst Weltgeltung und wurde von Shakespeare genauso geschätzt wie von Voltaire oder von Casanova.

Die Reblaus und der aus Amerika eingeschleppte Mehltau setzten im 19. Jh. den kanarischen Winzern allerdings arg zu. Erst in den letzten Jahren konnten die Anbaugebiete wieder erweitert werden, und mit der Umstellung auf leichte, trockene oder halbtrockene Weine gelang es zudem, den neuen Zeitgeschmack zu treffen. Wenig Säure ist typisch dafür, wie für alle Tropfen aus wärmeren Regionen. Auch für die modernen Weißweine wird vielfach die Malvasierrebe verwendet. Daneben hat Listán blanco (die klassische weiße Sherry-Rebe) große Bedeutung. Inzwischen werden auch vermehrt Rot- oder Roséweine produziert.

Im Tal von La Gería gedeiht der Wein in Trichtern

REBLAGEN

Teneriffa verfügt mit rund 8000 ha über die größte Weinanbaufläche auf den Kanaren. Aus Tacoronte kommt der Tinto maceración, ein perlend prickelnder Rotwein. Fruchtige Weißweine wie der Flor de Chasna werden im trockeneren Inselsüden um Arico gekeltert. An den klimatisch begünstigten Steillagen im Süden von La Palma reift der süße Malvasier. Die Region Hoyo de Mazo an der Ostküste ist für ihre erdigen Rotweine bekannt. Weniger bekannt ist, dass auch auf La Gomera und El Hierro gute Weine produziert werden und ihre Qualität in den letzten Jahren erheblich gesteigert werden konnte. Gran Canaria blickt auf eine lange Weinbautradition zurück, die aber erst in jüngerer Zeit wiederbelebt wurde. Immerhin gibt es heute wieder über 50 Bodegas auf der Insel, das bedeutendste Anbaugebiet ist der Nordosten bei Santa Brígida und Monte Lentiscal. Hingegen ist der Wein von Lanzarote geradezu legendär. Die Weinregion La Gería nahe den Feuerbergen wurde durch eine besondere Anbautechnik berühmt: Die Rebstöcke, die windgeschützt in trichterförmige, von Hand in die Vulkanasche gegrabene Mulden eingelassen werden, sind Teil einer überaus ästhetisch wirkenden Kulturlandschaft. Maschineneinsatz ist hier nicht möglich. So bleibt der Hektarertrag gering, die Traubenpreise liegen entsprechend hoch. Sogar auf der Insel Fuerteventura, die für die Rebkultur eher zu trocken ist und auf der der Weinbau schon einzuschlafen drohte, werden von drei Winzern in Tefía wieder Rot- und Weißweine produziert und vermarktet, allerdings sind es insgesamt nur 1000–2000 l pro Jahr. Es handelt sich um Tischweine der Marke La Alcogida. Selbstverständlich sind außerdem die Tropfen anderer Inseln in den Restaurants und Geschäften auf Fuerteventura zu bekommen.

QUALITÄTSSIEGEL

Die kanarischen Weine haben eine geschützte Herkunftsbezeichnung (Denominación de Origen, D. O.) – ein Kontrollrat überwacht die Herstellung vom Anbau bis zur Abfüllung und garantiert, dass die Weine auch tatsächlich auf den Kanarischen Inseln angebaut und produziert wurden. Preisgünstige Qualitäten sind für 5–6 € pro Flasche zu haben, im Fass gereifte Weine für 8–10 €. Eine Flasche Malvasier kommt je nach Qualität auf mindestens 12 €.

Die besten Bodegas

Bodega El Chupadero [X4]
Bodega und Finca mit Gästehaus und Restaurant an der Straße zwischen Masdache und Uga. In der urigen Weinpinte gibt es zum guten Hauswein kleine Gerichte.
La Gería 3
Lanzarote
Tel. 928 17 31 15
www.el-chupadero.com

Bodegas El Hoyo [C3]
Moderne Weinkellerei im Osten La Palmas, mit den Marken Hoyo de Mazo, Mazegas sowie Viñazo. Verkauf auch auf dem Wochenendmarkt in Villa de Mazo.
Ctra. Hoyo de Mazo 60
La Palma | Tel. 922 44 06 16
www.bodegaselhoyo.com

Bodega Insular [F6]
Die Kellerei des Inselrats von La Gomera verarbeitet die Weinlese fast der gesamten Insel, wobei modernste Methoden zur Anwendung kommen. Angeschlossen ist ein Shop für Weinproben und den Direktverkauf.
Calle Pedro García Cabrera 7
Vallehermoso | La Gomera
Tel. 922 80 15 46
www.lagomera.es/index.php/bodega-insular

Bodega La Gería [X4]
Hierher kommen ganze Busgesellschaften zum Verkosten, dennoch lohnt ein Besuch wegen des herrlichen Panoramablicks über das Weinbautal von La Gería. Werktags werden vormittags Besichtigungen durchgeführt (Anmeldung erbeten).
Ctra. La Gería (LZ-20), km 19
Lanzarote | Tel. 928 17 31 78
www.lageria.com

Bodegas Llanovid [C4]
Die Kellerei an der jungvulkanischen Südspitze La Palmas ist für ihren Malvasía dulce bekannt – der bernsteinfarbene Dessertwein mundet fast so süß wie ein Likör. Die moderne Produktionsanlage ist wochentags zu besichtigen; Weinverkauf ab Hof.
Fuencaliente (Los Canarios)
La Palma
Tel. 922 44 40 78
www.bodegasteneguia.com

Das Weinmuseum der Bodega El Grifo auf Lanzarote

Die Casa del Vino la Baranda auf Teneriffa

Bodegas Monje [K4]
Die Vorzeigebodega bewirtschaftet lediglich 14 ha, dafür werden erlesene Spitzenweine gekeltert. Besonders stolz ist der Familienbetrieb auf den roten Monje de Autor.
El Sauzal
Teneriffa
Tel. 922 58 50 27
www.bodegasmonje.com
Besichtigung Mo–Fr 10–19 Uhr

Bodegas Plaza Perdida [P7]
Bewährte Kellerei in Gran Canarias wichtigstem Anbaugebiet Monte Lentiscal. Verarbeitet werden die klassischen Rebsorten Malvasía, Listán blanco und Moscatel. Besichtigung auf Anfrage möglich.
Ctra. a Los Hoyos 271
Gran Canaria
Tel. 928 35 25 30
www.bodegasplazaperdida.es

Cooperativa Frontera [B9]
Die einst weit über die Kanaren hinaus bekannten Weine von El Hierro haben jüngst wieder enorm an Qualität gewonnen. Sieben Bodegas produzieren Tropfen mit dem D.O.-Siegel. Die größte ist im Golftal angesiedelt und produziert unter dem Markennamen Viña Frontera die verschiedensten Weiß-, Rot- und Roséweine. Besichtigung möglich.
El Matorral s/n
Frontera
El Hierro
Tel. 922 55 60 16
www.cooperativafrontera.com

WEINMUSEEN

Wer sich für die Geschichte und die Entstehung der kanarischen Weine genauer interessiert, dem sei der Besuch zweier Kellereien mit angeschlossenen Museen empfohlen: der **Bodegas El Grifo** › S. 308 in Masdache (Lanzarote) und der **Casa del Vino la Baranda** in El Sauzal (Teneriffa). Hier steht im Patio eine alte Weinpresse, Exponate und ein Film informieren über die Weinregionen auf der Insel. Auch über den Honig von Teneriffa erfährt man viel (Tel. 922 57 25 35, www.casadelvinotenerife.com; Di 10.30–18.30, Mi–Sa 9–21, So 11–18, Fei 11.30–17.30 Uhr, Eintritt 3 €). Eine Probierstube (Probe und Tapas gegen Gebühr) und ein Feinschmeckerlokal sind außerdem angeschlossen (Di–Sa 10.30–23, So 10.30–18.30 Uhr).

GESCHICHTE DER KANAREN

Die Besiedlung des kanarischen Archipels verliert sich im Dunkel der Geschichte. Man nimmt an, dass sie in mehreren Wellen vom nordafrikanischen Kontinent aus erfolgte. Die ältesten Siedlungsspuren werden mithilfe der Radiocarbonmethode auf etwa **800 v. Chr.** datiert. Die Ureinwohner – Altkanarier bzw. Guanchen – lebten bis ins 15. Jh. ungestört in ihrer Steinzeitkultur.

Um 1100 v. Chr. Erste Kontakte zu den Inseln werden den Phöniziern nachgesagt, die den ganzen Mittelmeerraum und die nordafrikanische Atlantikküste erkunden. Bei antiken Schriftstellern (Homer, Hesiod, Platon) tauchen Bezeichnungen wie »Inseln der Glückseligen«, »Gärten der Hesperiden« und »Atlantis« auf, die oft auf die Kanaren bezogen werden.

25 v. Chr. König Juba II. von Mauretanien entsendet eine Expedition auf die Kanaren.

150 n. Chr. Ptolemäus legt auf seiner Weltkarte den Nullmeridian durch El Hierro und markiert damit den Rand der damals bekannten Welt.

1312 Der genuesische Kaufmann Lancilotto Malocello landet an der Küste der später nach ihm benannten Insel Lanzarote an.

1402 Der normannische Ritter Jean de Béthencourt erobert im Auftrag der kastilischen Krone Lanzarote, drei Jahre später wird Fuerteventura unterworfen.

1477–83 Gran Canaria wird von den Spaniern eingenommen.

1492 Christoph Kolumbus legt auf seiner Entdeckungsreise nach Amerika einen Zwischenstopp auf La Gomera ein. Alonso Fernández de Lugo erobert La Palma.

1496 De Lugo bricht in Realejo Alto auf Teneriffa endgültig den Widerstand der Guanchen. Damit enden die ein knappes Jahrhundert andauernden Auseinandersetzungen zwischen Spaniern und Ureinwohnern.

16./17. Jh. Wiederholt kommt es zu Piratenüberfällen, Inselbewohner werden in die Sklaverei verschleppt. Im Jahr 1618 ereilt dieses Schicksal 900 Lanzaroteños.

1723 Santa Cruz de Tenerife wird Hauptstadt der Kanarischen Inseln.

1797 Nach mehreren Fehlschlägen der englischen Flotte greift Admiral Horatio Nelson im Juli Santa Cruz de Tenerife an; bei der einzigen Niederlage seiner Karriere büßt er den rechten Arm ein.

1799 Alexander von Humboldt besucht während einer Reise nach Südamerika Teneriffa und besteigt den Pico del Teide.

1817 Gründung der ersten Universität der Kanarischen Inseln in La Laguna.

Geschichte der Kanaren

1836 Abschaffung der Feudalherrschaft (Señorialsystem), die typisch für La Gomera, El Hierro, Lanzarote und Fuerteventura war – im Gegensatz zu den direkt der Krone unterstellten größeren Inseln des Archipels.

1852 Die Kanaren werden zur Freihandelszone erklärt.

1880 Die Briten führen Bananen als Monokultur auf den Kanarischen Inseln ein.

1927 Der Archipel wird in zwei Provinzen aufgeteilt: die westlichen Inseln werden von Santa Cruz de Tenerife verwaltet, die östlichen von Las Palmas de Gran Canaria.

1936 Der nach Teneriffa strafversetzte General Franco bereitet seinen Militärputsch gegen die Zweite Republik vor; nach dreijährigem Bürgerkrieg errichtet er in Spanien eine Diktatur.

1956 Das erste Charterflugzeug landet auf Gran Canaria, der Tourismus beginnt sich zu entwickeln.

1978 Nach dem Tod von General Franco tritt in Spanien eine demokratische Verfassung in Kraft.

1982 Die Kanarischen Inseln werden zur autonomen Region erklärt.

1986 Spanien wird Mitglied in NATO und EG.

1999 Die Stadt La Laguna auf Teneriffa wird von der UNESCO zum Weltkulturerbe erklärt.

2006 Die Bevölkerung der Kanaren übersteigt erstmals 2 Mio.

2007 Der Pico del Teide auf Teneriffa wird Weltnaturerbe der UNESCO.

2011 Nahe El Hierro bricht ein Unterwasservulkan aus.

2012 Der Loro Parque, Teneriffas beliebtester Freizeitpark, feiert sein 40-jähriges Bestehen.

2015 Aufatmen auf Lanzarote und Fuerteventura: Die trotz vehementer Proteste der Bevölkerung vor den Küsten durchgeführten Probebohrungen nach Erdöl werden eingestellt. Eine Förderung erweist sich als unrentabel.

2016 Die Krisensituation im Nahen Osten hat eine Umlenkung der Touristenströme zur Folge. Davon profitieren die Kanarischen Inseln. Erneut wird, wie schon im Vorjahr, ein Besucherrekord erwartet.

MIGUEL DE UNAMUNO

Unter dem spanischen Militärregime von General Primo de Rivera wurde der Schriftsteller und Philosoph Miguel de Unamuno 1924 in die Verbannung nach Fuerteventura geschickt. Die **Casa Museo Unamuno** › S. 288 in Puerto del Rosario dokumentiert seinen viermonatigen Aufenthalt auf der Insel.

Unamuno hatte in Zusammenhang mit der La-Caoba-Affäre Kritik an dem General geübt. La Caoba, eine andalusische Kurtisane, war wegen ihrer Verwicklung in Drogengeschäfte verhaftet worden. Primo de Rivera wies das Gericht an, sie in die Freiheit zu entlassen. Als der zuständige Richter und sein Vorgesetzter sich weigerten, enthob er beide ihres Amtes. Der kleine Zirkel von Intellektuellen, den es in Spanien zu dieser Zeit gab, protestierte heftig. Unamuno ist der bekannteste von mehreren Regimegegnern, die daraufhin auf die entlegene Insel abgeschoben wurden. Mit Hilfe seines ältesten Sohnes gelang ihm die Flucht nach Paris. Auf Drängen der französischen Regierung wurde er kurz darauf in Spanien begnadigt, zog es aber vor, im Exil in Frankreich zu bleiben. Erst 1930, nach dem Sturz der Diktatur, kehrte er in seine Heimat zurück.

Miguel de Unamuno war vor seiner Verbannung und dann wieder ab 1931 Professor für griechische und spanische Sprache und Literatur an der Universität Salamanca. In seinen Gedichten und Prosawerken findet sich sozialistisches Gedankengut. Mit Werken wie dem Roman »Nebel« (1914), in dem er die Geschichte einer unglücklichen Liebe zur Frage nach der Unendlichkeit des Menschen ausweitet, gilt er als Vorläufer des modernen Existenzialismus. Ein wichtiges Anliegen war ihm die Aufrechterhaltung der tragischen Komponente im spanischen Lebensgefühl, für das ihm Don Quijote und Sancho Pansa als Symbol dienten.

Auf Fuerteventura, für das Unamuno nach anfänglicher Verzweiflung rasch Sympathien entwickelte, schrieb er schwermütige Gedichte und Essays, in denen er das traditionelle Inselleben schilderte und dem aufkeimenden Selbstbewusstsein der Bewohner nachspürte. Sein bekanntestes Werk aus dieser Zeit ist das Prosagedicht »Der Ginster von Fuerteventura«. Später verarbeitete er seine Verbannung in dem autobiografischen Roman »De Fuerteventura a Paris« (1925).

Der Dichter und Philosoph Miguel de Unamuno lebte im Exil auf Fuerteventura

ARCHITEKTUR

Die berühmten Balkonhäuser zieren die Uferstraße von Santa Cruz de La Palma

La Orotavas Pfarrkirche La Concepción überragt mit ihrer bunten Kuppel die Stadt

Architektur

Blaue Farben, Fliesenmuster und Blumenschmuck sind typisch für die traditionellen Häuser der Kanaren

Bei Streifzügen und Wanderungen durch das Innere der Inseln stößt man immer wieder auf Natursteinhäuser, die ohne bindenden Mörtel errichtet wurden. Zwei Wände wurden aus Natursteinen konkav gegeneinandergebaut und der Zwischenraum mit Geröll gefüllt. Die Dächer bestehen aus gebranntem, mit Stroh vermischtem Lehm. Da solche Bauten auf den frostfreien Kanaren sogar Jahrhunderte überdauerten, wurde hier vielleicht der Stil der Ureinwohner in die Gegenwart hinübergerettet.

Die Baumeister der vielen aus dem 16. Jh. erhaltenen Prachtbauten kamen jedoch aus Andalusien und brachten den von den Mauren beeinflussten Mudejarstil auf die kanarischen Inseln. Mancher Stadtkern dieser kolonialen Epoche blieb beinah in Reinkultur erhalten. Hübsche Beispiele dafür sind Las Palmas' Stadtteil **Vegueta** › **S. 250** auf Gran Canaria, die alte Hauptstadt **Teguise** › **S. 313** auf Lanzarote, außerdem die Altstadt von **La Orotava** › **S. 183** und die zum UNESCO-Weltkulturerbe gehörende

Ein reduzierter, kubischer Baustil prägt die Wüsteninsel Lanzarote

Altstadt von **La Laguna** › **S. 192** auf Teneriffa sowie das historische Zentrum von **Santa Cruz de La Palma** › **S. 203** auf La Palma.

Auch die Konstruktion der würfelförmigen Bauten in den ländlichen Gebieten der Inseln geht auf maurische Traditionen zurück. Die dicken, leuchtend weiß gekalkten Außenwände aus Basaltgestein und die schattigen Innenhöfe bieten Schutz vor Hitze. Einen reizvollen farblichen Kontrast zu den hellen Fassaden stellen grün oder blau gestrichene Türen dar, die besonders auf Lanzarote bis in die Gegenwart hinein häufig zu sehen sind. Neben den Häusern stehen häufig noch die charakteristischen eiförmigen Backöfen. Auf den trockeneren Inseln speicherte man das Wasser für den eigenen Bedarf in einer überdachten Zisterne. Auf Fuerteventura und Lanzarote besaß früher fast jedes Haus zudem einen Brunnen, dessen Schöpfrad *(noria)* durch einen im Kreis gehenden Esel oder ein Kamel in Bewegung gesetzt wurde. Wohlhabendere Landwirte oder gar Feudalherren ließen zweistöckige Gutshäuser errichten, wobei das obere Stockwerk oft über eine Außentreppe zu erreichen war.

Im 17. und 18. Jh. entwickelte sich bei der Errichtung der prunkvollen Herrenhäuser und Adelspaläste aus dem andalusisch-maurischen Stil der kanarische Baustil. Die Fassaden aus behauenem Vulkangestein zieren massive Holzportale und verspielte Balkone, die größtenteils aus dem dunklen Kiefernkernholz *tea* gezimmert sind. Rote Ziegeldächer setzen Akzente. Innen verbirgt sich meist ein großzügiger, von einer Holzgalerie eingefasster Patio. Die wohlhabenden Besitzer wohnten im Obergeschoss und nutzten das Erdgeschoss als Pferdestall oder auch als Weinkeller. Die Sakralarchitektur dieser frühen Jahrhunderte besticht durch prächtige Renaissanceportale, wobei das Äußere der Kirchen ansonsten eher schlicht ausgefallen ist. Kompensiert wird dies im Inneren oft durch holzgetäfelte Decken *(artesonado)* im Mudejarstil. Figürliche Darstellungen waren den islamischen Künstlern verboten, weshalb sie auf fantasievolle Ornamente und geometrische Muster auswichen. Auch die prunkvollen, mit Blattgold und Malerei verzierten Altaraufsätze *(retablos)* im Barockstil fallen ins Auge.

Ende des 19. Jhs. kam der Eklektizismus in Mode, ein Gemisch aus unterschiedlichsten Stilrichtungen. Er ersetzte auf den Kanaren bis weit ins 20. Jh. hinein häufig den Jugendstil (in Spanien *modernismo* genannt), wobei es auch für Letzteren wunderschöne Beispiele gibt, z. B. im Rambla-Viertel von Santa Cruz de Tenerife.

Avantgardistische Akzente setzen heute Stararchitekten wie Santiago Calatrava – mit dem postmodernen **Auditorio de Tenerife** › **S. 167** in Santa Cruz schuf der Spanier ein neues Wahrzeichen der Kanaren. Das Schweizer Architekturbüro Herzog & de Meuron plante die Umgestaltung der **Plaza de España** › **S. 203** in Teneriffas Hauptstadt, und Teneriffas Süden glänzt mit extravaganter moderner Hotelarchitektur, bei der traditionelle Elemente wie der kanarische Holzbalkon gern wieder aufgegriffen werden.

Architektur

Straßenszene mit einem typischen kanarischen Balkon aus Kiefernholz

Farbenfrohe Fliesenwand in der Fundación César Manrique

CÉSAR MANRIQUE

Auch noch nach seinem Tod ist der international renommierte Maler, Architekt, Landschaftsgestalter und Umweltschützer César Manrique (1919–1992) auf den Kanarischen Inseln allgegenwärtig. Manriques unermüdlicher Einsatz für eine landschaftsbewahrende Bebauung seiner Heimatinsel Lanzarote und seine beispielhafte Architektur und Kunst mit Arbeiten auf allen Inseln machten ihn zu einem der bekanntesten Künstler Spaniens. 1945 ging er zunächst als Stipendiat nach Madrid, wo er Kunst und Architektur studierte. Dort wandte er sich in den 1950er-Jahren der abstrakten Malerei zu und war Mitbegründer dieser Kunstrichtung in Spanien. Bald schon fand er weltweit Anerkennung. 1965 zog er vorübergehend nach New York. 1968 kehrte Manrique dann nach Lanzarote zurück.

Er setzte sich fortan unermüdlich gegen finanzkräftige Bauspekulanten zur Wehr und kämpfte erfolgreich gegen die Zerstörung der Insel. Er wollte den schlichten Inselbaustil bewahren und engagierte sich deshalb für den Erlass von Bauverordnungen, die nur weißgestrichene Flachbauten in kubischer Form zuließen. Auf ganz Lanzarote schuf er architektonische Kunstwerke, jede bedeutende Sehenswürdigkeit trägt seine Handschrift. Grundlegende Idee war

César Manrique

dabei immer die Symbiose von Natur und Kunst. In den letzten Jahren vor seinem Tod konnte Manrique sich nicht mehr so wie früher durchsetzen. Enttäuscht drohte er 1988, die Insel zu verlassen. Daraufhin wurde ein erster Bebauungsplan für ganz Lanzarote verabschiedet, der den weiteren touristischen Ausbau stark einschränkte. Ein Autounfall setzte 1992 dem Leben von Manrique jäh ein Ende.

César Manrique hinterließ »seiner« Insel Lanzarote ein bedeutendes Lebenswerk, bei dem seine Philosophie, mit Bauten und Denkmälern eine Symbiose zwischen Natur und Kunst zu verwirklichen, im Mittelpunkt stand. Als eines seiner Hauptwerke gilt der Mirador del Río. Im Timanfaya-Nationalpark schuf er das beinahe fensterlose Restaurant El Diablo, bei Mozaga ließ er das Monumento al Campesino (Denkmal für den Landarbeiter von Lanzarote) errichten. Aus einem Vulkantunnel mit zwei natürlichen Öffnungen entstand das Kunstwerk »Jameos del Agua«, in einem Steinbruch bei Guatiza wurde sein letzter Plan – ein Kaktusgarten – realisiert.

Auch auf den anderen Inseln trägt manche Arbeit seine Handschrift. Besonders aktiv war er auf Teneriffa, wo er in Puerto de la Cruz die Badelandschaft Lago Martiánez entwarf und an der Gestaltung der Playa Jardín mitwirkte. In Santa Cruz de Tenerife wurde der Parque Marítimo César Manrique, eine fantasievolle Mischung aus Schwimmbad und Palmengarten, nach seinen Entwürfen angelegt. La Gomera und El Hierro besitzen mit dem Mirador César Manrique bzw. dem Mirador de la Peña grandiose, perfekt in die Landschaft eingefügte Aussichtspunkte nach dem Vorbild des Mirador del Río. Ursprünglich wollte Manrique jeder Insel der Kanaren einen Mirador schenken, konnte dieses Vorhaben allerdings zu Lebzeiten nicht mehr verwirklichen. Seine Nichte Blanca Cabrera gestaltete jedoch auf Fuerteventura den Mirador de Morro Velosa ganz im Sinne ihres Onkels. Auf Fuerteventura – zunächst in Costa Calma, jetzt aber inmitten eines Kreisverkehrs in Jandía – steht mit dem 13 m hohen »Fobos« (benannt nach dem Marsmond Phobos) auch das größte seiner berühmten Windspiele

Geheimnisvoller Höhlensee in Manriques Hauptwerk Jameos del Agua

(juguete del viento), eine der Spezialitäten von César Manrique. Es wurde zwar erst nach dem Tod des Künstlers angefertigt, gilt aber als Originalarbeit, da dieser zuvor drei Kopien des auf Lanzarote nahe bei der Fundación César Manrique aufgestellten Originals genehmigt hatte. Die beiden anderen befinden sich in Arucas (Gran Canaria) und in Deutschland. Dieses Mobile symbolisiert die Grandiosität der Natur. Nicht zuletzt kann auch La Palma mit einem Manrique-Werk punkten, nämlich mit dem »Al Infinito«, einem 11 m hohen Eisenobelisken an der Straße LP-4 von Santa Cruz zum Roque de los Muchachos.

MANRIQUES ERBEN

Im Umfeld von César Manrique entwickelte sich auf Lanzarote eine lebhafte Kunst- und Kulturszene, die auch lange nach seinem Tod 1992 sehr aktiv ist. Zwar ist es seither keinem lanzarotinischen Künstler gelungen, ein ähnliches weltweites Renommee zu erlangen. Doch auf der Insel Lanzarote und bei ihren ausländischen Besuchern stehen einige Maler, Bildhauer und Architekten hoch im Kurs, die miteinander wetteifern und sich natürlich auch gegenseitig inspirieren.

Prominentester lebender Künstler der Insel ist der vielseitige Ildefonso Águilar (geb. 1945, www.ildefonsoaguilar.com). Er nutzt bevorzugt vulkanisches Material für seine Bilder. Aktuell arbeitet er daran, mit audiovisuellen Mitteln den Wüstencharakter der Landschaften Lanzarotes zum Ausdruck zu bringen. Aus Uga stammt Pedro Tayó (geb. 1957), der nach dem Studium auf Teneriffa und in Barcelona heute in seinem Heimatort ein Atelier betreibt. Seine naiven, ausdrucksstarken Bilder waren schon auf vielen Ausstellungen zu sehen. Die Ölbilder von Carlos Matallana (geb. 1956, www.carlosmatallana.es) zeigen in kräftigen Farben verfremdete Landschaften und Stillleben. Rufina Santana (geb. 1960, www.rufinasantana.com), die zwischen Lanzarote und Madrid pendelt, versucht die Insel in ihren Bildern als »Metapher des Paradieses« darzustellen.

Opuntienfelder inspirierten Manrique zu seinem Kaktusgarten

César Manrique

Monumento al Campesino, ein eigenwilliges Denkmal für den Bauern Lanzarotes

Mehrere Kunstgalerien auf Lanzarote verkaufen Werke einheimischer Maler und Bildhauer. Am bekanntesten ist die von dem deutschen Maler Wilfried Leitz (1928–1998), der unter dem Künstlernamen Veno firmierte, schon 1979 gegründete Galería Yaiza. Die Galerie wird inzwischen von seiner Familie weitergeführt. Renommierte Künstler wie Pedro Tayó stellen hier ebenso aus wie junge Nachwuchstalente. Selbstverständlich sind auch die impressionistisch wirkenden Bilder von Veno zu sehen, die häufig in den Erdfarben und Rottönen der Insel gehalten sind. In Teseguite zeigt Anneliese Guttenberger ihre heiteren Bilder. Für die Motive standen Lanzarote und seine Bewohner Pate. Auch die dunklen, indianisch inspirierten Keramiken ihres Lebensgefährten Stefan Schultz sind zu sehen. Beide sind außerdem auf dem Sonntagsmarkt von Teguise in ihrem sogenannten »Schaufenster« vertreten.

Auf La Palma fühlt sich der bekannteste Künstler dieser Insel, Luis Morera (geb. 1946), mit seinem verstorbenen Kollegen César Manrique verbunden. Sein Anliegen ist ebenso die Symbiose von Kunst und Natur. In diesem Sinne schuf er La Glorieta, eine verspielte Kombination aus Platz und Garten, in Las Manchas (frei zugänglich) wie auch den Jardín de las Delicias (Garten der Lüste), einen fantasievollen Garten bei Los Llanos (Di–So 9–14 und 16–20, im Sommer 17–21 Uhr). Hier wie dort spielen Bruchstücke von Fliesen eine herausragende Rolle, die Morera zu floralen Teppichen und Tierskulpturen arrangierte.

MALEREI & SKULPTUR

Die Schwarze Madonna von Candelaria wird hoch verehrt

Als Zeugnis vorspanischen Kunstschaffens blieben neben zahlreichen **Felsritzungen (Petroglyphen)** › S. 52, für die es auf allen Inseln Beispiele gibt, auf Gran Canaria die Höhlenmalereien der **Cueva Pintada** › S. 272 in Gáldar erhalten. Die in weichen Erdtönen aufgetragenen geometrischen Muster sind auf den Kanaren einzigartig.

In den Kirchen und Palästen aus früheren Jahrhunderten befinden sich auch viele Bilder und Skulpturen flämischer Meister des 16. und 17. Jhs. – die damals größeren Niederlande waren zu dieser Zeit Teil des Spanischen Reiches, und der durch Zuckerproduktion und Handel wohlhabend gewordene kanarische Adel konnte es sich leisten, Werke führender Künstler der damaligen Zeit zu importieren.

An eigener schöpferischer Leistung hat die damalige Kultur der Kanaren nur wenig vorzuweisen. Als Ursache hierfür gilt die abgeschiedene Lage. Dies änderte sich erst im Verlauf des 18. Jhs. Von **José Luján Pérez** (1756–1816) aus Santa María de Guía (Gran Canaria), dem berühmtesten kanarischen Bildhauer seiner Zeit, stammen zahlreiche Skulpturen in den großen Kirchen des Archipels. Sein Schüler **Fernando Estévez** (1788–1854) aus La Orotava (Teneriffa) schuf u. a. die wertvollen Heiligenfiguren in der Iglesia Nuestra Señora de la Concepción, der Hauptkirche seiner Heimatstadt.

Einer der bedeutendsten Vertreter der kanarischen Malerei der Moderne ist der auf Gran Canaria geborene **Néstor Martín Fernández de la Torre** (1887–1938). Der dem Symbolismus nahe stehende Künstler wurde vor allem durch großflächige Wandbilder bekannt, die z. B. das Teatro Pérez Galdós in Las Palmas schmücken. Sein Zeitgenosse **Mariano de Cossió** (1892–1960) aus Teneriffa verewigte auf expressionistischen Wandgemälden Szenen aus dem Alltagsleben der Canarios um die Wende vom 19. zum 20. Jh., zu sehen etwa im Treppenhaus des Rathauses von Santa Cruz de La Palma.

In den Tageszeitungen der Kanaren nehmen die Berichte über Lucha Canaria oft mehr Raum ein als die über Fußball. Samstag für Samstag füllen sich die Ringkampfarenen mit begeisterten Zuschauern. Der Kanarische Ringkampf gilt als weltweit einmalig. Offenbar geht er auf die Ureinwohner zurück. Schon Chroniken aus dem 15. Jh. erwähnen sportliche Kämpfe der Altkanarier, die zur Belustigung der Gäste bei Feierlichkeiten dienten. In spanischer Zeit wurde daraus ein Volkssport. Als Kampfplatz benutzte man die Tennen, auf denen sonst Stroh gedroschen wurde. In der Franco-Ära war die rein kanarische Sportart von offizieller Seite nicht gern gesehen, aber mit der Demokratisierung Spaniens nahm auch das Interesse am traditionellen Ringkampf wieder zu. Überall entstanden neue Arenen und Vereine. Heute darf die Lucha Canaria bei keinem Volksfest fehlen.

Zwei Mannschaften mit je elf Ringern kämpfen gegeneinander. Der Reihe nach treten je zwei Mann in den Sandring und versuchen, den Partner zu Boden zu werfen. Dabei dürfen außer den Füßen alle Körperteile zu Hilfe genommen werden, allerdings sind nur bestimmte Griffe zugelassen. Die Ringer tragen kurze Hosen, die sie hochkrempeln, damit sich der Gegner darin festkrallen kann. Eine Runde dauert maximal drei Minuten. Gekämpft wird, bis einer der Ringer zweimal zu Boden gegangen ist, höchstens aber drei Runden. Der Ringkampf erfordert nicht nur Kraft, sondern auch Geschicklichkeit und Reaktionsvermögen. Ähnlich wie beim Judo können die Ringer farbige Gürtel erwerben, je nachdem wie viele Griffe sie beherrschen. Ringkämpfer, die sämtliche 43 erlaubten Griffe meistern, tragen einen blauen Gürtel. Sie genießen eine Popularität wie anderswo die Fußballstars. Wie beim Fußball gibt es auch mehrere Ligen. Die Kämpfe der ersten Liga werden im Fernsehen direkt übertragen. In Las Palmas finden sie im Estadio López Socas statt.

Der kanarische Ringkampf gilt weltweit als einmalig

DER TIMPLE – EIN GANZ BESONDERES INSTRUMENT

Wie eine kleine Gitarre sieht der Timple auf den ersten Blick aus. Die Einheimischen nennen ihn wegen seiner Form *el camellito* (Kamelchen). Dieses typische Saiteninstrument ist, soweit bekannt, das älteste der Kanaren. Durch Zupfen erzeugt man hohe, scheppernde Töne, die in der kanarischen Folklore oft die Sopranstimmen ersetzen. Aber auch als Soloinstrument wird der Timple gespielt. Es gibt vier- und fünfsaitige Varianten. Zum Bau, der ausschließlich in Handarbeit erfolgt, verwendet man meist Kiefernholz, das manchmal mit dem Holz des Maulbeerbaums kombiniert wird. Aber auch verschiedene andere Holzarten werden verarbeitet. Timples mit filigranen Einlegearbeiten können mehrere Tausend Euro kosten, während schlichtere, aber qualitativ durchaus gute Instrumente schon ab etwa 100 Euro zu haben sind. Offenbar entstand der heute auf allen Kanareninseln verbreitete Timple auf Lanzarote. Dort arbeiten bis heute in Teguise und San Bartolomé mehrere berühmte Instrumentenbauer, die selbst Musiker in Lateinamerika, wohin viele Canarios einst emigrierten, beliefern. In Teguise fungiert der in den 1970er-Jahren nach Plänen von César Manrique renovierte Adelspalast Palacio de Spinola als Casa-Museo del Timple (Timple-Museum, www.casadeltimple.org, Mo–Sa 9–16.30, So 9–15.30 Uhr). Zu sehen ist die umfangreiche Sammlung des einheimischen Musikers Benito Cabrera, die sowohl historische Timples als auch Instrumente aus aller Welt, die dem Timple ähneln, etwa die von portugiesischen Einwanderern nach Hawaii gebrachte Ukulele, umfasst. Thematisiert werden Ursprünge, Herstellung und Zukunft des Instruments. Ein besonderes Hörerlebnis verspricht ein Konzertabend im Museum. Regelmäßig wird dort der Genuss geboten, anspruchsvolle traditionelle Timple-Musik zu hören, etwa mit dem bekannten Timplista Domingo Curbelo (aktuelle Termine auf der Website des Museums).

Timple-Musik begleitet die kanarischen Volkslieder

HÖHLENDÖRFER

Bevorzugte Wohngebiete der Altkanarier waren Höhlensysteme, in denen ganze Dorfgemeinschaften Platz fanden. Auf Gran Canaria sind einige von ihnen bis heute bewohnt. Höhlenhäuser liegen hier neuerdings im Trend und sind vor allem als Zweitwohnsitze für das Wochenende bei den Canarios begehrt. Zu diesem Zweck werden sie oft äußerst liebevoll hergerichtet. Auch Teneriffa hat sein Höhlendorf, nämlich Chinamada.

BESUCHE IN BEWOHNTEN HÖHLENDÖRFERN
Barranco de Guayadeque: Im Dorf Cuevas Bermejas auf Gran Canaria kann man Höhlengefühle bekommen. Am Ende der Schlucht hatte einst eine ganze Sippe der Ureinwohner in einer Höhle Platz. Heute befindet sich dort das Restaurant **Tagoror**. › S. 52

Fischerkaten ducken sich in La Palmas Westen bei Tijarafe in Küstenhöhlen

Sardina del Norte: In dem kleinen Fischerort auf Gran Canaria, der sich mit seinem feinen gelben Sandstrand in eine geschützte Felsbucht schmiegt, sind viele Wohnungen und Lagerräume als Höhlen in den Berg gegraben, wie ein Gang an der Küste entlang zeigt. Das entsprechende Ambiente vermittelt die Bar **La Cueva** hinter dem Strand.

Artenara: Das größte bewohnte Höhlendorf liegt im Inselzentrum. Auch die Touristeninformation befindet sich in einem **Höhlenhaus**. › S. 276

Acusa: Die Steilwände unterhalb der Hochebene sind geradezu perforiert, vor allem bei Acusa Seca und der Höhlensiedlung **La Candelaria**. › S. 276

Chinamada: Dem letzten Höhlendorf Teneriffas im unwegsamen Anagagebirge, in dem noch etwa 15 Bewohner in den *cuevas* leben, nähert man sich am besten zu Fuß. Wenn man davon absieht, dass das Licht nur von vorne ins Zimmer fällt, wohnt es sich im Berg genauso bequem wie in einem modernen Haus.

WINDMÜHLEN

Bevor der Tourismus Einzug hielt und der Ackerbau in der zweiten Hälfte des 20. Jhs. einen unaufhaltsamen Niedergang erfuhr, war Fuerteventura die Kornkammer der Kanarischen Inseln. Fast 40 Windmühlen, von denen 23 unter Denkmalschutz stehen und teilweise liebevoll restauriert und wieder betriebsfähig gemacht wurden, erinnern an diese Zeit. Die Inselregierung investiert viel Geld, um den Besuchern das Fuerteventura der Vergangenheit vorzustellen.

WINDMÜHLEN WIE BEI DON QUIJOTE

Mühlen mit kegelförmigem, je nach Windrichtung drehbarem Dach und vier oder sechs Flügeln, die ihren Ursprung in Kastilien haben, heißen auf Fuerteventura *molino*. Mit der weiblichen Form dieses Wortes (*molina*) werden die filigraneren Konstruktionen aus Holz bedacht, die einem flachen Mühlengebäude aufsitzen.

Die meisten Mühlen reihen sich entlang einer Nord-Süd-Achse zwischen Tuineje und Corralejo. In Lajares kann man am Südrand des Ortes, an der alten Straße nach La Oliva, *molino* und *molina* unmittelbar nebeneinander bewundern; eine besonders schöne *molina* steht in Puerto Lajas, einem Fischerdorf nördlich von Puerto del Rosario. In Tiscamanita werden im **Centro de Interpretación Los Molinos** › S. 280 einmal in der Woche die Flügel der Windmühle mit Segeltuch bespannt; dann wird hier wie in alten Zeiten gerösteter Weizen zu Gofio › S. 108 vermahlen. Um den **Molino de Antigua** › S. 280, eine restaurierte Windmühle im gleichnamigen Ort, gruppieren sich Gebäude eines alten Gutshofes, darunter ein runder Kornspeicher.

Lanzarote besitzt zwar vergleichsweise wenige Windmühlen, eine davon hat es aber zu großer Berühmtheit gebracht, nämlich diejenige von **Guatiza,** die – einem Wahrzeichen gleich – über César Manriques Kaktusgarten › S. 74 schwebt. Eine weitere, sorgfältig restaurierte Mühle steht im **Museo Agrícola El Patio,** dem Bauern-Freilichtmuseum von Tiagua (Mo–Fr 10–18, Sa 10–14 Uhr, z.T. nur Do–Sa geöffnet, Eintritt 5 €).

DIE FILIGRANE MOLINA

Dieser Mühlentyp gelangte im Gegensatz zum *molino*, den wohl schon die Konquistadoren auf die Kanaren brachten, erst im 19. Jh. von La Palma nach Fuerteventura. Dort hatte ihn ein gewisser Isidoro Ortega erfunden. Gegenüber der klassischen kastilischen Mühle stellte die *molina* eine deutliche technische Verbesserung dar. Sie funktionierte schon bei schwachem Wind und ihr Einsatz lohnte auch dann, wenn die geerntete Getreidemenge gering ausfiel. Aufgrund ihrer großen Anfälligkeit für Windböen musste sie allerdings ständig von einem Müller überwacht werden, der deswegen im Mühlengebäude wohnte.

Auf La Palma finden sich zahlreiche, allerdings wie auf Fuerteventura seit Jahrzehnten nicht mehr in Betrieb befindliche *molinas*. Manche wurden restauriert, andere überdauerten als Ruinen die Zeit. Ein besonders schönes Exemplar in Hoyo de Mazo beherbergt heute die **Keramikwerkstatt El Molino** › S. 207.

Der Passatwind trieb auf Lanzarote früher die Getreidemühlen an

FOLKLORE & BRAUCHTUM

Auf den Kanarischen Inseln wird viel gefeiert. Örtliche Kirchenfeste sind immer mit einer mehrtägigen Kirmes verbunden. Höhepunkt ist die Prozession, bei der eine Madonnen- oder Heiligenstatue durch die geschmückten Straßen getragen wird, gefolgt von den in prachtvolle Trachten oder Festgewänder gekleideten Gemeindemitgliedern.

Bei Kirchenfesten ziehen bunte Prozessionen durch die Straßen

Fiestas sind ein willkommenes Podium für Folklore- und Trachtengruppen, die traditionelle Tänze und altes Liedgut zum Besten geben. Für den Rhythmus sorgen Tamburine (Schellentrommeln), Kastagnetten, der lautenähnliche Bandurria und vor allem der **Timple** › S. 82, eine kanarische viersaitige kleine Laute mit hellem Klang. Die heiter-ironischen bis schwermütigen Tänze und Gesänge verraten einiges über die Herkunft der Insulaner. Vorwiegend gehen sie auf Einwanderer aus Andalusien zurück, die auch überraschende arabische Anklänge mit im Gepäck hatten. Außerdem haben melancholische portugiesische Melodien und sogar europäische Weisen wie die Polka Eingang in die hiesige Musik gefunden. Folklore ist bis heute Teil der kanarischen Identität, die stolz und selbstbewusst vorgetragen wird.

Zu einer gelungenen Fiesta gehören neben der **Lucha Canaria** › S. 80 oft auch die ganz speziellen Sportarten *juego del palo,* ein Zweikampf mit langen Stöcken, und *salto del pastor,* ein wagemutiger Hirtensprung über unebenes Gelände. Beide werden wie der Ringkampf auf die kanarischen Ureinwohner zurückgeführt.

Zu den althergebrachten kanarischen Sportarten zählt der Hirtensprung

Brauchtum

Folkloregruppen, hier auf Teneriffa, kleiden sich in traditonelle Festgewänder

Korbflechter sind noch auf allen Inseln tätig

KUNSTHANDWERK

Wichtigstes Kunsthandwerk ist die **Stickerei**. Auf allen Inseln fertigt man arbeitsintensive Hohlsaumstickerei *(calados)* an, mit der Tischdecken, Servietten, Taschentücher und Blusen verziert werden. Diese wurde vermutlich vor Jahrhunderten von den Frauen portugiesischer Einwanderer mitgebracht. Zwar ist die kanarische Stickerei teurer als Importware aus Fernost, doch wird sie wegen ihrer sorgfältigen Ausführung geschätzt. In Stickereischulen wie in Lajares auf Fuerteventura und in La Orotava auf Teneriffa wird die Kunstfertigkeit an den Nachwuchs weitergegeben. Für seine *rosetas* (Sonnenspitzen) und Lochstickereien berühmt ist das Dorf Vilaflor auf Teneriffa. Aus mehreren hauchzarten, in vielen Varianten gestalteten Rosetten werden hier Deckchen bis zu Tischplattengröße gefertigt. Fast auf allen Inseln wird nach Art der Altkanarier unglasierte **Gebrauchskeramik** ohne Töpferscheibe mittels der Aufbautechnik hergestellt, die ihre Wurzeln in Afrika hat. Zum Brennen benutzen nicht wenige Keramiker den traditionellen Holzofen. zu den typischen Gefäßen gehören der mit einer Ausgusstülle versehene Milchkrug *(tarro)*, der bauchige, verschließbare Wasserkrug *(purrón)*, in dem Wasser durch Verdunstungskälte frisch gehalten wurde, oder die Schüssel zur Gofioherstellung *(tostadora)*. Von Insel zu Insel variieren Techniken und Formen. Auf La Palma wird die typisch schwarze Töpferware mit äußerst kunstvollen, an die altkanarischen Petroglyphen erinnernden Verzierungen in der Werkstatt El Molino › **S. 207** gebrannt. Die Keramik von El Cercado (La Gomera) erhält durch sienarote Tonerde ihre

Kunsthandwerk

Frauen widmen sich seit jeher der typischen Lochstickerei

typische Oberfläche. Im Töpferdorf La Atalaya auf Gran Canaria lebten in alten Zeiten rund 200 Töpferfamilien. Gerade noch rechtzeitig, bevor dieses Kunsthandwerk hier ausstarb, richtete die Inselregierung mit den letzten Keramikkünstlern eine Ausbildungsstätte mit Werkstatt und Laden ein. Auch auf Teneriffa gibt es Initiativen, die die original altkanarische Töpfertechnik pflegen, z. B. in Arguayo im Westen oder in Guamasa im Norden in der Werkstatt El Alfar (Antigua Ctra. General del Norte 174, www.elalfarcanarias.com).

Aus Palmblättern wurden früher Taschen und Hüte, aus Weidenruten Körbe und andere Gerätschaften geflochten. Dort, wo Teneriffa seinen ländlichen Charakter am deutlichsten bewahrt hat, ist die Korbflechterei noch immer zu Hause. Neuerdings wird in malerischen Orten wie Masca oder Taganana, die Tagesausflügler anziehen, wieder verstärkt geflochten. Die niedlichen Minikörbchen fürs heimische Regal verkaufen sich gut als Souvenir. Die Produkte werden auch in den Fachgeschäften der Kooperative Artenerife (www.artenerife.com) verkauft. Traditionelle **Flechtarbeiten** sind heute wieder gefragt, ebenso wie Flickenteppiche aus Schafswolle und bunten Stoffresten, die auf verschiedenen Inseln an herkömmlichen Webstühlen gefertigt werden.

Immer häufiger sieht man auch die zwischenzeitlich schon fast in Vergessenheit geratenen **Blechgefäße**, beispielsweise Dosen und Kannen, etwa für Essig und Öl, die sorgfältig von Hand zusammengelötet werden. Sie werden z. B. im Museumsdorf La Alcogida bei Tefía (Fuerteventura) hergestellt und verkauft.

Eine Spezialität von La Palma sind **Seidenschals**. Die letzten Seidenweber Europas sind hier im Ort El Paso tätig. Sie kultivieren Maulbeerbäume, deren Blätter sie an die Raupen des Seidenspinners verfüttern. Aus dem Kokon der Puppen dieses Schmetterlings gewinnen sie zunächst die Rohseide, die dann mit unterschiedlichen Naturfarben eingefärbt wird. Im Seidenmuseum Las Hilanderas › **S. 210** kann man die Seidenweber live bei der Arbeit verfolgen, dort gibt es die allerdings nicht ganz günstigen Produkte auch zu kaufen.

FESTE & VERANSTALTUNGEN

Der Festkalender der Canarios orientiert sich am katholischen Kirchenjahr. Mit Prozessionen, Umzügen, Wettkämpfen und einem Feuerwerk als krönendem Abschluss begehen die größeren Orte den Namenstag ihres Schutzpatrons.

FESTKALENDER
Januar: Am Vorabend des Dreikönigsfestes (6. Januar) zieht in den größeren Orten die Cabalgata de los Reyes durch die Straßen, ein Umzug mit den Heiligen Drei Königen, die auf Dromedaren reiten und Süßigkeiten an die Kinder verteilen. Am Dreikönigstag ist zum Abschluss der Weihnachtszeit Bescherung im Familienkreis.

Am Rosenmontag bewerfen sich Canarios mancherorts mit Talkum

Veranstaltungen

Januar/Februar: Beim Festival de Música de Canarias in Santa Cruz de Tenerife und Las Palmas de Gran Canaria, z. T. auch auf Fuerteventura, dreht sich alles um die klassische Musik (www.festivaldecanarias.com).

Februar: In Puntagorda auf La Palma wird zur Zeit der Mandelblüte (manchmal schon Ende Januar) die Fiesta de los Almendros mit Dichterlesungen, viel Folkore und Salsa-Musik gefeiert; auch in Tejeda und Valsequillo (Gran Canaria).

Februar/März: Verschiedene Maskenbälle, darunter die Verbena de las Sábanas, bei der Männer als Frauen verkleidet auftreten, läuten die Karnevalszeit ein. Höhepunkte sind die Wahl der Karnevalskönigin, farbenprächtige Umzüge sowie der Entierro de la Sardina, die »Beerdigung« einer Sardine aus Pappmaché durch eine in Schwarz gekleidete Trauergesellschaft am Aschermittwoch, besonders eindrucksvoll in Haría (Lanzarote). Karnevalshochburgen sind Santa Cruz de Tenerife und Las Palmas de Gran Canaria. Ein besonderes Spektakel ist der Dia de los Indianos am Rosenmontag in Santa Cruz de La Palma. Hierfür sollten Sie nicht die beste Garderobe anziehen, denn es wird reichlich Talkumpuder in die Menge gestreut. Am besten passt man sich an und geht wie alle ganz in Weiß.

März/April: Karwoche *(semana santa)* mit Prozessionen, besonders eindrucksvoll in La Laguna auf Teneriffa, wo in Kutten gekleidete und mit Spitzhüten vermummte Bruderschaften durch die Straßen ziehen.

Juni: Fronleichnamsprozessionen über kunstvolle Straßenteppiche aus Vulkanerde und Blumen, eingefärbtem Salz und gerösteten Blättern (meist an dem Sonntag vor oder nach dem in Spanien *corpus cristi* genannten Fest).

Juli: Alle 4 Jahre (nächste Termine: 2017, 2021) wird auf El Hierro die Wallfahrt Bajada de la Virgen de los Reyes abgehalten, alle 5 Jahre (nächster Termin: 2020) auf La Palma die Bajada de la Virgen de Las Nieves › S. 205, eine der bedeutendsten Wallfahrten des Archipels.

August: Am 4. August soll in Agaete auf Gran Canaria die Bajada de la Rama mit großem Umzug für Regen sorgen. Am 14./15. des Monats wird mit der Romería de la Virgen de Candelaria auf Teneriffa die Schutzpatronin der Kanaren gehuldigt. Die Romería de San Roque am 16. August in Garachico zählt zu den typischsten Wallfahrten von ganz Teneriffa, mit Volksfestcharakter; besonders groß wird sie alle fünf Jahre begangen (nächster Termin: 2020). Arrecife auf Lanzarote feiert San Ginés mit einem großen Volksfest (24.–29. August).

September: Fiesta del Diablo (Teufelsfest) am 7./8. September in Tijarafe auf La Palma. Am 8. September großes Pilgerfest zu Ehren der Virgen del Pino, der Schutzpatronin Gran Canarias, in Teror. Am 3. Samstag des Monats feiert Fuerteventura zu Ehren der Inselheiligen die Fiesta Nuestra Señora de la Peña in Vega de Río Palmas, verbunden mit einer Pilgerfahrt *(romería)*, an der Gruppen aus allen Inselorten mit reich dekorierten Prunkwagen teilnehmen.

Oktober: Im Mittelpunkt der Fiesta de la Virgen de Guadalupe in Puntallana auf La Gomera steht eine Schiffsprozession (alle 5 Jahre, nächster Termin: 2018).

Dezember: In den Dorfkirchen werden in der Weihnachtszeit Krippen aufgebaut. An Heiligabend *(nochebuena)* führen die Ranchos de Ánimas in Tiscamanita und Tetir auf Fuerteventura und in San Andrés auf La Palma eine Bethlehemszene mit Musik und Tanz auf. Danach wird die Christmette *(misa de gallo)* zelebriert. Das Neue Jahr *(año nuevo)* begrüßen die Canarios wie überall in Spanien mit Weintrauben, von denen um Mitternacht bei jedem Glockenschlag eine verzehrt werden muss. Anschließend startet in größeren Orten das Feuerwerk.

Teilnehmer der Karfreitagsprozession im Büßergewand

SON Y SALSA

Julio Iglesias hat nicht viele Fans auf den Kanarischen Inseln, Heavy Metal aber auch nicht. Schmalz und harte Klänge überlassen die Canarios anderen – sie bevorzugen lateinamerikanische Rhythmen, die zurückgekehrte Emigranten aus der Karibik, Südamerika und Kuba schon vor Jahrzehnten populär gemacht haben.

Son kommt ursprünglich aus Kuba. Seine ruhigen Klänge sind der ideale Hintergrund für Balladen, die von Liebe und Leid erzählen. Hingegen präsentiert sich Salsa, die kubanische Tanzmusik schlechthin, sehr rhythmisch und schnell. In der Band dominieren Bläser. Der kubanische Klassiker und betuliche, etwas aus der Mode gekommene Vorläufer der Salsa heißt Mambo. Gitarren und Rasseln harmonieren zwar – wie bei der Salsa – im selben Takt, aber der ist hier viel langsamer. Merengue aus der Dominikanischen Republik demonstriert seine afrikanischen Wurzeln, die ehemaligen Sklaven zu verdanken sind, mit vielen Trommlern, die einen schnellen zweitaktigen Rhythmus schlagen. Einfach und körpernah zu tanzen, eroberte der Merengue zunächst Venezuela. Von dort schwappte die Welle auf die Kanaren. Cumbia stammt eigentlich aus Kolumbien. Aber erst in Ecuador gesellte man den Trommeln Flöten bei und verlangsamte die afrikanischen Elemente derart, dass die ganze Großfamilie mittanzen kann. Das macht sie so beliebt für die *noche del baile*, die bei vielen Fiestas unverzichtbare nächtliche Tanzveranstaltung auf der Plaza.

La Noche del Baile
Lateinamerikanische Hits sorgen auf jeder Fiesta für Stimmung. Unabhängig davon, wem das örtliche Fest gewidmet ist, zum Tanz am (Samstag-)Abend packen die Latinobands ihre Instrumente aus. Wer mitmachen will: Vor Mitternacht geht die Post nicht ab, und durchgehalten wird bis morgens um 5 Uhr. Höhepunkte der Salsa-Seligkeit sind natürlich die Tanzfeste im Karneval.

… und noch mehr Salsa
Auftrieb bekam die kanarische Salsaszene in den letzten Jahren durch kubanische Auswanderer; unter ihnen komplette Bands, die sich auf den warmen, spanischsprachigen und latinophilen Kanaren viel heimischer fühlen als auf dem in jeder Hinsicht kühleren europäischen Kontinent. Vor allem auf den großen Inseln hat man heute auch außerhalb der Festsaison reichlich Gelegenheit, Son, Salsa & Co. in Bars und Discos zu tanzen oder gar zu erlernen.

LatinSalsa Guimerá
Bewährte Salsaschule für Klein und Groß.
Calle Ángel Guimerá 38
Santa Cruz de Tenerife
www.latinsalsa.es
Mo, Mi ab 19.30, Di, Do ab 20.30 Uhr

Pequeña Habana VIP
Hier kann man Salsaunterricht nehmen. Es wird aber auch getanzt oder einfach nur zugeschaut.
Calle Fernando Guanartem 45
Las Palmas de Gran Canaria
Do/Fr ab 21.30 Uhr

La Cuba Mia
Am Wochenende gut besuchte Salsa-Disco.
Centro Comercial Alcampo
Telde | Gran Canaria
www.facebook.com/lacubam
Do–Sa ab 22, So ab 18 Uhr

Lateinamerikanische Rhythmen sind auf den Kanaren gefragt

ESSEN & TRINKEN

Um es gleich vorwegzunehmen: Mit der kanarischen Kost sind keine Sterne zu gewinnen, sie ist eine eher bodenständige Landküche, die von dem lebt, was Insel und Meer hergeben. Wer typische Spezialitäten kennenlernen möchte, sollte sich außerhalb der Touristenhochburgen umschauen. Am Sonntag zelebrieren einheimische Familien in den Ausflugslokalen auf dem Land und in den Fischerdörfern ihr spätes Mittagessen bis weit in den Nachmittag hinein. Dass die Kanaren ein Teil Spaniens sind, kommt auch in der Küche zum Ausdruck, etwa durch den verschwenderischen Umgang mit Olivenöl und Knoblauch. Dazu bereichern die von Einwanderern mitgebrachten Rezepte wie Paella, Gazpacho oder Tortilla den Speiseplan.

Tapas

Als Snacks zwischendurch essen die Canarios gerne *enyesques,* die den spanischen Tapas vergleichbar sind und in Touristenlokalen meist auch so genannt werden. Viele Cafeterias und Bars (in Spanien versteht man darunter keine Nachtklubs, sondern einfache Kneipen) stellen sie auf ihren Theken aus, ebenso die meisten Restaurants in ihren vom eigentlichen Speiseraum getrennten Barbereichen. Anders als z. B. in Andalusien genießt man nicht eine Serie kleinerer Häppchen zu jedem Getränk, sondern bestellt gleich eine ganze Portion *(ración),* die durchaus groß genug ist um den Hunger zu stillen. Beliebte kalte *enyesques* sind z. B. *boquerones* (mit Knoblauch und Petersilie eingelegte Sardellen), Tintenfischsalat mit Zwiebeln und Paprika oder Russischer Salat. Warm serviert werden winzige Paprikaschoten mit grobem Meersalz, diverse Schmorgerichte und Tortilla (Kartoffelomelett). Ein oder zwei Portionen, vielleicht kombiniert mit einem belegten Brötchen *(bocadillo),* können durchaus das Mittag- oder Abendessen ersetzen.

Suppen und Eintöpfe

Typisch für die Kanarischen Inseln sind Suppen *(potaje)* aus Gemüse, Hülsenfrüchten und Fleisch. Nur noch selten auf den Speisekarten von Restaurants zu finden ist der traditionelle *potaje villero,* ein Eintopf aus Bohnenkernen und Salzfisch. Unbedingt probieren sollte man die meist vorzügliche Brunnenkressesuppe *(potaje de berros).*
Sie gilt als außerordentlich gesund und steht vornehmlich in den Landgasthöfen von La Gomera auf der Karte; in der Bar La Vista im Weiler El Cedro wird sie noch im traditionellen Holznapf serviert. Häufig bekommt man auf den Kanaren eine Fischsuppe *(caldo de pesca-*

do), die je nach Saison mit verschiedenen Fischsorten gekocht wird.

Wer es deftiger mag, dem sei eines der leckeren Eintopfgerichte, der *puchero,* empfohlen. Neben diversen Gemüse- und Fleischsorten schwimmen in der Terrine auch Kichererbsen. Seine sämige Konsistenz gewinnt der gehaltvolle *puchero canario* durch den mehligen Gartenkürbis, Safran sorgt für die besondere Note. Auch Süßkartoffeln machen den *puchero* sämig, Chorizo und Speck sorgen für einen rauchigen Geschmack. Ein kräftiger Fischeintopf ist die *zarzuela*. Sie enthält große Filetstücke mehrerer Fischsorten sowie Kartoffeln, Tomaten, Zwiebeln, Petersilie und Knoblauch.

Aus dem Meer

Beim Hauptgang dreht sich alles um den Fisch, der oft auf einer heißen Herdplatte gebacken *(a la parilla)* oder gegrillt *(a la plancha)* daherkommt und immer zusammen mit einer feurigen Tunke *(mojo)* und den obligatorischen Schrumpelkartoffeln *(papas arrugadas)* serviert wird. Originell ist ihre Zubereitungsart: Man lässt sie mitsamt Schale in Salzwasser garen, bis die Flüssigkeit verdunstet ist und sich das Salz als weiße Kruste auf den Schalen abgesetzt hat. Flache Steine auf dem Topfboden verhindern das Anbrennen. Man zerbricht die *pa-*

pas arrugadas mit den Fingern und nimmt damit die Soße auf. Die Schale wird mitgegessen. Der meist hausgemachte *mojo* kommt in zwei Varianten auf den Tisch: rot und scharf mit Chili *(mojo rojo)* oder grün und etwas milder mit Koriander *(mojo verde).*

Typisch ist der Papageifisch *(vieja)*. Andere viel gegessene Fischsorten sind Thunfisch *(atún)*, Zackenbarsch *(mero)*, Sägebarsch *(cabrilla)*, Seehecht *(merluza)*, Wrackbarsch *(cherne)* und Sardinen *(sardinas)*. Viele Restaurants bieten einen gemischten Grillteller an, z. B. mit Papageifisch, Seehecht, Sardinen und Tintenfisch *(pulpo)*, sodass man gleich mehrere Köstlichkeiten probieren kann.

Meeresfrüchte sind meist Importware. Von den Inseln stammen nur Napfschnecken *(lapas)* und Entenmuscheln *(percebes)*, die inzwischen jedoch selten geworden sind und deshalb nicht gegessen werden sollten. Allerdings verstehen die kanarischen Köche auch aus Gambas und anderen Delikatessen, die aus den nordspanischen Häfen eingeflogen werden, hervorragende Gerichte zu zaubern.

Fleischklassiker

Von drei Ausnahmen abgesehen hat die Fleischküche keine eigenständigen Spezialitäten anzubieten. Ein Klassiker ist *conejo salmorejo,*

Hierfür wird Kaninchen über Nacht in einer pikanten Soße mit Kräutern, Knoblauch, Safran und Chili mariniert und am nächsten Tag im Tontopf geschmort. Wegen des hohen Bedarfs werden Kaninchen als Tiefkühlware importiert, während das Ziegenfleisch *(carne de cabra)* garantiert von den Inseln stammt, meist von Fuerteventura. Es wird gerne als Gulasch zubereitet. Als besondere Spezialität gilt Zicklein *(carne de cabrito)*, das besonders gut schmeckt, wenn es vor dem Braten in Wein mit Kräutern, Knoblauch und Gewürzen eingelegt und dann im Backofen geschmort wird *(cabrito en adobo)*. Ein Geheimtipp ist Spanferkel *(cochinillo)*, das in ländlichen Ausflugslokalen in großen Portionen auf den Tisch kommt.

Wer auf Fleisch oder Fisch ganz verzichten möchte, wird in traditionellen kanarischen Restaurants kaum fündig. In modernen Lokalen finden sich meist ein oder mehrere vegetarische oder auch vegane Gerichte auf der Karte.

Käse und Desserts

Probieren sollte man auf jeden Fall den überall angebotenen Ziegenkäse. Je nach Reifegrad kann zwischen Frischkäse *(queso fresco, queso blanco)*, halbweichem Schnittkäse *(semi tierno, semicurado)* und dem mindestens zwei Monate gereiften parmesanartigen Hartkäse *(queso duro, queso viejo)* gewählt werden; beliebt ist auch eine leicht geräucherte Variante *(queso ahumado)*.

Besonders begehrt ist der *queso majorero*, der Ziegenkäse von Fuerteventura. Eine auf den Norden Gran Canarias beschränkte, aber berühmte Delikatesse stellt der Blütenkäse *(queso de flor)* dar: Die Milch wird hierbei mit dem Saft der wilden Artischocke dickgelegt und gewinnt so ein einzigartiges Aroma.

Die Canarios haben eine ausgeprägte Vorliebe für Süßes. Entsprechend groß ist die Auswahl an Pudding und Kuchen. Typische Desserts sind *bombón gigante* (Creme aus Eischnee, Zucker, Schokolade und in Wein getränktem Biskuit), *bienmesabe de miel* (Creme aus Honig, Mandeln, Eigelb), *frangollo* (Maisgrießpudding mit Mandeln, Honig und Feigen) oder kanarischer Pfannkuchen (mit Süßkartoffeln und Rosinen. Auch ein Stück Kürbis- oder Kichererbsenkuchen kann ein Menü abrunden.

Kaffee, Wein und Hochprozentiges

Die Canarios genießen Kaffee auf spanische Art: stark und schwarz aus der Minitasse als *café solo* oder hell und süß als *café cortado*. Touristen bevorzugen eher Milchkaffee *(café con leche)*. Auf den Kanaren konnten Espresso, Latte macchiato und Co. noch nicht überall Fuß fassen.

Kanarische Weine › S. 56 machen in jüngerer Zeit verlorenen Boden wieder gut, neue Rebsorten behaupten sich erfolgreich gegen die Importware: Von der Insel Lanzarote kommen z. B. ein fruchtig-frischer Rosé oder der bernsteinfarbene Moscatel, während in Teneriffas Norden trockene Rotweine mit Herkunftsbezeichnung (D. O.) gekeltert werden. Als Relikt aus der Ära des Zuckerrohranbaus wird auf Gran Canaria ein hochprozentiger Rum destilliert und zum Teil mit Honig verfeinert *(ron miel)*. Süß, lecker und ein gern gekauftes Mitbringsel ist der Bananenlikör *(crema de banana)* aus Teneriffa.

Die besten Fischlokale direkt am Wasser
In Los Abrigos (Teneriffa) hat man die Qual der Wahl. Gut aufgehoben ist man aber auf jeden Fall im **Restaurante Los Abrigos,** das direkt über der Mole fangfrische Fische und Meeresfrüchte serviert. › **S. 173**

Die **Casa Pancho** hält bereits seit fast 50 Jahren an der Playa de la Arena (Teneriffa) die Stellung. Nach wie vor das beste Fischlokal an der Westküste. › **S. 181**

Der **Kiosco Montecarlo** in Puerto de Tazacorte (La Palma) profitiert wie auch die benachbarten Lokale von dem Fischerhafen in unmittelbarer Nähe. Dazu kommt die tolle Lage an der Strandpromenade. › **S. 215**

Im **La Marinera** in Las Palmas (Gran Canaria) sitzt man wunderbar in einem Pavillon auf der Promenade am Ende des Canteras-Strandes, der fangfrische Fisch wird nach Gewicht berechnet, zudem stehen Hausmenüs und Paellas auf der Karte. › **S. 259**

Im **Las Rias** in Meloneras (Gran Canaria) gibt es immer frische Meeresfrüchte. Zu den Spezialitäten der Küche gehört *arroz negro* (schwarzer Reis). › **S. 266**

Bei **La Gamba Loca** in El Golfo (Lanzarote) wird schnörkellos zubereitetes Seafood in einfachem Ambiente und ungezwungener Atmosphäre geboten – manche Tische stehen direkt im Sand. Sehr beliebt bei Sonnenuntergang. › **S. 309**

TAPAS-REZEPTE

CHORIZO-TORTILLA-WÜRFEL
Spanisch rustikal

250 g festkochende Pellkartoffeln (vom Vortag) | 1 große rote Zwiebel | 2 Knoblauchzehen | ½ grüne Paprikaschote | 100 g Chorizo (am Stück, scharfe span. Paprikawurst) | 3 EL Olivenöl | 4 Eier (Größe M) | Salz | Pfeffer | 1 Handvoll Petersilienblättchen

Für 1 Tortilla von 24 cm Ø (16 Stücke)
35 Min. Zubereitung | 10 Min. Backen
Pro Stück ca. 60 kcal, 3 g EW, 4 g F, 3 g KH

Die Kartoffeln pellen und in ca. 1 cm dicke Scheiben schneiden. Zwiebel und Knoblauch schälen und beides fein würfeln. Die Paprikahälfte putzen, waschen, mit einem Sparschäler grob schälen und in feine Würfel schneiden. Die Chorizo pellen und ebenfalls fein würfeln.
Backofen auf 200° vorheizen. Das Öl in einer beschichteten Pfanne (24 cm Ø) mit ofenfestem Griff erhitzen. Kartoffeln, Zwiebel, Knoblauch, Paprika- und Chorizowürfel darin unter gelegentlichem Wenden bei mittlerer Hitze ca. 5 Min. anbraten.

Inzwischen die Eier in einer Schüssel mit etwas Salz und Pfeffer verquirlen. Dann in die Pfanne geben und die Eier mit einem Spatel gleichmäßig verteilen, dabei die Zutaten rundum etwas andrücken.

Die Eiermasse im Backofen (Mitte) in ca. 10 Min. vollständig stocken lassen. Die Pfanne mit der Tortilla herausnehmen, die Tortilla auf ein Küchenbrett gleiten lassen, mit Petersilienblättchen bestreuen und nach Belieben in 16 ca. 4 × 4 cm große Würfel oder Rauten schneiden.

TIPP
Die Tortilla schmeckt warm und kalt. Sie möchten die Tortilla vorbereiten, aber warm servieren? Kein Problem. Mit Alufolie abgedeckt lässt sie sich im vorgeheizten Backofen bei 130° in ca. 10 Min. wieder erwärmen. Prinzipiell sollten Sie beim Erwärmen Ihrer Häppchen darauf achten, dass nichts austrocknet. Also lieber mit Alufolie abdecken und nur kurz erwärmen.

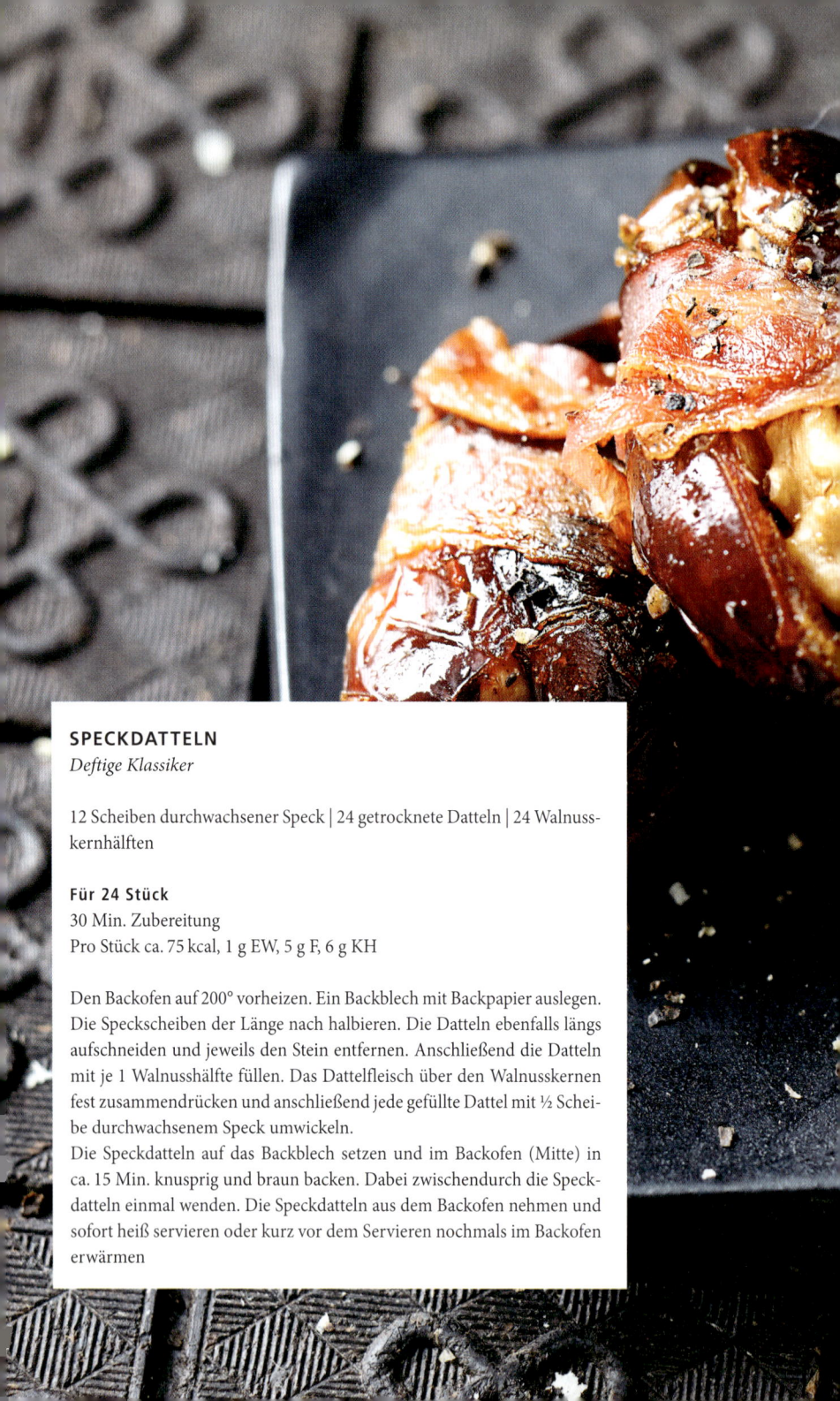

SPECKDATTELN
Deftige Klassiker

12 Scheiben durchwachsener Speck | 24 getrocknete Datteln | 24 Walnusskernhälften

Für 24 Stück
30 Min. Zubereitung
Pro Stück ca. 75 kcal, 1 g EW, 5 g F, 6 g KH

Den Backofen auf 200° vorheizen. Ein Backblech mit Backpapier auslegen. Die Speckscheiben der Länge nach halbieren. Die Datteln ebenfalls längs aufschneiden und jeweils den Stein entfernen. Anschließend die Datteln mit je 1 Walnusshälfte füllen. Das Dattelfleisch über den Walnusskernen fest zusammendrücken und anschließend jede gefüllte Dattel mit ½ Scheibe durchwachsenem Speck umwickeln.
Die Speckdatteln auf das Backblech setzen und im Backofen (Mitte) in ca. 15 Min. knusprig und braun backen. Dabei zwischendurch die Speckdatteln einmal wenden. Die Speckdatteln aus dem Backofen nehmen und sofort heiß servieren oder kurz vor dem Servieren nochmals im Backofen erwärmen.

GOFIO – SPEISE DER UREINWOHNER

Den Altkanariern war das Brotbacken unbekannt. Ihr Grundnahrungsmittel war Gofio, eine Getreidezubereitung, die noch heute auf den Kanarischen Inseln gegessen wird und in ähnlicher Form auch bei den nordafrikanischen Berbern bekannt ist. Grundlage des Gofio sind geröstete und anschließend gemahlene Getreidekörner oder Hülsenfrüchte. Die Altkanarier verwendeten Gerste. War die Ernte schlecht ausgefallen, mischten sie gemahlene Farnwurzeln oder getrocknete Pilze dazu. Derartiger Arme-Leute-Gofio war noch im 19. Jh. auf den Inseln verbreitet. Heute wird Gofio aus verschiedenen Getreidesorten (Gerste, Weizen, Mais), aus Kichererbsen oder Linsen zubereitet. Jeder Supermarkt führt ein großes Sortiment.

Da der Gofio durch den Röstprozess schon gegart ist, erübrigt sich ein weiteres Erhitzen. Ohnehin darf man ihn auf keinen Fall kochen oder backen, sonst nimmt er eine zementartige Konsistenz an.

Traditionell dient Gofio den Hirten als Verpflegung, die ihn in einem Beutel aus Ziegenleder aufbewahren, wie ihn schon die Altkanarier kannten. Bevor sie ihn verzehren kneten sie ihn mit Wasser oder Ziegenmilch und rollen den Teig dann zu mundgerechten Kugeln. Diese verspeisen sie zu Honig und Ziegenkäse. Dazu gehört Wein, mit dem man die Kugeln auch noch tränken kann.

Zu Hause oder im Restaurant wird der eigentlich geschmacksneutrale, aber sehr sättigende Gofio stets unter andere Speisen gemischt. Schon zum Frühstück rühren ihn die Einheimischen in ihren Milchkaffee. Suppen oder Eintöpfe macht er gehaltvoller. Zu diesen Gerichten serviert man ihn oft als Beilage und gibt ihn erst bei Tisch ins Essen. Sogar Süßspeisen werden aus Gofio zubereitet.

Gofio, die nahrhafte Getreidespeise, aßen schon die Ureinwohner

DIE BESTEN STRÄNDE

Mit den schönsten, hellsandigen Stränden schmücken sich die Ostinseln, während die Strände im westlichen Teil des Archipels vorwiegend kleiner und dunkelsandig bis kiesig sind. Dort wird stattdessen oft in bizarren Naturmeeresschwimmbecken gebadet.

Fuerteventura ist die Insel der goldgelben Sandstrände – über 50 km sind sie insgesamt lang. Neben belebten Abschnitten in der Nähe der Ferienorte kann man immer noch einsame Stellen entdecken, an denen man weitgehend allein ist. Südlich von Corralejo erstrecken sich 7 km weißen Sandstrands, die Playas de Corralejo oder Grandes Playas, mit dem riesigen Dünenfeld El Jable im Hintergrund. Auf der Halbinsel Jandía liegt zwischen Costa Calma und Mororo Jable die mit 16 km längste Strandzone Fuerteventuras. Die Insel gilt innerhalb Spaniens als Nudistenparadies. Hüllenloses Baden wird vielerorts toleriert, nur in der Nähe von Siedlungen sollte man darauf verzichten. Die wunderbaren Naturstrände im Norden Jandías, Playa de Cofete und Playa de Barlovento, zusammen 10 km lang, eignen sich wegen starker Brandung und unberechenbarar Strömungen zwar nicht zum Baden, dafür aber für lange Strandwanderungen.

Sandstrand, Meer und Palmen zwischen Morro Jable und Jandía

Türkisfarben schimmert das Wasser vor den Papageienstränden

Ein goldgelbes Wellenmuster bilden die Dünen von Maspalomas

Auch Lanzarote bietet wunderbare Strände. Die schönsten, die Playas del Papagayo bei Playa Blanca, sind unbebaut und stehen unter Naturschutz. Malerische Sandbuchten werden hier immer wieder durch felsige Landzungen unterbrochen. Mit der Playa de los Pocillos und der Playa Grande besitzt der Ferienort Puerto del Carmen zwei goldgelbe Sandstrände mit perfekter Infrastruktur. Kleiner sind die Strände von Costa Teguise, etwa die kinderfreundliche, geschützte Playa de las Cucharas. An der Playa de Famara an der wilden Nordwestküste herrscht wegen gefährlicher Unterströmungen Badeverbot. Dafür eignet sich der mit 4 km längste Strand der Insel für ausgiebige Spaziergänge.

An dritter Stelle ist Gran Canaria mit seinem über 8 km langen, hellsandigen Traumstrand zwischen Playa del Inglés und Maspalomas zu nennen, der großenteils von einem weitläufigen Dünengebiet gesäumt wird. Nur am Hauptzugang ist dieser Strand sehr belebt, in einiger Entfernung von den Ferienorten findet man aber immer noch genügend Platz. Auch hier tummeln sich recht viele Nudisten. Hingegen ist die 3 km lange, familienfreundliche Playa de Las Canteras am Nordrand von Las Palmas ein echter Stadtstrand: feiner goldgelber Sand, vor dem Strand ein Riff, das die Brandung zurückhält, dahinter eine Promenade mit Restaurants, Hotels und Apartmenthäusern.

Auf Teneriffa weisen die Strände von Natur aus grauen oder schwarzen Sand auf – typisch für eine Vulkaninsel, aber dennoch fremdartig. Die Gemeinden ließen deshalb an vielen Hauptstränden Sand aus der Sahara aufschütten, allen voran Santa Cruz de Tenerife mit seinem Lieblingsstrand Playa de Las Teresitas, aber auch die Ferienorte im Südwesten der Insel (Los Cristianos, Playa de Las Américas u. a.). Der hellste und zugleich längste Naturstrand Teneriffas – mit goldgelbem Sand – liegt vor El Médano. Weil sich an der Nordküste das Meer oft zu stürmisch für Schwimmer gebärdet, baute man dort spezielle Meerwasserbadeanlagen, damit das Badevergnügen nicht zu kurz kommt. Es gibt schlichte, wie in Bajamar oder Garachico, oder aufwendige, wie der von César Manrique genial mit Badeseen, Inseln und Wasserfällen gestaltete Lago Martiánez in Puerto de la Cruz.

Die drei kleineren Inseln des Archipels gelten nicht unbedingt als Badeparadiese, sondern locken eher Wanderer an. Nur wenige Strände sind dort bewacht, und der um 2 m betragende Tidenhub wird allgemein unterschätzt. Vorsicht ist geboten: Bei ablaufendem Wasser ist es schwierig, gegen den Strom zurück an Land zu gelangen. Santa Cruz de La Palma

Im glatten Wasser der Playa de Las Canteras spiegeln sich die Lichter von Las Palmas

besitzt zwei Stadtstrände: die jüngst künstlich angelegte, durch Wellenbrecher geschützte Playa de Santa Cruz und die Playa de Bajamar im Hafenbereich. Zwei sehr kleine Strände liegen bei dem Badeort Los Cancajos, ebenfalls im Osten der Insel. An der Westküste punkten Puerto Naos und Tazacorte mit recht gut zum Baden geeigneten Stränden. Der von Tazacorte ist in Teilen offiziell für FKK zugelassen. Aber die idyllischsten, fast völlig naturbelassenen Badebuchten finden sich im äußersten Südwesten im Gemeindegebiet von Fuencaliente. Im Nordosten ersetzen die Felsbadeanlagen Charco Azul (bei San Andrés) und La Fajana (bei Barlovento) die fehlenden Strände.

Auf La Gomera kann man an den beiden Stadtstränden von San Sebastián, am kiesigen Strand von Playa de Santiago und an den Stränden des Valle Gran Rey einen Sprung ins Wasser wagen. An der Nordküste eignet sich eigentlich nur die Playa de La Caleta bei günstiger Wetterlage zum Baden.

El Hierro verfügt über nur wenige Strände, dafür aber über einige schöne Meeresbadeanlagen, etwa La Maceta in der Bucht El Golfo oder die Naturpools der Cala de Tacorón bei La Restinga. In La Restinga kann man auch an einem kleinen Strand im Hafenbereich baden. Als gefährlich gilt hingegen die rot-schwarz-sandige Playa de Verodal im Westen der Insel.

Die Bewohner von Santa Cruz de Tenerife relaxen am Wochenende an der Playa de Las Teresitas

In den Salinas de Janubio ist die Salzgewinnung noch ein Handwerk

GOURMETSALZ AUS DEM ATLANTIK

In drei Salinen wird auf den Kanaren noch Meersalz auf rein handwerkliche Weise – wie anno dazumal – gewonnen. Wirtschaftliche Hochkonjunktur hatte die Salzproduktion auf Lanzarote und Fuerteventura im 19. Jh., als lange Dromedarkarawanen das »weiße Gold« zu den fischverarbeitenden Fabriken in Arrecife bzw. Puerto del Rosario trugen. Damals gab es auf den beiden Inseln zahlreiche Salinenstandorte. Das Salz wurde benötigt, um Fisch zu konservieren. Den Salzfisch exportierte man auf das spanische Festland und in verschiedene lateinamerikanische Länder. Mit der Einführung des Tiefkühlverfahrens seit etwa 1960 ging der Salzbedarf der Fischindustrie rasch zurück. Nach und nach mussten die Salinen schließen, zahlreiche Arbeitsplätze gingen verloren. Das Salz der verbliebenen Salinen wird heute nur noch für Speisezwecke genutzt.

In den Salinas de Janubio auf Lanzarote kann man die Salzgewinnung noch sehen. Die landwärts gelegenen, flacheren Teile der Lagune sind in zahlreiche größere und kleinere Becken unterteilt, in die man das Meerwasser mit Hilfe von Dieselmotoren (früher Windräder) befördert. In den größeren Salzpfannen verdunstet

Salz

Im Sommer türmen sich Salzkegel in den Salinen von Fuencaliente ...

... und fügen sich zu einem geometrischen Kunstwerk zusammen

das Wasser, bis eine konzentrierte Lake zurückbleibt, die in die kleineren Pfannen gepumpt wird, wo das Salz endgültig auskristallisiert. Der gesamte Vorgang dauert je nach Jahreszeit rund vier Wochen. Ähnlich funktioniert der Prozess in den Salinas del Carmen auf Fuerteventura, die zu Demonstrationszwecken reaktiviert und in ein Freilichtmuseum verwandelt wurden. Nur spült hier der Passatwind das Meerwasser in ein Auffangbecken, von dem es dann durch Leitungen in die tiefer gelegenen Erwärmungs- und Verdunstungsbecken geführt wird. Auch La Palma besitzt eine noch funktionierende Saline.

Die kleine Anlage an der Südspitze der Insel bei Fuencaliente wurde von der UNESCO unter Schutz gestellt.

Farbschattierungen in den Wasserbecken entstehen durch Bakterien. Eine rote Färbung ist ein Zeichen dafür, dass das Salz fast auskristallisiert ist. Etwa alle zwei Wochen wird dann im Sommerhalbjahr die dünne Schicht von neu gebildeten Salzkristallen mit Rechen aus den Pfannen abgeschöpft. Zu Kegeln aufgehäuft, trocknet das Salz an der Sonne. So bleibt anders als bei herkömmlichem Salz ein Mehrfaches an Spurenelementen wie Magnesium, Kalium,

Kalzium und Selen erhalten. Diese Bestandteile erhöhen nicht nur den Nährwert, sondern liefern auch ein besonderes Aroma.

Das Salz beider Salinen gilt als besonders hochwertig und findet bei den Besuchern der Inseln reißenden Absatz. Vor allem das Spitzenprodukt *flor de sal*, die viel geschätzte »Salzblume«, also die frisch an der Wasseroberfläche gebildeten Kristalle, aromatisiert feine Gerichte. Dieses deutlich teurere, mit viel Aufwand gewonnene Gourmetmeeressalz, das sich durch einen besonders hohen Magnesium- und geringen Natriumgehalt auszeichnet, gibt es ebenso wie die preiswerteren Qualitäten in den Shops der Salinen.

Salinas de Janubio
Lanzarote
www.salinasdejanubio.com
Mo–Fr 7–14.30 Uhr

Salinas del Carmen – Museo de la Sal
Fuerteventura
www.artesaniaymuseosdefuerteventura.org
Di–Sa 10–18 Uhr
Eintritt 5 €

Salinas Marinas de Fuencaliente
La Palma
www.salinasdefuencaliente.es
Mo–Fr 9–17 Uhr

In Pastellfarben schimmern die Salinas de Janubio

LÄUSE ALS FARBSTOFF-LIEFERANTEN

Auf den stacheligen Opuntien fühlen sich die Koschenilleläuse wohl

Auf dem Feigenkaktus (Opuntie), ursprünglich aus Mexiko eingeführt und auf den Kanaren heute auf trockenen Hängen in der Küstenzone allgegenwärtig, leben dicke, schildförmige Koschenilleläuse *(cochinilla)* als Parasiten. Man kann die nicht sonderlich ästhetischen Tiere überall entdecken. Aus ihnen wurde in Mexiko traditionell ein roter Farbstoff gewonnen. Mitte des 19. Jhs. wurden Opuntie und Koschenillelaus auf die Kanarischen Inseln gebracht, und die Farbstoffherstellung entwickelte sich bald zu einem wichtigen Wirtschaftsfaktor. Doch schon wenige Jahrzehnte später ging die Produktion, bedingt durch die Konkurrenz synthetischer Farbstoffe, stark zurück.

Nur auf Lanzarote wird heute noch in nennenswertem Umfang das Koschenillerot gewonnen. Kaktuspflanzungen bedecken bei Guatiza und Mala gut 200 ha Land. Auf einem Hektar kann man unter günstigen Bedingungen pro Jahr fast 400 kg Läuse züchten. Es dauert ungefähr drei Monate, bis eine Läusegeneration herangewachsen ist. Dann werden die Tiere mit einem Spatel von der Pflanze abgehoben, eine wegen der spitzen langen Kaktusstacheln unangenehme Arbeit, die mit dicker Schutzkleidung verrichtet wird.

Die Läuse werden nach der Ernte getrocknet und dann zu Pulver zermahlen, wobei der karminrote Farbstoff entsteht, der für Arzneimittel, Lippenstifte und Aperitifgetränke Verwendung findet. Weil in Peru und Chile Koschenillefarbe weitaus billiger produziert wurde, musste die heimische Läusezucht jahrelang staatlich subventioniert werden. Dennoch schlief die Produktion in den letzten Jahren praktisch ein. Da den Inselpolitikern die Bedeutung der Koschenillezucht als touristische Attraktion jedoch bewusst ist, plant man ein modernes Verarbeitungszentrum in Mala. Zumindest 3 ha Kaktus-Anbaufläche sollen reaktiviert werden.

Im Frühjahr schiebt die Aloe vera ihre gelben Blütenstängel in die Höhe

ALOE VERA – PFLANZE & WIRKUNG

Ursprünglich stammt die Aloe vera oder Echte Aloe, die gegen so ziemlich alle Zipperlein helfen soll, aus dem östlichen Mittelmeerraum oder von der arabischen Halbinsel und ist mit den Lilien verwandt. Aus Tradition heraus hat jede Familie auf den Kanarischen Inseln ein paar Exemplare der von der Wuchsform her an eine Agave erinnernden, von dieser aber durch die meist gefleckten Blätter und die jährlich wiederkehrenden, relativ kleinen gelben Blütenstände zu unterscheidenden Pflanze im Garten – als stets verfügbare Hausapotheke. Als belegt angesehen wird allerdings nur die Wirkung zur Wundheilung bei Hautirritationen, etwa bei Sonnenbrand. Außerdem erkennt die Medizin Aloe vera als Mittel gegen Verstopfung an, wobei allerdings nicht das Gel verwendet wird, sondern der gelbe Saft unter der Blattrinde, der – in größeren Mengen genossen – als unverträglich gilt.

Produkte aus Aloe vera werden auf den Kanaren in jedem Souvenirladen angeboten. Manche Geschäfte und Marktstände haben sich sogar völlig darauf spezialisiert. Dennoch stammen Cremes, Shampoos und vielerlei andere Tinkturen aus dem Gel der Wunderpflanze oft gar nicht von den Inseln, sondern werden aus Süd- oder Zentralamerika importiert.

Wirklich auf den Kanaren hergestellte Produkte aus Aloe vera kommen z. B. von AVISA, einer kleinen Fabrik am südlichen Ortsrand von Tiscamanita (Marke Canary Aloe). Rings um das Gebäude gedeiht die »Wüstenlilie« auf Feldern, die mittels der Methode des *enarenado* ökologisch bewirtschaftet werden. Der karge Boden wird hierbei mit einer fruchtbaren Lehmschicht bedeckt. Darüber kommt eine Schicht aus Vulkanasche und kleinen Lavabrocken, die den Boden vor der Austrocknung schützt. So ist keine künstliche Bewässerung nötig. Nach der Ernte werden in der Fabrikhalle die fleischigen Blätter geschält, um das Gel, also das Wasser speichernde Gewebe, freizulegen. Es muss dann sofort gerührt und mehrfach gefiltert werden, um Verunreinigungen zu beseitigen. Danach lässt es sich pur auf die Haut auftragen oder ins Haar einmassieren. Ein Teil davon wird zu anderen Produkten weiterverarbeitet. Bei Interesse darf die Anlage meist besichtigt werden. Anschließend besteht die Gelegenheit, das Gel und verschiedene aus ihm gewonnene Kosmetika zu testen und zu kaufen (FV-20, km 30, www.aloetiscamanita.com, Mo bis Fr 8–18 Uhr).

Ein weiterer Produzent ist Finca Canarias mit Plantagen auf Gran Canaria und Fuerteventura, die ebenfalls ökologisch bewirtschaftet werden. Auch die Produkte werden natürlich konserviert, mit Vitamin C und E. Dadurch sind sie aber nur etwa ein Jahr haltbar und sollten nach Anbruch kühl gelagert und bald verbraucht werden (www.fincacanarias.es).

Bei Tiscamanita gedeiht die Aloe auf dunklen vulkanischen Lapilli

TOP-HIGHLIGHTS

PARQUE NACIONAL DEL TEIDE

An landschaftlicher Attraktivität kaum zu überbieten ist das zentrale Bergland von Teneriffa, das als Parque Nacional del Teide unter Schutz steht und von der UNESCO zum Weltnaturerbe erklärt wurde. In gut 2000 m Höhe über dem Meer liegt oberhalb der Passatwolken und stillen Kiefernwälder der gewaltige, von erstarrten Lavaströmen zerfurchte Talkessel Las Cañadas. Die Mondlandschaft überragt der Vulkanberg Pico del Teide, mit 3718 m Spaniens höchster Berg. Das Plateau La Rambleta ist per Seilbahn in nur acht Minuten zu erreichen und bietet bereits eine gewaltige Aussicht über die Insel. Die Besteigung des von dort noch knapp 200 Höhenmeter entfernten Gipfels erfordert eine Genehmigung, um die Zahl der Besucher in Grenzen zu halten. Frei zugänglich ist hingegen die bizarre Felsgruppe der Roques de García in der Nähe des Paradors, des einsam in den Cañadas gelegenen Berghotels. Hier lässt sich die seltsame Hochgebirgsflora bestens studieren. Im Frühjahr blühen skurrile Ginsterbüsche und der Teide-Natternkopf schiebt seine riesigen, roten Blütenstände hervor. › S. 178

Weit überragt der Vulkanberg Pico del Teide die stillen Kiefernwälder am Rand der Cañadas

LA OROTAVA

Im von steilen Gassen geprägten Landstädtchen sind die Jardines Marquesado de la Quinta Roja ein Anziehungspunkt. Für die Anlage des Terrassenparks holte die ortsansässige Grafenfamilie 1882 eigens einen französischen Gartenarchitekten nach Teneriffa. Auch die Casa de los Balcones, in der eine berühmte Stickereischule mit Verkaufsräumen logiert, lockt viele Besucher nach La Orotava. Das prächtige, herrschaftliche Haus aus dem 17. Jh. gefällt durch den herrlichen, von kunstvollen Balkongalerien gezierten Innenhof. Von zwei Türmen flankiert, ragt die Kuppel der Iglesia de Nuestra Señora de la Concepción über die Dächer der Altstadt. Weitere Kirchen und Paläste vervollständigen das vornehme Stadtbild. Wer sich für lateinamerikanisches Kunsthandwerk interessiert, dem wird im Museo de Artesanía Iberoamericana das Herz aufgehen. Pflanzenkenner werden den Hijuelo del Botánico lieben, einen etwas versteckt im historischen Zentrum gelegenen Ableger des Botanischen Gartens von Puerto de la Cruz mit verwunschener Atmosphäre. › S. 183

Rot ist die dominierende Farbe im Blütenreigen der neobarocken Gärten bei der Quinta Roja

CALDERA DE TABURIENTE

La Palmas zentraler Riesenkrater, lange Zeit für eine vulkanische Erscheinung gehalten, entpuppte sich nach neueren geologischen Untersuchungen als ein Produkt kräftiger Erosion, die Spuren in Form von tiefen Schluchten hinterließ. Eine davon, der enge Barranco de Las Angústias, entwässert den ansonsten von viele Hundert Meter hohen Steilwänden umrahmten Kessel zum Meer. Eine andere, der Barranco del Limonero, ist für sein kräftig gelb gefärbtes Wasser bekannt, das er bunten Felsen in seinem Oberlauf verdankt, über die ein Wasserfall sprudelt. Unbesiedelt und so gut wie menschenleer, abgesehen von den Wanderern, die sich auf die mühselige, fünf- bis sechsstündige Tour durch die Caldera begeben, präsentiert sich diese wilde, zum Nationalpark erklärte Landschaft. Zur Zeit der Conquista Ende des 15. Jhs. sollen sich in diesem unzugänglichsten Teil der Insel allerdings die letzten Ureinwohner verschanzt und den spanischen Eroberern Widerstand geleistet haben. Durch eine List wurden sie aus dem Talkessel gelockt und mussten sich schließlich ergeben. › S. 211

Der Blick schweift über den zentralen Talkessel La Palmas bis zum schroffen Höhenzug der Cumbre

PARQUE CULTURAL LA ZARZA

Spiralen und Labyrinthe, die einst in den Fels geritzt wurden, geben nach wie vor Rätsel auf. Auf den anderen Kanarischen Inseln finden sie sich nur vereinzelt, auf La Palma hingegen stolpern Wanderer in den Bergen geradezu über diese prähistorischen Petroglyphen. Eine der schönsten Fundstätten, La Zarza im Nordwesten der Insel, wurde zu einem Kulturpark mit Besucherzentrum ausgebaut. Ein Rundweg führt zu den Felszeichen in einem schummrigen Tal, wo sie in eine von Wasserrinnsalen überrieselte Gesteinsbank graviert wurden. Möglicherweise hatten sie eine magische Bedeutung, sollten ein Versiegen der Quelle und Dürrezeiten verhindern. Einige Wissenschaftler meinen jedoch, dass sie lediglich auf die Wasserstelle hinweisen sollten. Auch das Nachbartal La Zarcita birgt ähnliche Funde: Hier interpretiert die Fantasie manches Betrachters sogar einen aztekischen Männerkopf und eine Frau im Reifrock in die Petroglyphen hinein. Ähnliche Steinritzungen sind aus der Megalithkultur, aber auch aus dem antiken Nordafrika bekannt, woher die Ureinwohner der Kanaren auf bisher nicht geklärte Weise auf die Inseln gelangt sein sollen. › S. 217

Kunstvolle Schriftzeichen auf der dunklen Oberfläche des Vulkangesteins geben Rätsel auf

VALLE GRAN REY

Palmen, von denen es auf La Gomera rund 200 000 geben soll, zieren mit ihren gefiederten Schöpfen vor allem das »Tal des großen Königs«, das Kultziel der Hippies in den 1970er-Jahren, deren Nachfolger und Bewunderer bis heute für das besondere Flair im Valle Gran Rey sorgen. La Playa ist der Badeort dort mit dem Nudistenstrand Playa del Inglés und der schicken Promenade, die Eiscafés, Tapasbars und zeitgemäße Lounges säumen. Weiße, kubische Häuser und blühende Gärten sind das Markenzeichen des Ortsteils La Calera, dessen enge Gassen sich steil die Hänge hinaufziehen. Auf der anderen Seite des Tales am Meer liegt Vueltas, das Zentrum des Nachtlebens mit Szenekneipen und Disco, das aber auch tagsüber dank seiner bunten Boutiquen und hervorragenden Fischrestaurants einen Besuch lohnt. Letztere werden direkt vom angrenzenden Hafen aus beliefert, frischer geht es nicht. Bananenplantagen erstrecken sich hinter dem Kiesstrand zwischen Vueltas und La Playa, sofern sie nicht inzwischen durch gefällige Apartmentanlagen und hippe Pensionen ersetzt wurden. › S. 227

Bananenfelder und Palmenhaine umgeben La Playa, den beliebten Ferienort im Valle Gran Rey

MIRADOR DE LA PEÑA

Durch die riesigen, schrägen Fensterscheiben des Mirador de la Peña fällt das Licht der Abendsonne

César Manrique, der große Künstler von Lanzarote, wollte jeder der Kanareninseln einen Aussichtspunkt schenken, dem Vorbild des Mirador del Río auf seiner Heimatinsel, der als eines seiner Hauptwerke gilt, folgend. Dieses ambitionierte Vorhaben konnte er zwar nicht für jede Insel verwirklichen, wohl aber für El Hierro. Seit Ende der 1980er-Jahre schwebt dort über der weiten Bucht von El Golfo der spektakuläre Mirador de la Peña. Aus 615 m Höhe bietet sich hier ein unvergleichlicher Blick die Felswand hinab bis zum Meer. Je nach Lust und Laune können Betrachter die Sicht von den Terrassen im Freien genießen oder aber durch die großflächigen, schräg gestellten Fensterscheiben des Restaurants, das in dem Vulkansteinbau zur Einkehr einlädt. Voraussetzung ist allerdings ein sonniger Tag, denn in dieser Höhenlage hüllen schon einmal Passatwolken den Mirador und die angrenzende, karge Hochfläche in einen watteweißen Nebel. Vor seinem jähen Unfalltod 1992 konnte Manrique übrigens nur noch auf La Gomera einen weiteren Aussichtspunkt anlegen. › S. 239

DUNAS DE MASPALOMAS

Wie gewaltige Wellen streben die Dünen vom Maspalomas dem Atlantik entgegen

Sie sind zweifellos die größte Attraktion der Küste im Süden Gran Canarias: die Dünen von Maspalomas. Die bis zu 20 m hohen Sandberge wirken wie aus der Sahara hierher versetzt. Sie bedecken eine 4 km² große Fläche an der Südspitze der Insel zwischen dem beliebten Ferienort Playa del Inglés und dem 56 m hohen Leuchtturm (faro) von Maspalomas. Am schönsten zeigen sie sich in der Abenddämmerung, wenn die sichelförmigen Dünenkämme lange Schatten werfen und die von der untergehenden Sonne angestrahlte Seite orangegolden schimmert. Wegen seiner Einzigartigkeit wurde das Gebiet komplett unter Naturschutz gestellt. Hüllenlose Sonnenanbeter wissen die relative Abgeschiedenheit zu schätzen, die das Dünenmeer schon bald nach Verlassen der belebten Strandzonen in der Nähe der großen Urlauberhotels bietet. An die sandigen Dunas de Maspalomas grenzt La Charca, eine stille Lagune, die in den Wintermonaten von Zugvögeln zur Rast aufgesucht wird und im Frühjahr zahlreichen Wasservögeln als Brutrevier dient. Damit sich die Tiere auf keinen Fall gestört fühlen, ist das Gewässer für Badende und Neugierige tabu. › **S. 266**

Am Endpunkt der streckenweise atemberaubenden alten Küstenstraße im Süden Gran Canarias liegt dieses Schmuckstück kanarischer Tourismuspolitik. Wo sich noch vor wenigen Jahrzehnten alte Männer am Kai trafen, um vergangenen Zeiten nachzuhängen, befindet sich nun ein einzigartiger Jachthafen. Kanäle und Brücken schaffen eine Atmosphäre, die ein wenig an Venedig erinnert. Freundliche zweistöckige Häuser im lokaltypischen Stil mit bunten Tür- und Fensterrahmen säumen Wasserstraßen und Palmenpromenade. Die Gassen dazwischen sind Fußgängern vorbehalten und mit blühenden tropischen Pflanzen geschmückt. Tagesausflügler erfreuen sich an den Springbrunnen und hübschen Boutiquen oder genießen den Blick auf die im Hafenbecken vertäuten Hochseejachten bei einem Kaffee oder Eis in einem der angrenzenden Lokale. Abends füllen sich die renommierten Fischrestaurants hier mit Gästen. Kaum einer findet allerdings den Weg vom Jachthafen in den alten Ortskern des benachbarten und namensgebenden Fischerdorfs, was schade ist, zumal es sichtlich vom Reichtum der neuen Ära profitiert hat. › S. 268

PUERTO DE MOGÁN

Segeljachten aus der ganzen Welt liegen am Kai vor den bunten Häusern von Puerto de Mogán

EL JABLE

Im Norden Fuerteventuras ist das riesige Wanderdünengebiet El Jable mit seiner vorgelagerten, rund 7 km langen Sandstrandzone die große Attraktion des Ferienorts Corralejo. Nur zwei Hotels wurden hier im Bereich Grandes Playas errichtet, bevor das gesamte, immerhin 24 km² große Gebiet 1982 unter Naturschutz gestellt wurde. Ansonsten blieb der durch erstarrte Lavazungen in mehrere Abschnitte gegliederte Strand völlig naturbelassen. Die Straße von Corralejo nach Puerto del Rosario zerschneidet das Dünengebiet und muss, da sie häufig von Sand überweht wird, immer wieder freigebaggert werden. Wer El Jable darüber hinaus erkunden möchte, sollte dies zu Fuß tun und dabei den Blick auf die vorgelagerte, von Minivulkanen überzogene Insel Lobos genießen. Keinesfalls darf mit dem Geländewagen über die Dünen gefahren werden, um die fragile Flora nicht zu gefährden und der seltenen Fuerteventura-Kragentrappe Ruhe zu gönnen. Dank dieser und anderer Schutzmaßnahmen gibt es heute wieder rund 800 Exemplare des eigentümlichen Laufvogels, der in dem Sandgebiet brütet. › S. 284

Durch das schneeweiße Sandfeld von El Jable lässt es sich mit Blick auf die Insel Lobos spazieren

BETANCURIA

Fuerteventuras alte Hauptstadt, in der heute nur noch rund 200 Menschen leben, liegt in einem erstaunlich grünen Tal im westlichen Bergland der Insel. Palmen und Säuleneuphorbien erheben sich zwischen den weißen Häusern mit ihren hellroten, freundlich wirkenden Ziegeldächern. Dieses Idyll wird von dem Turm der Iglesia Santa Maria überragt, einer wehrhaft gestalteten Kirche, die in den frühen Jahren nach der Conquista sogar als erste Kathedrale der Kanaren diente. Im dreischiffigen Innenraum, der von einer prächtig geschnitzten Decke aus dem dunklen Holz der Kanarischen Kiefer überspannt wird, sind flämische Malereien, barocke Altäre und hoch verehrte Marienfiguren zu bewundern. Gegenüber öffnet die Casa Santa Maria ihre Tore und gewährt Besuchern einen Einblick in ein vornehmes Herrenhaus aus lange vergangenen Zeiten. Kunsthandwerker führen ihre Arbeiten vor. Gleich unten an der Hauptstraße logiert das Archäologische Museum der Insel, dessen wertvollster Besitz die prähistorischen Fruchtbarkeitsstatuetten aus einer Höhle bei La Oliva sind, bald ergänzt um einen spektakulären Neubau. › S. 290

Um die Kirche von Betancuria gruppieren sich die vornehmen Häuser der alten Hauptstadt Fuerteventuras

PARQUE NACIONAL DE TIMANFAYA

Im 18. Jh. schufen verheerende Vulkanausbrüche in weiten Teilen Lanzarotes eine Mondlandschaft – heute eine der Hauptattraktionen der Insel. Rund ein Viertel der Inseloberfläche wurde damals unter Lavaströmen und Ascheberge begraben. Eine unfruchtbare Landschaft mit etwa 100 neuen Vulkankegeln entstand. Der Ort Timanfaya und zehn weitere Dörfer mussten für immer aufgegeben werden. 1974 wurden auf eine Initiative von César Manrique hin große Teile dieses Gebiets als Nationalpark unter Schutz gestellt. Besucher dürfen ihn nur eingeschränkt besichtigen, um die empfindlichen Lavaformationen, auf denen sich seither nur Flechten und ein paar rare, kostbare Blütenpflanzen angesiedelt haben, zu bewahren. Am Islote de Hilario, wo der Überlieferung nach ein Einsiedler mit seinem Kamel lebte, demonstrieren Parkranger anschaulich, wie heiß der Boden schon nahe der Erdoberfläche immer noch ist. Auch starten dort Bustouren durch die bizarre Landschaft, die Miniaturvulkane, einen eingestürzten Vulkantunnel und das »Tal der Stille« berühren. › S. 312

Krater und Vulkankegel aus rötlicher Asche durchstoßen die dunklen Lavaströme der Mondberge

JAMEOS DEL AGUA

Bizarre Lichteffekte sind am See unter der Höhlendecke der Jameos del Agua zu beobachten

César Manrique gestaltete in den 1960er-Jahren die Vulkanhöhle, die zuvor lange unbeachtet geblieben war, zu einer Sehenswürdigkeit der Superlative. Jameos del Agua gilt heute als sein Hauptwerk. Hier verwirklichte er seinen Anspruch, Kunst und Natur zu vereinen, so perfekt wie nirgendwo sonst. Zwei gewaltige Kamine, die durch Einsturz entstandenen *jameos*, gaben der Höhle ihren Namen. Unter dem Mittelstück, wo die Decke unversehrt blieb, verbirgt sich ein natürlicher See, in dem blinde Albinokrebse leben. Deren zoologische Verwandtschaft mit Tiefseekrebsen lässt vermuten, dass sie im Verlauf der Eruption des nahegelegenen Monte Corona aus dem Meer heraufgeschleudert wurden und in der Grotte gefangen blieben. Gegen Mittag fallen durch Schlitze in der Höhlendecke Sonnenstrahlen und verzaubern durch ihren »Tanz« auf der Wasserfläche. Manrique fügte in einem der Kamine eine künstliche Lagune mit einem üppigem Garten hinzu. An einer Poolbar sitzt man auf Hockern aus Lavagestein. Dahinter schuf er in einer weiteren Höhle ein Auditorium mit ausgezeichneter Akustik. › S. 317

TOUREN AUF DEN KANAREN

La Gomera mit Blick auf Teneriffa

Eine Felsbarriere schützt die familienfreundliche Playa de Las Teresitas

Karte S. 160

Teneriffa

TENERIFFA

Teneriffa ist ganz klar die vielseitigste der Kanarischen Inseln. Tief erodierte Täler, bizarre Vulkanlandschaften mit dem höchsten Berg Spaniens und eine durch die Randlage im Atlantik einmalige Flora mit archaischen Drachenbäumen und Resten tertiärer Lorbeerwälder – das alles macht die größte Insel des Kanarischen Archipels zu einem Naturerlebnis.

Die Sonnensicherheit bescherte dem Süden Teneriffas einen Touristenboom: Etwa zwei Drittel der Besucher zieht es in die Badeorte an der Süd- und Südwestküste. Gewachsene Strukturen dürfen hier allerdings nicht erwartet werden, Playa de Las Américas ist genauso eine Retortenstadt wie das noble Costa Adeje nebenan oder Los Gigantes an der Westküste.

Eine perfekte touristische Infrastruktur mit all ihren Vor- und Nachteilen wurde im wahrsten Sinne aus dem Sand gestampft. Schwimmen, Surfen, Tauchen und Bootstouren gehören zum festen Angebot. Playa de Las Américas und Los Cristianos sind auch Zentren des Nachtlebens.

Mehr Flair und Ruhe verspricht der Norden der Insel. Der größte Ferienort ist dort Puerto de la Cruz mit Hotels und Apartments aller Kategorien. Prunkvolle Sakralbauten und prächtige Bürgerpaläste erinnern an die koloniale Epoche, und in der Altstadt laden hübsche Gassen zum Herumbummeln ein. Teneriffakenner zog es schon immer ins angrenzende Orotavatal. Der Zuckerrohranbau machte das Tal reich. Heute erstrecken sich in Küstennähe Bananenplantagen. Beschaulich präsentieren sich die mittleren Lagen mit weiß getünchten Bauernhäusern zwischen Feldern und Obstgärten. Die alte Hauptstadt der Insel, La Laguna, mit ihren zahlreichen Baudenkmälern wurde von der UNESCO zum Weltkulturerbe erklärt.

Abgesehen von Aktivitäten am oder im Wasser ist Wandern ein gern betriebener Sport auf Teneriffa. Beliebt als Wandergebiete sind das Tenomassiv im Nordwesten, das Anagagebirge im Nordosten und natürlich das zentrale Bergland mit dem vom Pico del Teide überragten Riesenkrater Las Cañadas. Das bergige Terrain zieht natürlich auch Mountainbiker an. Und Golfer haben auf der Insel die Wahl zwischen neun attraktiven Parcours.

157

TOUREN IN DER REGION

 ## Ins Anagagebirge

ROUTE: La Laguna › Anagagebirge › Taganana › San Andrés › Playa de Las Teresitas

KARTE: Seite 160
DAUER: 1 Tag; Fahrstrecke: 42 km
PRAKTISCHE HINWEISE:
» Um eine möglichst gute Sicht zu haben, sollte man zu dieser Tour frühzeitig am Morgen aufbrechen, da häufig bereits gegen Mittag die regelmäßig aufziehenden Passatwolken den ca. 1000 m hohen Bergrücken des Anagagebirges komplett einhüllen.

TOUR-START

Nordöstlich der alten Hauptstadt **La Laguna** 19 › S. 192 führt die TF-13, die im weiteren Verlauf in die TF-12 übergeht, als Panoramastraße durch das Anagagebirge. Im Kontrast zu den tieferen Lagen überrascht der Höhenzug mit immergrünem Lorbeerwald. Besonders wenn Nebelschwaden durch die Bäume mit ihren langen Bartflechten ziehen, meint man sich in einen mystischen Zauberwald versetzt. Zahlreiche Aussichtspunkte entlang der Straße und kleine Abstecher auf Fußwegen erlauben grandiose Ausblicke.

Auf der TF-134 gelangt man über einige enge Serpentinen hinunter nach **Taganana**. Viele Terrassenfelder, Orangenhaine und urwüchsige Drachenbäume geben dem 600-Seelen-Dorf einen verträumten Anstrich. Weiter unten am Meer liegt der Naturstrand **Playa San Roque** vor eindrucksvoller Felskulisse.

Zurück über den Kamm geht es weiter auf der TF-12 in Richtung Süden ins malerische ehemalige Fischerdorf **San Andrés**. Zahlreiche Cafés laden entlang der Uferstraße zur Pause ein. Größter Anziehungspunkt von San Andrés ist jedoch die sich nordöstlich anschließende **Playa de Las Teresitas**. Der in den 1970er-Jahren mit goldgelbem Saharasand aufgeschüttete Strand ist eine der besten Badestellen auf der Insel. Zahlreiche Strandbars (kioscos) bieten Erfrischungen und Snacks an.

 ## Auf Spaniens höchsten Gipfel

ROUTE: La Orotava › Aguamansa › El Portillo › Pico del Teide

KARTE: Seite 160
DAUER: 1 Tag; Fahrstrecke: 38 km
PRAKTISCHE HINWEISE:
» Zur Besteigung ist eine Genehmigung nötig, erhältlich nur unter www.reservasparquesnacionales.es. Diese bezieht sich auf den letzten Abschnitt von La Rambleta bis zum Gipfel (Wanderweg Telesforo Bravo).

TOUR-START

Die Carretera del Teide (TF-21) führt von **La Orotava** 17 › S. 183 über **Aguamansa** in den Naturpark Parque Natural de la Corona Forestal hinein, ein weitläufiges Waldgebiet aus Kanarischen Kiefern. Immer wieder bieten sich grandiose Ausblicke auf das Meer, die Nachbarinsel La Palma sowie auf den alles überragenden Pico del Teide. Zwischen den Kilometersteinen 22 und 23 liegt der Mirador Rosa de la Piedra. Bei der »Steinrose« (auf der linken – südlichen – Straßenseite) handelt es sich um eine rosettenförmige Basaltformation. Oberhalb der Baumgrenze fallen die riesigen Ginsterbüsche ins Auge. Der Teideginster blüht im Frühsommer weiß und duftet betörend süß, der gelb blühende Ginster hat sich aus den Kiefernwäldern bis

Karte S. 160

Teneriffa
Touren

Steile Gassen durchziehen die Altstadt von La Orotava

hierher vorgewagt. **El Portillo** bildet den nördlichen Zugang zum **Nationalpark Teide** 11 › S. 178, in die Las Cañadas genannte Vulkanlandschaft. Das Centro de Visitantes (Besucherzentrum, tgl. 9–16 Uhr, Eintritt frei) überrascht mit einem simulierten Vulkanausbruch samt rot glühender Magma und fürchterlichem Grollen und informiert darüber, welche Lavatypen sich im Ernstfall bilden. Weiterhin widmet sich die Ausstellung dem Klima, der Fauna und Flora im Nationalpark. Zum Besucherzentrum gehört außerdem ein kleiner botanischer Garten, der die Pflanzen dieser Vegetationszone versammelt. Ein besonderer Service sind die kostenlosen geführten Wanderungen (Infos unter www.todotenerife.es).

Ab dem Besucherzentrum führt die TF-21 durch eine bizarre Vulkanlandschaft. Die von bis zu 500 m hohen Felsen eingefasste Caldera, der **Las Cañadas** genannte Kratergrund unterhalb des Teide, ähnelt einem Amphitheater. Dieser ellipsenförmige Kessel gehört mit einer Längsachse von 17 km und einer Querachse von 12 km zu den größten Kratern der Welt. Seit 2007 zählt der Nationalpark zum UNESCO-Weltnaturerbe.

Am Westrand der Cañadas erhebt sich der alles überragende **Pico del Teide** (3718 m). Der Vulkan entstand nicht bei einem einzigen Ausbruch, sondern baute sich Schicht für Schicht durch wiederkehrende Eruptionen aus einem Schlot auf. Seit 500 Jahren wächst er jedoch nicht mehr nach oben, sondern nach Westen. Der Vulkankrater **Pico Viejo** am Westhang entstand vermutlich 1492, der Krater der **Montaña Chahorra** im Jahr 1798.

Von El Portillo bis zur Talstation des Teleférico del Teide sind es knapp 11 km. Bei ruhigem Wetter fährt die Seilbahn bis zum 3550 m hoch gelegenen **Plateau La Rambleta**. Den Höhenunterschied von 1200 m von der Tal- bis zur Bergstation überwindet sie in acht Minuten. Der 3715 m hohe Gipfel des Teide ist nur mit einem Berechtigungsschein (*permiso*) › S. 179 für maximal 200 Besucher täglich zugänglich.

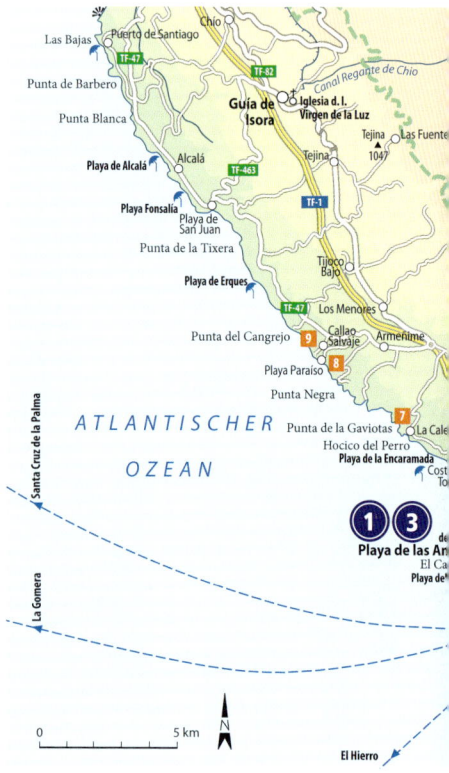

Wer im Besitz eines solchen ist, benötigt von der Bergstation auf einem gut ausgebauten Weg ungefähr 30 Min., um schließlich auf dem höchsten Punkt Spaniens zu stehen.

Aber nicht erst vom Gipfel, sondern auch von La Rambleta genießt man eine fantastische Sicht auf Teneriffa und die umliegenden Inseln. Ausgeschilderte Wege führen zum Aussichtspunkt **La Fortaleza** (15 Min.) und zum südwestlich gelegenen **Pico Viejo** (45 Min.). Anorak und feste Schuhe nicht vergessen!

Teneriffa
Touren

TOUREN AUF TENERIFFA

① Ins Anagagebirge

LA LAGUNA › ANAGAGEBIRGE › TAGANANA › SAN ANDRÉS › PLAYA DE LAS TERESITAS

② Auf Spaniens höchsten Gipfel

LA OROTAVA › AGUAMANSA › EL PORTILLO › PICO DEL TEIDE

③ Landstädtchen im Norden

PUERTO DE LA CRUZ › ICOD DE LOS VINOS › GARACHICO › PUNTA DE TENO › MASCA › SANTIAGO DEL TEIDE

Ein Leuchtturm krönt das Kap der Punta de Teno

Karte
S. 160

Teneriffa
Touren

Tour 3: Landstädtchen im Norden

ner Stärkung und einem kleinen Spaziergang durch die steilen Gassen geht es über **Santiago del Teide** 13 › S. 181 – mit wunderbarem Blick auf den Teide – und die TF-82 wieder zurück nach Puerto de la Cruz.

ROUTE: Puerto de la Cruz › Icod de los Vinos › Garachico › Punta de Teno › Masca › Santiago del Teide

KARTE: Seite 160
DAUER: 1 Tag; Fahrstrecke: 70 km
PRAKTISCHE HINWEISE:
» Masca besucht man am besten möglichst früh oder aber am späten Nachmittag, wenn die meisten Tagesausflügler noch nicht angekommen oder schon wieder abgefahren sind.

TOUR-START

Von **Puerto de la Cruz** 18 › S. 185 fährt man zunächst nach **Icod de los Vinos** 16 › S. 182, anfangs auf der Autopista del Norte, die in die TF-5 übergeht. In Icod lohnt ein Besuch des Parque del Drago mit dem berühmten tausendjährigen Drachenbaum Drago Milenario (am Westrand der Stadt am Barranco de Caforiño).

Am nördlichen Ortsrand von Icod geht die TF-5 in die TF-42 über. Auf dieser Küstenstraße erreicht man nach einer knappen Viertelstunde **Garachico** 15 › S. 182. Die kleine Hafenstadt wurde nach einem Vulkanausbruch Anfang des 18. Jhs. wieder aufgebaut. Hier lohnt ein Bummel durch die Altstadt mit Kaffeepause.

Von Garachico aus folgt man der TF-42 bis **Buenavista del Norte.** Dann wird es abenteuerlich. Am Nordrand des Tenogebirges verläuft die schmale Küstenstraße TF-445 bis zum Leuchtturm an der **Punta de Teno,** von wo aus man bis nach Los Gigantes schauen kann. (Gelegentlich – besonders im Winter – wird die Straße wegen Steinschlaggefahr gesperrt, dann muss man auf den Abstecher verzichten).

Zurück in Buenavista del Norte folgt man der kurvigen und schmalen Bergstraße TF-436 nach **Masca** 14 › S. 181. Das abgelegene Bergdorf ist ein überaus beliebtes Ausflugsziel. Nach ei-

Die kleinen Häuser in Masca sind von Palmen und Blumengärten umgeben

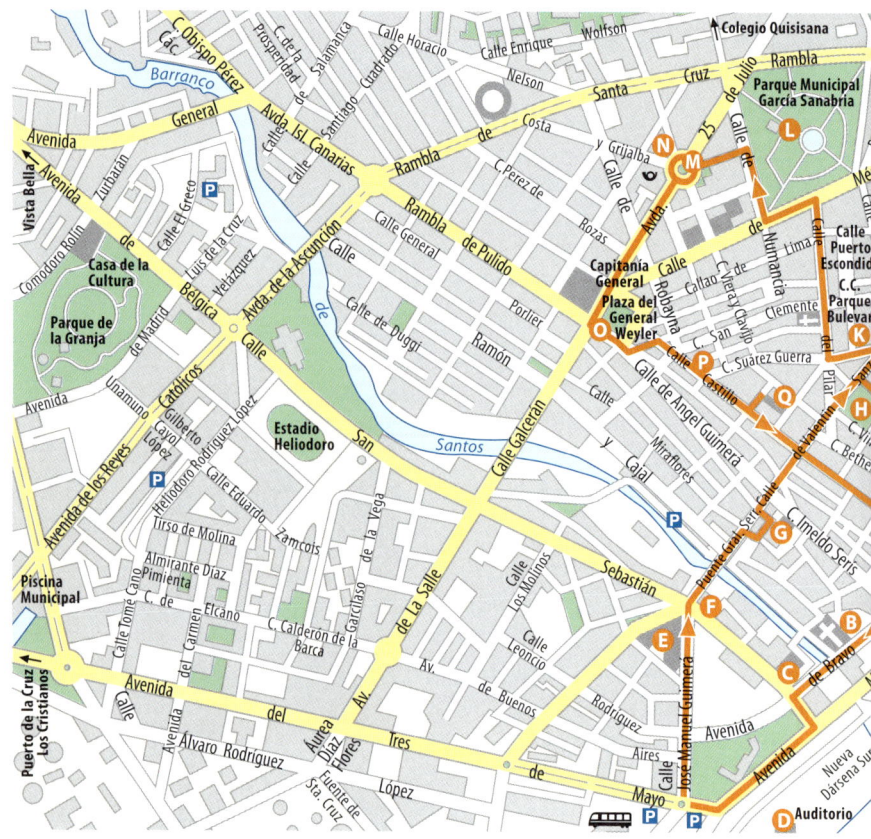

UNTERWEGS AUF TENERIFFA

Santa Cruz de Tenerife 1
[L4]

Die Provinz- und Inselhauptstadt ist kein Ferienort, doch unabhängig vom Tourismus pulsiert hier das kanarische Leben. Wegen der andauernden Konkurrenz zwischen den Inseln Teneriffa und Gran Canaria wurde die Hauptstadtfunktion Santa Cruz de Tenerife und Las Palmas de Gran Canaria gemeinsam zuerkannt. Der Regierungspräsident wechselt daher alle vier Jahre die Stadt, während das Parlament ständig in Santa Cruz residiert. Das Zentrum von Santa Cruz de Tenerife (222 000 Einw.) ist eine sehenswerte Mischung von gewachsenen, alten Stadtvierteln mit ausgedehnten Fußgängerzonen und einigen Jugendstilvillen, Einsprengseln moderner Architektur, verkehrsreichen und von (sub-)tropischer Flora gesäumten Boulevards sowie Parks und dekorativen Plätzen. Für einen Stadtrundgang mit Kaffeepause reichen 3–4 Stunden, wer außerdem noch einen Einkaufsbummel oder Museumsbesuche plant, sollte sich einen ganzen Tag Zeit nehmen.

Der rote Doppeldeckerbus von City Sightseeing, auch Guagua Turística genannt, startet

Teneriffa
Santa Cruz de Tenerife

Ⓐ Plaza de España
Ⓑ Iglesia Nuestra Señora de la Concepción
Ⓒ Museo la Naturaleza y el Hombre
Ⓓ Auditorio
Ⓔ Mercado de Nuestra Señora de África
Ⓕ Tenerife Espacio de las Artes (TEA)
Ⓖ Teatro Guimerá
Ⓗ Plaza del Príncipe de Asturias
Ⓘ Museo Municipal de Bellas Artes
Ⓙ Iglesia San Francisco
Ⓚ Caja General de Ahorros de Canarias
Ⓛ Parque García Sanabria
Ⓜ Plaza 25 de Julio
Ⓝ Casa Quintero
Ⓞ Plaza Weyler
Ⓟ Casa Elder
Ⓠ Parlamento de Canarias
Ⓡ Plaza de la Candelaria
Pico del Teide

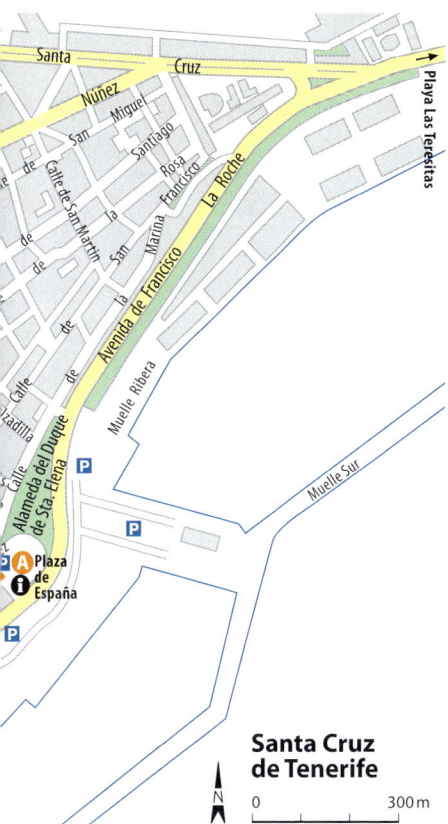

von der Plaza de España zur Stadtrundfahrt (tgl. ab 10 Uhr, alle 30 Min., Erw. 18 €, Kinder 9 €).

Die Tiefgaragen der Kaufhäuser an der Avenida Tres de Mayo und Plaza España bieten Parkraum. Stellplätze gibt es auch am Barranco de Santos.

STADTBESICHTIGUNG

Ausgangspunkt für den Stadtrundgang ist die Plaza de España. Zusammen mit der Plaza de la Candelaria bildet sie den attraktiven Zugang zur Stadt.

PLAZA DE ESPAÑA Ⓐ
Zu Beginn des Jahrtausends wurde der Platz nach Plänen der Architekten Herzog & de Meuron völlig neu gestaltet und in seiner jetzigen Form 2008 eröffnet. Die Intention der Planer war es, Stadt und Meer miteinander zu verbinden: Das Ergebnis ist der neueste architektonische Paukenschlag von Santa Cruz, ein 5000 m großer, flacher Meerwassersee mitten auf der Plaza, dessen Wasserspiegel mit den Gezeiten sinkt und steigt. Obwohl er von den Planern eigentlich nicht zum Baden gedacht war, stört das im Sommer viele Kinder überhaupt nicht. Sie vergnügen sich gern im kühlenden Nass. Den See umgeben Grünanlagen mit kanarischer Flora und Pavillons, in einem von ihnen ist die Touristeninformation untergebracht. Das **Monumento de los Caídos** erinnert an die auf Francos Seite im Spanischen Bürgerkrieg (1936–39) Gefallenen.

Der Glockenturm der Iglesia de la Concepción diente einst als Ausguck

An der Südseite des Platzes fällt der **Palacio Insular** mit seinem Uhrturm auf. Das repräsentative Gebäude ist der Tagungsort des Inselrates Cabildo. Ein Glasfenster im Aufgang zeigt das Wappen Teneriffas. Ähnlich monumental wirkt auch das Hauptpostamt daneben.

IGLESIA NUESTRA SEÑORA DE LA CONCEPCIÓN Ⓑ

Auf der Avenida de Bravo Murillo gelangt man zur ältesten Kirche der Stadt. Sie wurde 1502 erbaut, fiel aber genau 150 Jahre später einem Brand zum Opfer. Als äußerlich schlichte Barockkirche mit kanarischen Stilelementen wurde sie aus dunklem Basalt neu errichtet und mit einem Turm versehen, dessen achteckiger Aufsatz als Ausguck zum Ausspähen von Schiffen und zum Erkennen von Bränden diente. Das Innere des niedrigen, fünfschiffigen Gotteshauses schmückt der prunkvolle von Luján Pérez geschaffene Hochaltar.

In der **Herz-Jesu-Kapelle** steht das Kreuz, das der Eroberer Alonso Fernández de Lugo zum Zeichen der Inbesitznahme der Insel in den Strand pflanzte und von dem sich der Name der Stadt ableitet.

Der Boden der benachbarten **Jakobskapelle** birgt den Leichnam des erfolgreich gegen Admiral Nelson angetretenen Generals Gutiérrez. Nelson gelang zwar 1797 die Landung auf Teneriffa mit etwa 1000 Soldaten an der Stelle, wo sich heute die Promenade am Auditorium befindet. Doch er verlor die Schlacht gegen die Inselbewohner. Jedes Jahr am 24. Juli insze-

Karte
S. 164

Teneriffa
Santa Cruz de Tenerife

nieren die Hauptstädter den Kampf gegen die englischen Invasoren am historischen Ort, selbstverständlich gekleidet in Kostüme der damaligen Zeit.

Im Viertel Las Norias hinter der Iglesia Nuestra Señora de la Concepción hat sich eine bunte Restaurant- und Kneipenszene etabliert.

ÖSTLICH DES ZENTRUMS

Jenseits des Barranco de los Santos befindet sich das ehemalige Hospital (Antiguo Hospital Civil). In dem klassizistischen Komplex sind vier Museen untergebracht. Für Urlauber, die mehr über die Insel wissen wollen, empfiehlt sich das moderne **Museo de la Naturaleza y el Hombre** C, eines der bedeutendsten Museen der Kanarischen Inseln. Die naturwissenschaftliche Abteilung präsentiert die geologischen Formationen, Flora und Fauna des Archipels. Über das Leben der Ureinwohner informiert die archäologische Abteilung. Hier sind auch die Guanchen-Mumien ausgestellt. Weitere Räume sind den einzelnen Inseln und u. a. der präkolumbischen Kunst Lateinamerikas gewidmet (Calle Fuente Morales s/n, Tel. 922 20 93 20, www.museosdetenerife.org, Di–Sa 9–20, So/Mo, Fei 10–17 Uhr, Eintritt 5 €, Fr/Sa 16–20 Uhr frei).

Fans der modernen Architektur sollten einen Abstecher auf die Promenade zum **Auditorio de Tenerife** D des spanischen Stararchitekten Santiago Calatrava machen, das u. a. Bühne für das Festival der Kanarischen Musik im Januar/Februar ist. Die Form des 2003 eröffneten Konzerthauses mit zwei Sälen erinnert an eine Riesenwelle. Millionen von Bruchstücken weißer Fliesen lassen die Fassade glänzen (Tel. 922 56 86 00, Programm und Kartenvorverkauf unter www.auditoriodetenerife.com).

Westlich des Kulturtempels eröffnete 2014 das **Palmetum**, ein opulenter Palmengarten. Kaum zu glauben, dass der aufgeforstete Hügel einmal die Mülldeponie von Teneriffas Hauptstadt war. Hier kann man neben 400 Palmenarten auch Agaven und Kakteen sowie weitere endemische und exotische Pflanzen bestaunen (Avenida de la Constitución 5, www.palmetumtenerife.es, tgl. 10–18, Juni–Sept. 10–19 Uhr).

Es lohnt sich, weiter über die **Avenida Tres de Mayo** zu schlendern. Die Flanierstraße mit ihren Fußgängerpassagen ist die Adresse zahlreicher Geschäfte sowie eines großen Warenhauses der spanischen Kette El Corte Inglés.

An einer erhöhten Stelle weiter nördlich steht die im arabischen Stil gebaute Markthalle **Mercado Nuestra Señora de África »La Recova«** E, wo es turbulent und lautstark wie in einem orientalischen Basar zugeht. In den Marktcafés kann man einen Kaffee genießen (www.la-recova.com, Mo–Sa 6–14, So 7–14 Uhr). Nebenan in der Avenida José Manuel Guimerá halten Kunsthandwerker, Textil- und Souvenirhändler in den blauen Kiosken der **Rambla Azul** ihre Ware zu günstigem Preis bereit (tgl. 9–14 Uhr).

Gegenüber der Markthalle liegt das Kunstmuseum **Tenerife Espacio de las Artes (TEA)** F lang gestreckt am Barranco. Es beherbergt das Instituto Óscar Domínguez, das die surrealistischen Werke dieses berühmten grancanarischen Malers zeigt. Außerdem werden hier wechselnde Ausstellungen veranstaltet, es gibt ein Kulturprogramm, ein Programmkino und eine Bibliothek. Darüber hinaus ist in dem postmodernen Bau von Herzog & de Meuron ein Zentrum für Fotografie ansässig (Avenida de San Sebastián 10, www.teatenerife.es, Di–So 10–20 Uhr, Eintritt 7 €). Eine lange Rampe führt durch den modernen Komplex hinunter zum natur- und völkerkundlichen Museo de la Naturaleza y el Hombre › **oben**.

ABSTECHER ZUR KUNST

Richtung Norden über die General-Serrador-Brücke gelangt man wieder ins Zentrum. An der Plaza Isla de la Madera liegt das **Teatro Guimerá** G. Das hübsche Stadttheater ist nach dem in Santa Cruz geborenen Dramatiker Ángel Guimerá (1847–1924) benannt, einer der erfolgreichsten Schriftsteller katalanischer Sprache. Hier konzertiert das bekannte Symphonieorchester der Insel.

RUND UM DIE PLAZA DEL PRÍNCIPE

Geradeaus erreicht man über die Valentín Sanz die schöne **Plaza del Príncipe de Asturias** H. Sie ist vom dichten Laubwerk mächtiger Indischer Lorbeerbäume überdacht und hat in der Mitte einen Pavillon, der gern zu Konzerten genutzt wird. Der **Kiosco Príncipe** mit Café und kleinen Gerichten auf der Speisekarte ist ein schöner Pausenplatz › **S. 177**.

An der Nordostseite der Plaza del Príncipe prangt die Fassade des Kulturvereins **Círculo de Amistad XII de Enero** mit ihren dekorativen Drachen und Frauenfiguren.

Ein Besuch im städtischen Kunstmuseum **Museo Municipal de Bellas Artes** I ist besonders Kunstinteressierten zu empfehlen. Die Fassade zieren Büsten kanarischer Dichter, Denker und Musiker. Das Museum zeigt neben einer Skulpturen- und Keramiksammlung viele Gemälde kanarischer Maler, darunter Pedro de Guezala, Francisco Bonnín Guerín, José A. García Aguiar, Nestor Martín Fernández de la Torre. Ein Hauptwerk ist aber flämischer Herkunft: das sehr bewegende Nava-Grimón-Triptychon (1546), ein Altarflügelbild von Pieter Coecke van Aelst (Calle José Murphy 12, www.sctfe.es, Di–Fr 10–20, Sa/So 10–15 Uhr, Juli–Sept. Sa/So nur bis 14 Uhr, Mo geschl., Eintritt frei).

Auf der Rückseite des Museums öffnet die **Iglesia San Francisco** J ihre barocke Pforte. Das 1860 geweihte Gotteshaus mit drei vergoldeten Altarwänden und Wandfresken diente usprünglich als Klosterkirche eines Franziskanerkonvents, zu dessen Besitz einst auch der Parque del Príncipe gehört hatte.

ZUM PARQUE GARCÍA SANABRIA

An der verspiegelten Außenhaut des modernen Gebäudes der kanarischen Sparkasse, der **Caja General de Ahorros de Canarias** K, geht es vorbei in die Calle La Luna. Mit ihren vielen Restaurants ist sie ein beliebter Treffpunkt.

Durch eine Einkaufspassage gelangt man an ihrem Ende zum größten und schönsten Stadtpark der Hauptstadt, dem **Parque García Sanabria** L. Man schlendert über breite Alleen, spaziert durch überwucherte Laubengänge und verweilt an plätschernden Wasserspielen mit steinernen Nixen oder am Kinderspielplatz.

WEITERE HÜBSCHE PLÄTZE

In der Mitte der kleinen verspielten **Plaza 25 de Julio** M sprudelt ein mit Sevillaner Azulejos verkleideter Brunnen. Auf dem Brunnenrand sitzen acht glasierte Frösche, die mit dem bunten Vogel in der Mitte um die Wette speien. Sehenswert sind außerdem die gefliesten Sitzbänke mit nostalgischer Reklame.

In der weiteren Umgebung des Platzes, in den Nebenstraßen und jenseits der Rambla im Westen, finden sich die schönsten Villen aus der Zeit um 1900. Bemerkenswert ist zum Beispiel die restaurierte **Casa Quintero** N an der Calle Jesús y María mit elegant stilisierten Pflanzenstuckaturen in lindem Grün.

Die Avenida 25 de Julio weiter bergab folgt die **Plaza Weyler** O. Diese ist zwar nicht groß genug, um in Lärm und Verkehrsgewühl als Oase gelten zu können, setzt aber mit ihrer **Fuente del Amor,** dem Liebesbrunnen mit nackten Putten, einen charmanten Akzent. Achille Canessa hat den Brunnen aus weißem Marmor gehauen. In Teilen wurde das Werk von Genua nach Teneriffa verschifft.

UM DIE CALLE EL CASTILLO

In der Einkaufsmeile Calle El Castillo und den umliegenden Straßenzügen reihen sich die Geschäfte. Ins Auge fallen besonders die überquellenden Auslagen der indischen Kaufleute, die nebst orientalischen Waren vor allem mit preisgünstigen Parfüms, Kameras und den neuesten elektronischen Entwicklungen aufwarten.

An der Kreuzung der Calle El Castillo mit der Calle Robayna hat sich mit der **Casa Elder** P ein Relikt aus der Epoche des Jugendstils erhalten. Ein Blickfang ist die geschnitzte Holztür. Der Architekt des Hauses, Antonio Pintor, hat um 1900 gewirkt und entwarf die Pläne für zahlrei-

Karte S. 164

Teneriffa
Santa Cruz de Tenerife

Die Plaza Weyler gefällt durch ihren Liebesbrunnen

che Großprojekte der Insel, z. B. die schon lange geschlossene Stierkampfarena in Santa Cruz oder das Teatro Leal in La Laguna.

Im **Círculo de Bellas Artes,** kann man nicht nur neueste Werke kanarischer Künstler betrachten, sondern im angeschlossenen Café del Círculo auch über das Gesehene sinnieren und diskutieren (Calle El Castillo 43, www.circulo bellasartestf.com, Mo–Fr 10–20, Sa 11–14 Uhr; Café Mo–Fr 8.30–16, Sa 10–14 Uhr).

In der Seitenstraße Calle Teobaldo Power tagt in einem etwas zurückgesetzten Gebäude hinter einem klassizistischen Säulenportikus das **Parlamento de Canarias** ⓠ. Das Parlament der Kanarischen Inseln hat hier seinen ständigen Sitz.

PLAZA DE LA CANDELARIA ⓡ

Die Calle El Castillo mündet in die Plaza de la Candelaria. Sie verdankt ihren Namen einer Marmorstatue der Inselpatronin im unteren Bereich. Vier Menceyes sitzen der Madonna mit Jesuskind zu Füßen.

An der Nordseite des sehenswerten Platzes erhebt sich der **Palacio de los Rodríguez Carta,** für dessen Fassade dunkelgrauer Basaltstein verwendet wurde. In dem ehemaligen, 1742 erbauten Adelspalast residiert inzwischen eine Bank. Die prächtige Schalterhalle befindet sich im Patio, der von geschlossenen Balkonen aus dem dunklen, polierten Kernholz der Kanarischen Kiefer umsäumt ist.

Teneriffa
Santa Cruz de Tenerife

Info
Oficina de Información Turística
Plaza de España
Santa Cruz
Tel. 922 28 12 87

Verkehr
Busse: Verbindungen vom **Busbahnhof** zwischen Avenida de Tres de Mayo und Avenida de la Constitución zu allen wichtigen Orten. Zur Playa de Las Teresitas steigt man an der Meerespromenade nördlich der Plaza de España zu.
Straßenbahn: Zwischen Santa Cruz und La Laguna verkehrt in kurzen Intervallen die **Tranvía**. Sie startet neben dem Busbahnhof.

Hotels
Iberostar Grand Hotel Mencey €€€
5-Sterne-Luxus mit Park, Tennisplätzen und 300 Zimmern. Das Haus im Kolonialstil ist mit einem opulenten Spa ausgestattet.
Calle Dr. José Naveiras 38
Santa Cruz
Tel. 922 60 99 00
www.grandhotelmencey.com

Hotel Taburiente €€
Das gute Mittelklassehotel ist gleich am Stadtpark García Sanabria gelegen.
Calle Dr. José Naveiras 24
Santa Cruz | Tel. 922 27 60 00
www.hoteltaburiente.com

Horizonte €
Das kleine ältere Hotel wird persönlich geführt und liegt zentrumsnah in einer Nebenstraße. Nicht sehr große Zimmer.
Calle Santa Rosa de Lima 11
Santa Cruz | Tel. 922 27 19 36
www.hotelhorizontetenerife.es

Restaurants
Kiosco Príncipe €€
In diesem Terrassenlokal und Jugendstilpavillon werden tagsüber Tapas und kleine Gerichte serviert. Am Abend sind auch große Speisen auf der Tafel notiert.
Plaza del Príncipe | Santa Cruz
Tel 922 24 72 40

La Taberna del Puerto €
Hier wird kanarische Hausmannskost zu moderaten Preisen serviert. Mo–Mi 7–17.30, Do–Sa 7–17.30 und 20–23 Uhr.
Calle La Marina 4
Santa Cruz | Tel. 922 27 69 95

Taberna El Cambullón €
Kreative kanarische Küche. Ideal zum probieren sind Tapas und Miniportionen, man kann aber auch gleich eine große Portion bestellen. Tgl. 9–0.30 Uhr.
Calle Béthencourt Alfonso 2
Santa Cruz | Tel. 992 7 02 50

Nightlife
Nachts tobt das Leben in den Bars und Musikkneipen in der Calle La Noria in der Altstadt. Musikkneipen gibt es außerdem in der Nähe der Plaza de la Paz. Diskotheken finden sich an der Uferpromenade Avenida Anaga.

Im Nebengebäude des Hotels Mencey lädt ein Spielkasino (Zugang von der Rambla) zum Glücksspiel ein. Fr und Sa wird nach Mitternacht zum Tanz aufgespielt.

Ausflug: San Andrés, Playa de Las Teresitas [J2]

Das Fischerdorf San Andrés zieht sich pittoresk den Berghang hinauf. Die meisten der schmalen Gassen sind Fußgängerzonen. Heute verdienen die Menschen hier mehr Geld mit der Zubereitung von Fischen und Meerestieren als mit ihrem Fang: Lückenlos reiht sich entlang der Hauptstraße Restaurant an Restaurant.

Die von Palmen gesäumte Playa de Las Teresitas, einer der schönsten Strände der Insel, wur-

Karte
S. 160

Teneriffa
San Andrés

de mit Sand aus der Sahara aufgeschüttet. Eine im Meer versenkte Mole verhindert, dass die Brandung den Strand wieder wegschwemmt und ermöglicht das unbeschwerte Baden im Meer. Die breite Playa eignet sich ideal zum Joggen. Wegen seiner Größe wirkt der Strand auch in der Hauptsaison niemals überfüllt, obwohl dann einheimische Familien und Freundesgruppen große Runden im Sand bilden. Alle Serviceeinrichtungen wie Rettungswacht, Umkleidekabinen, Getränkekioske etc. sind selbstverständlich auch vorhanden.

Restaurants

Am frischesten ist der Fisch in jenen Lokalen, in denen man ihn direkt aus dem Bassin oder vom Tresen aussuchen kann.

Ramón €€
In dieser eleganten Marisquería kommen sowohl die Krabben als auch der Fisch garantiert frisch aus dem Bassin. Und die Küche versteht es, aus allen Zutaten das Beste herauszuholen. Tgl. 11 bis 23 Uhr.
Calle Dique 23
San Andrés
Tel. 922 54 93 08

El Petón €
Einfaches, gutes und immer rappelvolles Fischlokal. Besonders empfehlenswert sind hier die Suppen. Tgl. 7–19 Uhr.
Calle Aparejo 11
San Andrés
Tel. 922 59 11 28

Malerisch liegt das Fischerdorf San Andrés an der Playa de Las Teresitas

Teneriffa
Candelaria/Pirámides de Güímar

Wahrzeichen von El Médano ist der Vulkankegel Montaña Roja

Candelaria 2 [K5]

Das Landstädtchen an der Ostküste ist am 14./15. August Schauplatz der größten Wallfahrt der Kanarischen Inseln. Ziel der Pilger ist die **Basílica de Nuestra Señora de la Candelaria**, in der die Schutzpatronin des Archipels verehrt wird. Der Kirchplatz wird zur Meerseite hin von neun überlebensgroßen Guanchenskulpturen gesäumt. Die Basilika ersetzt seit 1958 einen vom Sturm zerstörten Vorgängerbau. Ihre Innenausstattung verzichtet auf auffällige Dekorationen, damit nichts von der Schwarzen Madonna auf dem Altar ablenkt.

Laut einer Legende fanden zwei Guanchenhirten lange vor der Eroberung der Insel am Strand eine Marienfigur. Sie soll sogleich Wunder erwirkt haben. Deshalb ließ der Mencey von Güímar sie in einer Höhle aufstellen. Dort wurde sie unter dem Namen **Chaxiraxi** verehrt. Später entführte der Statthalter des bereits eroberten Lanzarote, Diege Herrera, das Bildnis, brachte es aber wieder zurück. Die Spanier errichteten am Strand eine erste Kapelle für die Madonna. Eine Flutwelle holte das Marienbild 1826 wieder zurück ins Meer. Die heutige Figur auf dem Altar ist eine von dem kanarischen Bildhauer und Maler **Fernando Estévez** (1788–1854) im Jahre 1827 angefertigte Kopie. Sie wird genauso inbrünstig verehrt wie zuvor das Original.

Nördlich von Candelaria konnte sich an der **Playa de las Caletillas** ein bescheidener Badetourismus entwickeln.

Ausflug: Pirámides de Güímar 3 [K5]

Im Küstenhinterland südwestlich von Candelaria erreicht man das Landstädtchen **Güímar**. Es wurde bekannt durch die von dem norwegischen Ethnologen Thor Heyerdahl entdeckten rätselhaften **Lava-Steinpyramiden**. Laut Heyerdahl war Teneriffa schon in der Antike, also ca. 1500 Jahre vor Kolumbus, Zwischenstation für frühe Seefahrer auf dem Weg von Vorderasien nach Mittelamerika. Aufgrund dieser Verbindung hätten sich die Kulturen der Mayas und Azteken sowie

Karte S. 160

die ägyptische Kultur beeinflusst. Auch die Pyramiden von Güímar stellte er in diesen Zusammenhang.

Mit Unterstützung der Reederfamilie Olsen konnte das Gelände gekauft und der private **Parque etnografico** eröffnet werden. Er besteht aus einem Museum und dem Außengelände mit den Pyramiden. Im Museum werden Kultgegenstände, Steinzeichnungen und Wandgemälde der Mayas und Azteken ausgestellt. Sie sollten Thor Heyerdahls Theorie bestätigen.

Das ausgegrabene Pyramidengelände ist geometrisch angelegt. Die Hauptachse ist auf den Sommersonnenwendepunkt ausgerichtet. Andere Bauten weisen auf den Punkt der Wintersonnenwende hin. Auch wenn Heyerdahls Theorie umstritten ist, vermag ein Besuch des Parks interessante Eindrücke zu vermitteln. Der Archäologiepark liegt an der Straße nach Arafo (Calle Chacona, Tel. 922 51 45 10, www.piramidesdeguimar.es; tgl. 9.30–18 Uhr, Eintritt 11 €).

El Médano 4 [J7]

Der Ort war die Keimzelle des Tourismus im Süden Teneriffas. Erste Sommergäste mieteten sich schon 1963 im Traditionshotel Médano ein. Heute ist die **Playa de El Médano** der längste natürliche hellsandige Strand der Insel und zudem ein Mekka der Wind- und Kitesurfer. Die Mehrzahl der Gäste sind Einheimische, die hier ein Apartment als Zweitwohnung besitzen.

Wahrzeichen von El Médano ist der Vulkankegel **Montaña Roja**. Von ihm aus zieht sich der feine, großenteils unverbaut gebliebene Strand über mehrere Kilometer hinweg bis zum Ort. Im Osten liegt die etwas windige **Playa La Cabeza,** im Westen schließt die geschützte **Playa de la Tejita** an. Über Holzplanken erreicht man sein Lieblingsplätzchen am Strand.

Promenade und Plaza passen sich dem natürlichen Stil des Ortes an. Unter Sonnenschirmen kann man hier den Tag bei Kaffee und Eis geruhsam vorüberziehen lassen. Wenige Kilometer weiter östlich von El Médano stehen in **Los Abrigos** gleich eine Reihe guter Fischlokale zur Auswahl.

Hotels
Arenas del Mar €€€
4-Sterne-Hotel an der Playa La Cabeza mit Spa und Einrichtungen für Surfer.
Avenida Europa 2
El Médano
Tel. 922 17 98 30
www.knhoteles.com

Médano €€
Gehört zu den ältesten Häusern im Süden von Teneriffa, die Sonnenterrasse ruht auf ins Meer gebauten Pfeilern.
Paseo Picacho 4
El Médano
Tel. 922 17 70 00
www.medano.es

Playa Sur Tenerife €€
In exponierter Alleinlage am südlichen Ende des Surferstrandes. Unter deutscher Leitung.
Playa de El Médano | El Médano
Tel. 922 17 61 20
www.hotelplayasurtenerife.com

Restaurants
Asterillo Avencio €€
Gutes Fischlokal mit leckeren Reispfannen.
Paseo Marcial García 2
El Médano
Tel. 922 17 82 20

Los Abrigos €€
An der Küstenstraße oberhalb des Hafens; es gibt Dorade, Zackenbarsch, Papageienfisch und andere feine Klassiker, die Preise richten sich nach Gewicht.
Calle La Marina 3
Los Abrigos
Tel. 922 17 02 64
www.restaurantelosabrigos.com

Teneriffa
Costa del Silencio/Los Cristianos

Costa del Silencio 5 [J7]

Fernab vom Trubel liegt am südöstlichen Zipfel von Teneriffa die Costa del Silencio. Dem schon in den 1960er-Jahren touristisch erschlossenen Küstenstrich fehlt es allerdings nach wie vor an einer zufriedenstellenden Strandlösung, sodass man zum Baden weitgehend auf die Hotelpools angewiesen ist.

Los Cristianos 6 [J7]

Los Cristianos ist mit den Nachbarorten **Playa de Las Américas** und **Costa Adeje** nahtlos zu einer riesigen Hotelstadt zusammengewachsen. Als ältester Ferienort an der Südküste konnte er sich jedoch noch einiges an Atmosphäre bewahren. Vom einstigen Fischerdorf blieb ein gewachsenes Zentrum erhalten. In diesem alten Ortskern zwischen der Bucht und der 103 m hohen **Montaña Chayofita** hat sich ein Gemeinwesen etabliert, das sich gegen die durchstrukturierte Tourismusindustrie behauptet. Neben dem familiären Ambiente hat Los Cristianos auch Hafenflair zu bieten. Von den Molen starten mehrmals täglich Fähren nach La Gomera und La Palma.

Hinter dem natürlichen Sandstrand in der Hauptbucht beginnt eine 16 km lange Uferpromenade. Auf ihr kann man über Playa de Las Américas und Costa Adeje bis nach La Caleta spazieren. Sehr beliebt und vorbildlich barrierefrei ausgebaut ist die künstlich angelegte **Playa de la Vista** westlich des Hafens. Alle Serviceeinrichtungen und Strandinfrastrukturen liegen in der Nähe.

Info
Oficina de Información Turística
Paseo Las Vistas 1
Los Cristianos
Tel. 922 78 70 11

Verkehr
Schiffsverbindungen: Fähren nach La Gomera (mehrmals tgl.), La Palma (tgl.) und El Hierro (mehrmals pro Woche). Mit Ausflugsbooten können **Wal- und Delfinsafaris** unternommen werden.

Hotels
Arona Gran Hotel €€€
Elegante 4-Sterne-Anlage direkt am Meer (381 Zimmer); mit Sportanimation.
Avenida Juan Carlos I 38
Los Cristianos
Tel. 922 75 06 78
www.springhoteles.com

Andrea's €
Untere Mittelklasse; etwas vom Verkehr beeinträchtigt, aber günstig.
Avda. del Valle Menéndez s/n
Los Cristianos
Tel. 922 79 00 12
www.hotel-andreas.com

Restaurants
Habibi €€
Orientalische Küche.
Centro Comercial San Telmo
Playa de las Vistas
Los Cristianos
Tel. 922 75 09 51

Rincón del Marinero €€
Spezialität ist Kaninchen, gut sind auch Fisch und Meeresfrüchte.
Calle El Cabezo 1
Los Cristianos
922 79 58 41

Karte
S. 160

Teneriffa
Playa de Las Américas & Costa Adeje

Playa de Las Américas 7
[H7] **& Costa Adeje** 8 [J7]

Zusammen bilden die Badeorte Playa del Las Américas und Costa Adeje an der Südküste Teneriffas eine der größten Ferienstädte Europas und entsprechend lebhaft geht es dort zu. Die dynamischen Touristenorte warten mit einer perfekten Urlaubskulisse und Infrastruktur auf: breite von Palmen gesäumte Boulevards, kilometerlange Promenaden, Restaurants, Bars, Discos und nahezu jegliches erdenkliche Sport- und Freizeitangebot. Die vielen Strände verlangen einem jeden Tag die Entscheidung ab: Soll es eher ruhig oder turbulent zugehen?

Jeder Ortteil verfügt über mindestens einen Einkaufs- und Vergnügungskomplex. Vom Hotel müssen maximal 500 m zum Meer zurückgelegt werden. Das Zentrum von **Playa de Las Américas** liegt auf der Höhe der Strände **Playas de Troyas I und II**. Hier befindet sich auch die wichtigste Partymeile, hier konzentriert sich das Nachtleben.

Noch vor einem halben Jahrhundert gab es an diesem Küstenabschnitt nicht einmal eine Straße. Einen alten Ortskern darf man daher nicht erwarten. Wer in die kanarische Lebensweise eintauchen möchte, erreicht aber einige wirklich von Einheimischen bewohnte Ortschaften in kurzer Zeit mit Mietwagen oder Bus.

Wesentlich jünger als die bereits in die Jahre gekommenen Hotelkomplexe von Playa de Las Américas sind die mondänen Luxusherbergen an der **Costa Adeje**. Mit Themenhotels wie dem luxuriösen **Gran Hotel Bahía del Duque** › S. 176 steht der Ferienort für eine detailverliebte Hotelarchitektur, die sich recht angenehm von den einförmigen Quartieren aus der Frühphase des Massentourismus abhebt. Bei einem Spaziergang entlang der kilometerlangen Uferpromenade kann man sich mit dem postmodernen Stilmix bekannt machen.

Im Hinterland der Ferienstädte gibt es etliche Freizeitparks, welche etwas Abwechslung vom Strandleben versprechen. Der größte und spektakulärste davon ist der Erlebniswasserpark

Viele Urlauber zieht es nach Playa de Las Américas

Teneriffa
Playa de Las Américas & Costa Adeje

Steile Felswände säumen die Höllenschlucht, den Barranco del Infierno

Siam Park, der im Thai-Stil angelegt wurde. Auf einer Fläche von 180 000 m² verteilen sich im Wasserpark ein Wellenschwimmbad und verschiedene Riesenrutschen sowie viele andere Attraktionen. So sorgt beispielsweise eine Seelöwenshow für zusätzlichen Spaß. Also wenn man sich amüsieren will, ist man hier genau richtig (www.siampark.net; tgl. 10–18, im Winter bis 17 Uhr, Erw. 34 €, Kinder 23 €).

Info
Oficina de Información Turística
Avenida Rafael Puig de Lluvina 19
Playa de Las Américas
Tel. 922 79 76 68
www.arona.travel

Oficina de Turismo
Calle Rafael Puig de Lluvina 1
Costa Adeje
Tel. 922 98 50 80
www.costa-adeje.es

Verkehr
Busverbindungen: Tgl. Busse nach Santa Cruz de Tenerife, in die Cañadas und in alle wichtigen Orte im Süden der Insel.

Hotels
Gran Hotel Anthelia €€€
Komforthotel in der ersten Strandreihe mit einer bombastischen Lobby sowie vielfältigen Wellness- und Sportangebote.
Calle Londres 15
Costa Adeje
Tel. 922 71 73 35
www.iberostar.com

Gran Hotel Bahía del Duque €€€
Luxus pur in einem schlossähnlichen Gebäudekomplex mit exklusivem Spa, umgeben von einer Park- und Poollandschaft. Der absolute Clou sind allerdings die sündhaft teuren Designervillen mit Privatpool und persönlichem Butlerservice.
Avenida Bruselas
Costa Adeje
Tel. 922 74 69 32
www.bahia-duque.com

Lagos de Fañabé €€
Ansprechende Reihenbungalows rund um zwei Pools; direkt am Strand.
Urb. Playa Fañabé
Calle Londres 7
Costa Adeje
Tel. 922 71 25 63
www.sandandsea.es

Panorama €€
Funktional eingerichtete Studios, die mit Frühstück oder Halbpension buchbar sind. Ruhige Lage nahe der Promenade. Gutes Preis-Leistungs-Verhältnis.
Calle Gran Bretaña
Costa Adeje
Tel. 922 79 16 11
www.hovima-hotels.com

Karte S. 160

Teneriffa
Adeje/Vilaflor

Restaurants

Las Rocas €€€
Einladender Pavillon mit Pool und Liegen direkt über dem Meer. Fisch und Meeresfrüchte sowie Paella sind sehr zu empfehlen.
Beim Hotel Jardín Tropical
Calle Gran Bretaña
Costa Adeje
Tel. 922 74 60 64
www.jardin-tropical.com

La Torre del Mirador €€
Großes Lokal im gleichnamigen Einkaufszentrum, das zum Essen schöne Aussichten bietet.
Avda. Bruselas
Costa Adeje
Tel. 922 71 22 09
www.latorredelmirador.com

Ausflug: Adeje 9 [J6]

Adeje ist mit einigen historischen Gebäuden und einer stimmungsvollen Hauptstraße mit Cafés, Restaurants und Geschäften eine der schönsten Städte im Süden von Teneriffa.

Die sehenswerte Kirche **Santa Ursula** (16. Jh.) am oberen Ende der Hauptstraße ist ein Kleinod kanarischer Architektur mit meterdicken Natursteinmauern. Ihre reich strukturierte Holzdecke gilt als schönstes Beispiel für den Mudejarstil. Auf dem Altar thront eine Kopie der **Virgen de la Candelaria,** der Schutzpatronin von Teneriffa. Neben der Kirche stehen das Rathaus und ein teilweise verfallenes Franziskanerkloster aus dem 17. Jh.

Die **Casa Fuerte,** ehemals befestigter Wohnsitz der Familie Ponte, Grafen von La Gomera und Markgrafen von Adeje, liegt am Ende der Straße, die oberhalb von der Kirche nach links auf eine Anhöhe führt. Zuckerrohranbau und Sklavenhandel machten die Familie Ponte genauso wie die Stadt Adeje schon kurz nach ihrer Gründung reich.

Die steile Straße vor der Casa Fuerte führt zum **Barranco del Infierno.** Die spektakuläre Höllenschlucht ist eines der beliebtesten Ausflugs- und Wanderziele im Süden. Nach jahrelanger Schließung wurde der Zugang in die Schlucht 2016 wieder freigegeben. Der Barranco del Infierno ist Teil eines Naturschutzgebietes und für seine vielfältige Flora bekannt. Die Wanderung dauert hin zurück ca. 3 Std. Je weiter man ins Tal kommt, desto enger wird es. Hinten, am Talende, wartet ein idyllischer Wasserfall. Es herrscht eine Zugangsbeschränkung von 300 Personen pro Tag, eine Eintrittsgebühr von 8 € ist zu entrichten.

Reservieren kann man Eintrittskarten in den Tourismusbüros von Los Cristianos und Playa de Las Américas oder im Internet unter www.barrancodelinfierno.es. Dort erhält man auch Informationen zu einer eventuellen, wetterbedingten Sperrung.

Restaurant

Oasis €
Seit Jahrzehnten ein Klassiker des Hauses: knuspriges Hähnchen in roter Knoblauchsoße.
Calle Grande 5
Adeje
Tel. 922 78 08 27

Vilaflor 10 [J6]

Das malerisch am Südhang des Teidemassivs gelegene Bergdorf Vilaflor ist mit 1400 m ü. d. M. die höchstgelegene Siedlung der Kanaren. Die Bewohner des ruhigen Dorfes leben noch von der Landwirtschaft (Wein und Kartoffeln), vom Kunsthandwerk und vom Mineralwasser. Die Quellen der inselweit bekannt Marken Pinalito und Fuente Alta entspringen oberhalb von Vilaflor.

Imposantestes Gebäude des Ortes ist die Kirche San Pedro. Sie stammt aus dem 17. Jh. und ist in typischer kanarischer Weise erbaut. Die Plaza mit Schatten spendenden Bäumen ist

Teneriffa
Vilaflor

meist wenig belebt und ein ruhiges Plätzchen. Kiefernwälder, Weinberge und im Februar blühende Mandelbäume in der Umgebung verleihen dem Ort ein liebliches Flair. Zu Füßen des Dorfes erstreckt sich eine kunstvoll terrassierte Kulturlandschaft. Ähnlich wie auf Lanzarote werden die Felder im Trockenfeldbau *(enarenado)* bestellt; die vulkanischen Böden werden mit einer Bimssteinschicht abgedeckt.

Etwas oberhalb von Vilaflor liegt an der Straße TF-21 der Aussichtspunkt **Pino Gordo**. Hier steht eine 45 m hohe Kiefer mit einem Stammumfang von über 9 m. Gegenüber erhebt sich eine weitere Kiefer mit einer eindrucksvollen Höhe von 56 m.

Nordöstlich von Vilaflor befindet sich die fantastische **Paisaje Lunar**. Diese sogenannte Mondlandschaft besteht aus weißen, meterhohen Tuffkegeln, die aus dem Kieferwald ragen.

Hotel
Hotel Spa Villaba €€€
Das komfortable Berghotel ist ein guter Ausgangspunkt für Wanderungen in den Nationalpark Teide.
Camino San Roque
Vilaflor
Tel. 922 70 99 30
www.reveronhotels.com

Restaurant
El Sombrerito €
Landgasthof, der auch einfache Zimmer anbietet. Zu den Spezialitäten der Küche gehören Ziegenfleisch und Kaninchen.
Calle Santa Catalina 15
Vilaflor
Tel. 922 70 90 52

Parque Nacional del Teide 11 ★ [J5/6]

Der Parque Nacional del Teide ist das geologische und botanische Aushängeschild Teneriffas und darf sich seit dem Jahr 2007 mit dem Weltnaturerbe-Titel der UNESCO schmücken.

Auf über 2000 m durchbrechen in Bewegung erstarrte Lavaflüsse, Felsentürme und Aschekegel die tellerflachen Ebenen. Die Landschaft wird Las Cañadas genannt. Über dem gewaltigen Kraterkessel der Cañadas erhebt sich wie das Muster eines Vulkans der **Pico del Teide** (3718 m), Wahrzeichen der Insel und Spaniens höchster Berg. Er bildete sich vor ca. 500 000 Jahren durch Eruptionen aus dem Kraterboden.

Von der Talstation der Seilbahn kann man in nur acht Minuten zur **Rambleta** (3550 m) hinaufgondeln (www.volcanoteide.com; tgl. 9–16, Sommer bis 17 Uhr). Von der Bergstation führt ein gut ausgebauter Wanderweg zu einem spektakulären Aussichtspunkt auf dem benachbarten Kraterkessel des **Pico Viejo** (3134 m). Für den Aufstieg zum Gipfel des Pico del Teide ist eine Genehmigung erforderlich › **S. 179**. 1798 floss die letzte Lava aus der Westflanke des Schichtvulkans, 1909 ergoss sich die feurige Fracht aus einem Felsspalt in der Nähe von Santiago del Teide. Das jungvulkanische Gestein unterscheidet den Teide schon äußerlich von den anderen Landstrichen Teneriffas. Zu der Formenvielfalt des Lavagesteins gesellen sich alle Farben – gelbe, hell- und dunkelbraune, rötliche, selbst türkisfarbene Töne, Schwarz und Weiß mischen sich zu einem einzigartigen Bild.

Die Höhenlage und die extremen Temperaturunterschiede im Park brachten eine ganz eigene Vegetation hervor. Im Sommer überziehen weiße und gelbe Schleier aus Millionen Ginsterblüten die Ebenen. An den Hängen leuchten die roten Kerzenblüten der Taginasten.

Der Teide-Nationalpark erscheint wie eine eigene Welt. Bereits die Fahrt dorthin ist ein Erlebnis – egal, aus welcher Richtung man kommt.

Karte
S. 160

Teneriffa
Parque Nacional del Teide

Am intensivsten erlebt man die Landschaft jedoch zu Fuß. Wanderungen im Parque Nacional del Teide sind einfach großartig! Bei allen Unternehmungen läuft man erhaben über allen anderen Regionen der Insel. Touren jedes Schwierigkeitsgrades sind möglich: von einer kleinen Runde ohne Steigungen bis zum Aufstieg auf den Teide. Selbst Klettern kann man hier, aber bitte nur an dem dafür freigegebenen Felsen **Piedra Amarilla**, in der Nähe des Paradors auf dem Weg zu den **Siete Cañadas**.

Die Nationalparkverwaltung gibt zweimal wöchentlich eine kostenlose Einführung in Fauna und Flora, verbunden mit einer Wanderung bzw. einer Busfahrt durch die Cañadas, auch mit deutschsprachiger Begleitung.

Informationen über die Touren erhalten Sie im Besucherzentrum. Selbstverständlich haben auch die örtlichen Wanderveranstalter in den Ferienorten geführte Touren durch den Nationalpark in ihrem Programm.

Die markante Felsengruppe **Los Roques de García**, in der Nähe des Paradors, zählt zu den Hauptanziehungspunkten und den am meisten fotografierten Plätzen im Teide-Nationalpark. Vom dortigen Mirador bietet sich nicht nur ein herrlicher Blick auf die Roques, sondern auch hinunter auf die **Cañada Llano de Ucanca**. Spektakulär ist außerdem der massive Basaltfelsen **El Catedral**, der direkt unterhalb des Aussichtsplatzes in die Höhe ragt.

Wer sich etwas bewegen möchte, kann vom Parkplatz einen zuerst mit Seilen und später mit Steinen markierten Weg etwa 1 km an den Roques de García entlangmarschieren. Genau gegenüber, auf der anderen Straßenseite, liegt der Parador Las Cañadas del Teide mit Hotel, Restaurant und Andenkenladen.

Info

Centro de Visitantes
Besucherzentrum des Parque Nacional del Teide; auch Filmvorführungen.
Carretera TF-21, km 32
El Portillo
Tel. 922 35 60 00

Wahrzeichen des Teide-Nationalparks ist der Finger Gottes, einer der Roques de García

Teneriffa
Puerto de Santiago & Los Gigantes

Verkehr
Busverbindungen: Tgl. morgens fährt jeweils ein Bus ab Playa de Las Américas und Puerto de la Cruz zum Parador und zur Seilbahnstation.

Hotel
Parador Las Cañadas del Teide €€€
Stilvolles, in 2100 m Höhe gelegenes Berghotel; im Restaurant wird typisch kanarische Küche geboten.
Las Cañadas
Tel. 922 37 48 41
www.parador.es

Puerto de Santiago & Los Gigantes 12 [H6]

In Teneriffas Westen säumen die zusammengewachsenen Ferienorte Puerto de Santiago und Los Gigantes den von der Sonne verwöhnten Küstenstrich. Unaufdringlich und ruhig verläuft hier das Urlauberleben. Während man in Puerto de Santiago noch ein ehemaliges altes Dorf erahnen kann, ist **Acantilados de Los Gigantes** eine reine Feriensiedlung. Seinen Namen verdankt der Ort den gewaltigen Felswänden, die fast senkrecht über bis zu 500 m ins Meer stürzen. Der beste Blick auf die Felsen bietet sich vom Jachthafen aus. Von hier aus werden auch Ausflugsfahrten, Segeltörns und Delfinbeobachtungstouren angeboten.

Der schönste Strand in dem Gebiet ist die **Playa de la Arena** im gleichnamigen Ortsteil, südlich von Puerto de Santiago. Der natürliche Strand besteht aus feinem schwarzen Lavasand. Bei starker Sonneneinstrahlung sind Badeschuhe zu empfehlen.

Zwischen Apartamentos Europa und dem Hafen von Puerto de Santiago liegt mit dem **Lago de Santiago** eine Badelandschaft mit Inseln, Seen und Wasserfällen für Kinder. Direkt nördlich an den Jachthafen von Los Gigantes

Die steilen Felswände von Los Gigantes charakterisieren Teneriffas Südwestküste

Karte S. 160

Teneriffa
Santiago del Teide/Masca

schließt sich die **Playa de Los Guíos** an. Sie ist sehr geschützt und auch für Kinder gut zum Baden geeeignet.

Hotels
Barceló Santiago €€–€€€
Beliebtes, gut ausgestattetes Großhotel in Panoramalage auf einem Landvorsprung über dem Meer. All-inclusive möglich, alle Mahlzeiten als Büfett; sehr guter Service.
La Hondura 8
Puerto de Santiago
Tel. 922 86 09 12
www.barcelosantiago.com

Poblado Marinero €€
Schöne Apartments direkt am Jachthafen; auch geräumige Ferienwohnungen mit zwei Schlafzimmern.
Calle Los Guios
Los Gigantes
Tel. 922 86 09 66
www.pobladomarinero.com

Restaurant
Pancho €€
Traditionslokal direkt am Strand mit fangfrischem Fisch, Eintöpfen und großer Weinkarte. Mo geschl.
Avenida Marítima 26
Playa de la Arena
Tel. 922 86 13 23
www.restaurantepancho.es

Ausflug: Santiago del Teide 13 [H5]

Santiago liegt malerisch in einem von Mandelbäumen bestandenen Hochtal. Der Blickfang des Ortes, der seinen Beinamen der Aussicht auf den Teide verdankt, ist das maurisch inspirierte Kuppeldach der Dorfkirche. Die meisten Besucher fahren jedoch ohne Stopp durch das Bergdorf, um nach Masca zu gelangen.

Masca 14 ★ [H5]

Das kleine Bergdorf im Tenogebirge war bis in die 1960er-Jahre nur über Saumpfade zugänglich. Es liegt auf drei Bergrücken über der gleichnamigen Schlucht › unten. **Lomo de Masca, Masca** und **La Vica** sind die Ortsteile. Die Häuser wurden im Laufe der Jahrhunderte in Eigenarbeit mühsam errichtet. Als Baumaterial dienten die Steine der Insel. Die Wände wurden ohne Mörtel als Trockenmauern errichtet. Um das Ortszentrum liegen Terrassenfelder auf denen Obst, Gemüse und Wein angebaut wird.

Der Ruf eines malerisches Bergdorfes beschert Masca einen lebhaften Tagestourismus. Die Besucher suchen hier vor allem das ursprüngliche Teneriffa. Den Ansässigen gefällt das freilich, so haben sie sich durch Souvenirläden und Restaurants den Bedürfnissen angepasst. Wer Masca in Ruhe erleben möchte, sollte früh morgens hier sein oder warten bis die letzten Busse mit Tagesausflüglern in die Ferienorte gerollt sind (ab ca. 17/18 Uhr).

Im Ort beginnt ein bei Wanderern sehr beliebter und spektakulärer Abstieg durch die **Masca-Schlucht** (ca. 6 Std. hin und zurück). Sattgrüne, sanft geschwungene Palmwedel kontrastieren mit fast schwarzen Felswänden. In der Schlucht plätschert ein Bach, kleine Wasserfälle bilden erfrischende Becken. Die Tour ist nichts für Ungeübte. Auf Stock und Stein geht es ca. 700 m bergab und anschließend denselben Weg wieder zurück nach oben. Am besten schließt man sich einer organisierten Tour an und lässt sich, unten am Meer angekommen, per Boot nach **Los Gigantes** schippern – das erspart den Wiederaufstieg. Die Wanderung wird von vielen lokalen Wanderveranstaltern angeboten, wie etwa von Heidis Wanderclub (www.heidis-wanderclub.de).

Teneriffa
Garachico/Icod de los Vinos

Garachico 15 [H5]

Kontrastreich ist das Erscheinungsbild von Garachico. Auf einer tiefschwarzen, halbkreisförmigen Zunge aus Vulkangestein ragt das leuchtend weiße Städtchen in den kristallklaren Atlantik.

Ihre schwerste Zeit erlebte die Kleinstadt 1706, als der blühende Ort von herabfließenden Lavamassen in Schutt und Asche gelegt wurde. Damals war Garachico die wichtigste Hafen- und Handelsstadt von Teneriffa.

Viele Einwohner flohen vor der folgenden Armut über den Atlantik in die spanischen Kolonien und kehrten ihrer Heimat für immer den Rücken. Trotz schnellem Wiederaufbau konnte Garachico nie mehr an seine frühere Bedeutung anknüpfen.

Heute mutet das Hafenstädtchen wie ein Relikt aus dem Mittelalter an. Man sollte Garachico als Gesamtkunstwerk betrachten, das seine alten Bauschätze im Vorübergehen zeigt. In keinem Ort auf Teneriffa lässt es sich so ungestört durch die nur Fußgängern vorbehaltenen Altstadtgassen schlendern.

An der **Plaza Glorieta de San Francisco** stehen mit der Kirche und dem Kloster San Francisco die ältesten, von der Lava verschonten Gebäude. Beide stammen noch aus dem 16. Jh. Im ehemaligen Kloster befinden sich heute Rathaus und Stadtmuseum.

Beliebter Treffpunkt der Stadt ist die **Plaza de la Libertad** mit einem malerischem Kiosk, der Getränke ausschenkt.

Am Meer erhebt sich das Anfang des 17. Jhs. erbaute **Castillo de San Miguel**. Während die damaligen Hafenanlagen und Lagerhäuser der Lava zu Opfer fielen, blieb die Festung unversehrt. Heute sind in den Räumllichkeiten ein Museum mit Mineralien, Schnecken und Muscheln untergebracht (Mo–Fr 10–18, Sa/So 10–14 Uhr).

Vom **Mirador de Garachico** oberhalb des Städtchens erlebt man den Küstenstrich aus der Vogelperspektive.

Hotel
San Roque €€€
Extravagantes kleines Designerhotel in einem Herrenhaus aus dem 18. Jh., ruhig im Herzen der Altstadt gelegen.
Esteban de Ponte 32
Garachico
Tel. 922 13 34 35
www.hotelsanroque.com

Restaurant
Casa Gaspar €€
Beliebtes großes Fischlokal gegenüber der Hafenmole. Mo geschl.
Calle Esteban de Ponte 44
Garachico
Tel. 922 83 00 40

Icod de los Vinos 16 [J5]

Seit Jahrhunderten schon ist Icod bekannt für seine Weine, die dem Ort auch den Namenszusatz »de los Vinos« eingebracht haben. Ein besonderer Drachenbaum macht Icod zudem zu einem beliebten Ausflugsziel. Als **Drago Milenario** – tausendjähriger Drachenbaum – wird er bezeichnet. Wie alt er tatsächlich ist, weiß man allerdings nicht so genau, jedenfalls dürfte er kaum die 400 Jahre überschritten haben – dennoch ein beeindruckendes Alter.

Die Gemeinde hat ein touristisches Programm rund um den Drachenbaum entwickelt, das am Parkhaus (Hinweisschilder: Drago) mit einer Bimmelbahnfahrt beginnt. Im Parque del Drago wachsen einheimische Pflanzen, Nachbildungen aus dem Leben der Guanchen und eine Vulkanhöhle sind zu besichtigen (April bis Sept. tgl. 9.30–20, sonst 9.30–18 Uhr, 4 €).

Unmittelbar neben dem Parque del Drago beginnt einer der alten Spazierwege von Icod mit einer herrlichen Parkanlage, in der Jacarandas, Palmen und Zierbananen stehen. Von hier aus kann man einen kostenlosen Blick auf den Drago werfen.

Bizarr ist die Klippenlandschaft vor dem Ort Garachico

Hier befindet sich auch der Eingang zur Kirche **San Marcos** (17. Jh.), die man durch ein reich verziertes Renaissanceportal betritt. Der Innenraum wird von dem aus massivem Silber getriebenen, teilweise vergoldeten Altar beherrscht. Weitere Kleinodien befinden sich in der Sakristei.

Die Silberschätze von Icod de los Vinos sind Geschenke von Auswanderern an ihre Heimatgemeinde (tgl. 10–17 Uhr).

Der Flanierweg mündet in eine terrassenförmige Plaza mit weitem Blick zur Küste. Über wenige Stufen führt der **Paseo zur Plaza La Pilo**, einem der schönsten Ensembles kanarischer Architektur. Um ein Wasserbecken herum stehen alte Palmen, darunter auch eine der seltenen Livistonia-Kandelaberpalmen.

La Orotava 17 ⭐[K5]

La Orotava zählt zu den ältesten Städten der Insel. Sie liegt am schönsten Platz im Orotavatal. Bedingt durch die Hanglage haben die Bewohner von fast jedem Haus und jeder Plaza einen freien Blick aufs Meer. Schon bald nach der Eroberung der Insel ließen sich an diesem Ort zwölf Adelsfamilien nieder. Um ihre Gutshöfe entstand später die heutige Altstadt. Aus diesem Grund wird sie auch **Doce Casas** (zwölf Häuser) genannt.

Die Stadt gehört gemeinsam mit der Universitätsstadt La Laguna und dem früheren Handelszentrum Garachico zu den architektonischen Prachtstücken auf den Kanarischen Inseln. Als Ausgangspunkt für einen Stadtbum-

Teneriffa
La Orotava

mel eignet sich am besten das Büro der Touristeninformation, die auch einen kostenlosen Stadtplan bereithält. Es liegt zudem am Zugang zur Altstadt und zur **Plaza de la Constitución**. Wie eine Terrasse ist dieser Platz in den Hang gebaut und bietet so eine Panoramasicht auf das Tal bis zur Küste. Gleich nebenan befindet sich das Kloster **San Augustín** mit zugehöriger Kirche. Bei beiden handelt es sich um typisch kanarische Bauten aus dunklem, verziertem Vulkangestein.

An der **Carrera del Esculptor Estévez** stehen das Geburtshaus des Bildhauers Fernando Estévez und das Rathaus. Auf dem Rathausvorplatz und in den umliegenden Straßen werden an Fronleichnam in tagelanger Arbeit Blumenteppiche ausgelegt.

Hinter dem Rathaus liegt der **Hijuelo del Botánico,** eine Nebenstelle des Botanischen Garten von Puerto de la Cruz mit einer Vielzahl tropischer und subtropischer Pflanzen (nur vormittags geöffnet).

Wenige Schritte weiter steht in der Calle Tomás Pérez die Hauptkirche des Ortes **Nuestra Señora de la Concepción.** Sie wurde nach der Zerstörung ihres Vorgängerbaus durch ein Erdbeben 1704/05 im Barockstil errichtet. Ihre beiden Türme und die Kuppel überragen das gesamte Stadtbild.

Im Umfeld der Kirche finden sich noch zahlreiche alte Herrenhäuser. Besonders hervorzuheben ist die **Casa de los Balcones.** Das prächtige Gebäude von 1632 gefällt durch den herrlichen, von kunstvollen Balkongalerien gerahmten Innenhof. Heute beherbergt das Gebäude eine Stickereischule, deren Laden eine große Auswahl an Souvenirs bietet (Calle San Francisco 3, www.casa-balcones.com).

Hotels
Victoria €€
Wunderschön restauriertes kanarisches Stadthaus mit 14 geschmackvoll eingerichteten Zimmern. Nobles À-la-carte-Restaurant.
Calle Hermano Apolinar 8
La Orotava
Tel. 922 33 16 83
www.hotelruralvictoria.com

Villa Alhambra – Fuente de Salud €€
Das aus dem 18. Jh. stammende, exklusive Stadtpalais im maurischen Stil wurde sorgfältig restauriert und verfügt über fünf großzügige Gästezimmer mit modernem Komfort.
Calle Nicandro Gonzáles Borges 19
La Orotava
Tel. 922 32 04 34
www.alhambra-teneriffa.com

Shopping
Mercadillo de La Orotava
In der Markthalle bieten Bauern frische Produkte der Region an (Sa 8–13.30 Uhr).
Calle Educadora Lucía Mesa s/n
La Orotava
www.mercadillolaorotava.com

Info
Oficina de Turismo
Calle Calvario 4 (im Gebäude des Auditorio Teobaldo Power)
La Orotava
Tel. 922 32 30 41
www.laorotava.es (auf Spanisch)

Verkehr
Busse: Der **Busbahnhof** liegt unterhalb der Altstadt. Ab Puerto de la Cruz verkehrt die Linie 350 und 352, alle 30 Min. Ab Santa Cruz fährt die Linie 101, viele Abfahrtszeiten.

Restaurant
Sabor Canario €
Im Innenhof des Hotel Rural Orotava wird kanarische Küche in rustikalem Ambiente serviert. Mo–Sa 11–22 Uhr, So geschl.
Calle Carrera 17
La Orotava
Tel. 922 32 27 93
www.hotelruralorotava.es

Karte
S. 186

Teneriffa
Puerto de la Cruz

Die Skyline von Puerto de la Cruz funkelt im Abendlicht

Puerto de la Cruz 18 [J/K5]

Abgekürzt »Puerto« nennen die Einwohner und Stammgäste das größte Urlauberzentrum im Norden. Es lebt zwar heute überwiegend vom Tourismus, aber selbst in der Hochsaison wohnen hier mehr Einheimische als Feriengäste. Beide Gruppen bestimmen gleichermaßen das Stadtbild und nehmen Rücksicht aufeinander. Die Urlauber tragen ihre Badehose nur am Strand, und die freundlichen Städter antworten geduldig auf Fragen in fremden Sprachen und reagieren gelassen, wenn sich bei einer Fiesta die Kameras auf sie richten.

Die Stadt wuchs im Lauf der Jahrhunderte zu ihrer jetzigen Größe mit 35 000 Einwohnern und 28 000 Gästebetten an. Als Puerto de Orotava war sie im 17. und 18. Jh. der wichtigste Güterumschlagplatz Teneriffas. Um den Hafen entstanden Wohnviertel und Kirchen.

Ende des 19. Jhs. entdeckten die ersten betuchten Engländer, wie angenehm es sich hier bei frühlingshaften Temperaturen überwintern lässt. Richtig in Schwung kam der Tourismus ab Ende der 1950er-Jahre. Trotz so manchen Ausrutschers in Richtung Massentourismus hat sich Puerto de la Cruz weitgehend den Charakter eines traditionellen Badeortes bewahrt. Man pflegt hier einen urbaneren Stil als im Süden. Zwar sind auch neue Badeplätze in Planung, aber die Anlage von Parks, Spazier- und Wanderwegen ist genauso wichtig.

Ein Bummel über Promenaden und Plätze führt zu vielen attraktiven Punkten der Stadt, aber auch etwas abseits des Zentrums kann man eine Menge Sehenswertes entdecken.

STADTBESICHTIGUNG

Wer von außerhalb kommt, sollte die Autobahnausfahrt »El Botánico« nach Puerto nehmen und der Beschilderung zum Botanischen Garten ins Zentrum folgen. Am **Mirador de la Paz** kann man sich zunächst einen Überblick von oben verschaffen und entweder gleich

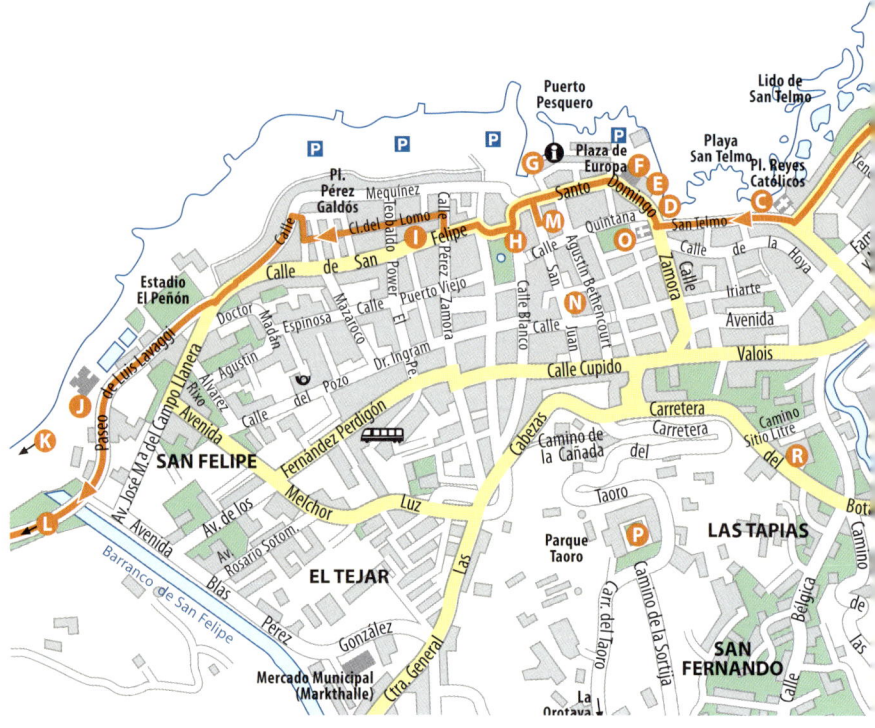

parken und zu Fuß über den Treppenweg Camino de las Cabras zum Centro Comercial Martiánez gehen oder zum Einkaufszentrum weiterfahren und dort im Untergeschoss parken.

FLANIEREN UND BADEN

Das mit Glaspyramiden schön gestaltete **Centro Comercial Martiánez** A an der Calle Aguilar y Quesada bietet sehr gute Einkaufsmöglichkeiten und – wichtig im Zentrum von Puerto – eine Tiefgarage. Hier gibt es nahezu alles, schicke Modeboutiquen, den größten Supermarkt der Stadt, einen Teeladen, Vollkornbrot …

Die Palmenallee vor dem Einkaufszentrum führt abwärts zur kleinen, schwarzsandigen **Playa Martiánez,** die von Molen geschützt wird und dennoch eine starke Strömung aufweist. Die autofreie Promenade verbindet den Stadtstrand mit der Avenida de Colón.

Gratisbusse fahren in der Avenida de Venezuela ab und bringen die Besucher zum **Loro Parque** › S. 189 und anderen etwas außerhalb der Stadt gelegenen Themenparks.

Seit sie für den Verkehr gesperrt und begrünt wurde, hat sich die **Avenida de Colón** zur beliebten Bummelmeile entwickelt. Tagsüber flanieren die Feriengäste auf dem Weg zu den Badeanlagen und zum Strand hier entlang oder genießen die Urlaubsatmosphäre auf den Caféterrassen. Abends wird die Avenida zum Laufsteg für gestylte Bummler und Discogänger. Rechter Hand erstrecken sich die von César Manrique entworfenen Badeseen **Lago Martiánez** B und **Lido de San Telmo**. Mit heimischen Materialien wurde Natur kunstvoll konstruiert. Vom Wasser abgeschliffene Steinbrocken fanden in der Anlage ebenso Verwendung wie von der Sonne getrocknete Baumstämme. Acht Ba-

Teneriffa
Puerto de la Cruz

Puerto de la Cruz

- Ⓐ Centro Comercial Martiánez
- Ⓑ Lago Martiánez
- Ⓒ San Telmo
- Ⓓ Punta del Viento
- Ⓔ Exconvento de Santo Domingo
- Ⓕ Casas Consistoriales
- Ⓖ Casa de la Aduana
- Ⓗ Plaza del Charco
- Ⓘ Museo Arqueológico Municipal
- Ⓙ Castillo San Felipe
- Ⓚ Playa Jardín
- Ⓛ Loro Parque
- Ⓜ San Francisco
- Ⓝ Casa Iriarte
- Ⓞ Iglesia Nuestra Señora de la Peña de Francia
- Ⓟ Parque Taoro
- Ⓠ Jardín Botánico
- Ⓡ Sitio Litre

deseen und künstliche Inseln bilden ein Ensemble, das nicht nur zu den herausragenden Arbeiten des Allroundtalents aus Lanzarote zählt, sondern auch beim Publikum bestens ankommt (tgl. 10–18, Juni–Mitte Sept. bis 19 Uhr). Das Kasino von Puerto de la Cruz residiert auf der Insel im Lago Martiánez (Tel. 922 38 05 50, www.casinostenerife.com, So–Do 20–3, Fr/Sa 20–4 Uhr). Die einarmigen Banditen sind in einem Saal an der Avenida Colón (Station der Loro-Parque-Bimmelbahn) untergebracht (tgl. 11–3 Uhr).

ZUR PLAZA DE EUROPA

In unmittelbarer Nachbarschaft zu den Badeanlagen steht die schlichte Kapelle **San Telmo** Ⓒ. Hier finden regelmäßig katholische Gottesdienste (auch auf Deutsch) statt. Das weiße Kirchlein wurde 1780 an der Stelle einer Küstenbatterie errichtet und ist dem Schutzpatron der Seeleute geweiht. Unterhalb der Promenade badet man gratis, dafür aber in häufig unruhiger See. Am Ende des Wegs führen Treppen hoch zur **Punta del Viento** Ⓓ mit schönem Blick nach Osten; hier bläst einem meistens der Passatwind ins Gesicht.

In Meeresnähe folgt man der Calle Santo Domingo abwärts. Das erste Gebäude zur Rechten ist ein Überbleibsel des **Exconvento de Santo Domingo** Ⓔ. Das Dominikanerkloster von 1659 brannte Ende des 18. Jhs. nieder und wurde 1837 wieder aufgebaut.

Das Nachbargebäude, ebenfalls auf ehemaligem Klostergrund, ist das Rathaus **Casas Consistoriales** Ⓕ. Gegenüber befindet sich die **Casa Miranda,** ein Patrizierhaus aus dem 18. Jh. Dahinter liegt der restaurierte Geschützplatz des Hafens, heute die Plaza de Europa.

AM HAFEN

In Richtung Hafen wird es wieder lebendiger. Wenn die Fischerboote zurückkehren, gibt es immer etwas zu sehen und zu schnuppern. In der Gasse **Las Lonjas** liegt fast immer ein leichter Fischgeruch in der Luft. Hier betreiben die (wenigen verbliebenen) lokalen Fischer ein Restaurant in Genossenschaft: **La Cofradía**, wo es frischen Fisch mit herrlichem Ausblick auf die Hafenbucht und die **Casa de la Aduana** G gibt. Das ehemalige Zollhaus von 1620 ist der älteste Profanbau der Stadt. Nach dem für Garachico verheerenden Vulkanausbruch von 1706 wurde hier die Zollbehörde eingerichtet. Heute befinden sich in dem restaurierten Gebäude die Touristeninformation, eine Ausstellung des heimischen Kunsthandwerks und ein sehr schöner Kunstgewerbeladen.

Am Hafenbecken tummeln sich besonders an Feiertagen einheimische Familien zwischen den bunten Booten und zelebrieren ihr Picknick auf dem Kiesstrand.

Jenseits des Hafens erstreckt sich ein riesiges aufgelassenes Areal. Durch aufwendige Deichanlagen hat man dem Ozean ein Terrain von 100 000 m² abgerungen, um den **Parque Marítimo** und einen Sporthafen zu bauen, doch sowohl die Genehmigung des Projekts als auch seine Finanzierung lassen schon seit Jahren auf sich warten. Derzeit befindet sich entlang der Mole ein großer, asphaltierter Parkplatz.

PLAZA DEL CHARCO H

Vom Hafen aus gibt es einen breiten Durchlass zur Plaza. Erhöht wie auf einem Podest und mit Palmen und alten Indischen Lorbeerbäumen bestanden, ist dieser Platz Forum, Bühne und Loge in einem. Hier trifft man sich, trinkt seinen *cortado*, einen Espresso mit süßer Kondensmilch, im **Terrassencafé Dinámico**, holt seine (deutsche) Zeitung von einem der Kioske und genießt den südlichen Alltag. Manchmal findet ein Konzert statt, die Winzervereinigung lädt zur Weinverkostung ein oder eine Rallye umkreist das Karree. Einige der typisch kanarischen Gebäude an der Westseite des Platzes beherbergen gastronomische Betriebe.

Wenn man die Plaza an der Nordwestseite verlässt, gelangt man in das zum Teil noch in seiner ursprünglichen Bausubstanz erhaltene Fischerviertel **La Ranilla** (das Fröschlein) mit engen Gassen und kleinen Häusern. Hier findet man die größte Restaurantdichte der Stadt und kann einen netten Spaziergang durch die hübsch gestaltete Fußgängerzone **Calle del Lomo** unternehmen.

ZUM CASTILLO SAN FELIPE UND ZUR PLAYA JARDÍN

Mitten im Fischerviertel hat sich das **Museo Arqueológico** I, das Archäologische Museum, in einem kanarischen Herrenhaus aus dem 19. Jh. eingerichtet. Es bietet vor allen Dingen eine Einführung in das Töpferhandwerk der Guanchen anhand entsprechender Fundstücke (Calle de Lomo Nieves 9, Tel. 922 37 14 65, www.arqueopc.com; Di–Sa 10–13, 17–21, So 10–13 Uhr).

Nach der Durchquerung von La Ranilla folgen Neubauten, ein Fußballplatz und ein Schwimmbad. Gleich dahinter steht das kleine **Castillo San Felipe** J aus dem 17. Jh. Kanonen auf dem kleinen Platz davor erinnern noch an seine einstige Bestimmung, die Mündung des Barranco de Felipe vor Piratenüberfällen zu schützen. Das Kastell ist gegenwärtig ein Kulturzentrum, in dem Kunstausstellungen und Musikveranstaltungen stattfinden.

Es schließt sich das lang gezogene Areal der **Playa Jardín** K an. Auch an ihrer Gestaltung hat César Manrique mitgewirkt. Vom Meeresboden hat man Sand heraufgeholt und seinen Bestand mit Wellenbrechern vor der Küste abgesichert. Im oberen Strandbereich wurde ein Park angelegt, der sich mit typischen Pflanzen des Archipels, Musikpavillon, Restaurants und Flanierwegen großer Beliebtheit erfreut. In jeder Strandbar presst man für Sie dort einen frischen Orangensaft aus mindestens vier Früchten pro Glas. Das hilft jedem müden Spaziergänger wieder auf die Beine.

Karte
S. 186

Teneriffa
Puerto de la Cruz

Eine tropisch anmutende Flora ziert den Ferienort Puerto de la Cruz

Die schwarz glänzenden Felsbrocken in der Brandung geben dem Ortsteil **Punta Brava** auf einer Landzunge westlich der Playa Jardin seinen unverwechselbar eigenen Reiz. Oberhalb von Punta Brava erwartet den Besucher ein Besuchermagnet, der Loro Parque.

LORO PARQUE

Bunter, spannender und exotischer ist kein Freizeitpark. Er wurde zudem für seine artgerechte Tierhaltung und die Aufzucht vom Aussterben bedrohter Vogelarten ausgezeichnet. 300 Papageienarten flattern im Parkgelände, die sensibelsten ungestört und abgeschirmt vom Besucherstrom. Solche Extravaganzen kann sich der Loro Parque leisten, denn er bietet mehr als genug für ein volles Tagesprogramm. Zu den Loros haben sich Tiere aus aller Welt gesellt: Affen, Gorillas, Krokodile, Seelöwen und Delfine. Da letztere ausreichend gute Lebensbedingungen vorfinden, gelang es bereits mehrmals, hier geborene Delfinbabys großzuziehen. Ebenso beliebt wie umstritten sind allerdings die Delfin- und Orcashows im Park.

Zu den Attraktionen des Meeres zählen das Aquarium, durch das man in einem Glastunnel wandelt, der »Planet Penguin«, in dem bei antarktischen Temperaturen über 150 Pinguine leben, und die Orcas.

Der Park ist wie ein tropischer Garten angelegt, ein thailändisches Dorf und ein afrikanischer Markt schaffen zusätzlich Flair. Man sollte den Besuch unbedingt am Vormittag beginnen, sonst reicht die Zeit für das vielfältige Angebot einfach nicht aus (www.loroparque.com, Tel. 922 37 38 41, tgl. 8.30–18.45 Uhr, Eintritt 34 €, Kinder 6–11 Jahre 23 €, kostenlose An- und Abfahrt mit der parkeigenen Bimmelbahn ab/an Avenida de Colón).

Bei einer fachkundigen Führung kann man einen Blick hinter die Kulissen des Zoos werfen und erfährt Interessantes und Kurioses, z. B. welchen Tieren die Zähne geputzt werden (Dauer 1 ¾ Std., min. 48 Std. vorher reservieren; 10 €, Kinder 3–11 Jahre 7 €).

UM DIE CALLE QUINTANA

Vom Loro Parque fährt eine Bimmelbahn zum Ausgangspunkt an der Avenida de Colón. Wer mag, steigt in der Nähe der **Plaza del Charco** aus und geht von dort aus durch die verkehrsberuhigte Quintana zurück zur Meerespromenade. Dabei gelangt man über ein paar Stufenfolgen hinauf zu einem kleinen Platz mit einer gepflegten Anlage. Gegenüber liegen linker Hand die Einsiedelei **San Juan** und die Kirche **San Francisco** N. Insbesondere am Abend bei künstlichem Licht erstrahlt die Innenausstattung des Gotteshauses in edlem Glanz. Die Klause ist neben San Amaro im Stadtteil La Paz der älteste Sakralbau von Puerto de la Cruz. Sie wurde um 1600 Johannes dem Täufer geweiht.

Wer auf der Calle San Juan einen Abstecher nach Süden macht, entdeckt an der Kreuzung mit der Calle Iriarte ein gut erhaltenes Haus aus dem 18. Jh. In der **Casa Iriarte** N wurde Don Tomás de Iriarte (1750–91), vielleicht der bekannteste einheimische Erzähler, geboren. Heute wird das Haus als Stickereimuseum und zum Verkauf von Stickereien genutzt. In der Nähe ragt ein Turm empor, der zum **Palacio Ventoso** gehört. Er ist der letzte seiner Art. Früher hatte jedes Handelshaus einen solchen Auslug, denn wer ein Schiff sichtete und vor allen anderen am Hafen erschien, durfte dann als Erster mit dem Kapitän über Geschäfte verhandeln.

Die Pfarrkirche von Puerto, die **Iglesia Nuestra Señora de la Peña de Francia** O, erhebt sich auf einem erhöhten Platz an der Calle Quintana. Im Innern ist eine der pathetischsten Schmerzensmadonnen Spaniens zu bewundern. Schöpfer dieser »Virgen de los Dolores« ist José Luján Pérez aus Gran Canaria. Am Ende der Calle Quintana stößt man auf die Uferpromenade, die zum Anfangspunkt zurückführt.

ABSEITS DES ZENTRUMS

Oberhalb des Ortskerns liegt der überaus reizvolle **Parque Taoro** P. An Wasserspielen und Fliesenbildern vorbei spaziert man zum über 120 Jahre alten ehemaligen Kurhotel, in dem bis 2005 das Spielkasino untergebracht war. In Zukunft soll hier wieder ein Nobelhotel einziehen.

Zu einem Spaziergang im Schatten mächtiger alter Bäume lädt der weltberühmte **Jardín Botánico** Q (auch Jardín de aclimatación de La Orotava) oberhalb des Viertels La Paz ein. Er wurde 1788 auf Geheiß des Königs Carlos III. angelegt, um Tropenpflanzen allmählich an eine kühlere Witterung, wie sie an den Orten der königlichen Residenzen in Zentralspanien im Winter normalerweise herrschte, zu gewöhnen. Das Experiment misslang, die in Puerto gut gedeihenden Pflanzen verkümmerten auf dem Kontinent. Der Garten blieb bis heute erhalten. Bei über 3000 Exoten lohnt es sich, ein Bestimmungsbuch mitzubringen. Viel bestaunt sind die luftwurzelnde Würgefeige und der Leberwurstbaum (Calle Retama, 2, tgl. 9–18 Uhr).

Erholung verspricht auch die schöne Anlage des Orchideengartens **Sitío Litre** R, der anders als das dazu gehörende Haus frei zugänglich ist.

Info
Oficina de Información Turística
Casa de la Aduana (am Hafen)
Puerto de la Cruz
Tel. 922 38 60 00

Verkehr
Busse: Der ehemalige Busbahnhof in der Calle El Pozo wurde 2009 wegen Einsturzgefahr geschlossen. Jetzt ist ein neuer Busbahnhof nahe der Playa Jardín geplant. Bis zu seiner Fertigstellung (frühestens 2017) fahren die Busse in der Calle Fernández Perdigón Cupido ab. Verbindungen in alle Richtungen.

Hotels
Hotel Tigaiga €€€
Gediegener Komfort im Traditionshotel unter deutscher Leitung. Hervorragend gepflegter botanischer Garten.
Parque Taoro 28 | Puerto de la Cruz
Tel. 922 38 35 00
www.tigaiga.com

Karte
S. 186

Teneriffa
Puerto de la Cruz/Strände/Mirador de Humboldt

Hotel San Borondón €€
Sympathisches Hotel mit geräumigen Doppelzimmern wenige Gehminuten zur Plaza del Charco.
Calle Agustín Espinosa 2
Puerto de la Cruz
Tel. 922 38 33 13 | www.hotelsanborondon.com

Marquesa €€
In dem historischen Bau in der Fußgängerzone hat Alexander von Humboldt 1799 übernachtet. Um den Patio gruppieren sich komfortable Zimmer. Terrassencafé zur Straße.
Quintana 11
Puerto de la Cruz
Tel. 922 38 31 51
www.hotelmarquesa.com

Puerto Azul €
Ruhiges, einfaches und familiäres Hotel im alten Fischerviertel.
Calle del Lomo 24
Puerto de la Cruz
Tel. 922 38 32 13
www.puerto-azul.com

Restaurants
Régulo €€
Hier genießt man vorzügliche kanarische Küche in einem historischen Stadthaus. Mo 18–24, Di bis Sa 13–24 Uhr, So geschl.
Calle San Felipe 16 | Tel. 922 38 45 06
www.restauranteregulo.com

Restaurante El Caldoso €
Gepflegter Gastraum und romantische Terrasse an einem Minihafen in Punta Brava gelegen. Spezialitäten sind Reisgerichte und Meeresfrüchte. Sa–Do 12–22 Uhr, Fr geschl.
Calle Acaimo 7 | Tel. 922 38 90 18

Nachtleben
Voll wird es in den Diskotheken nicht vor 24 Uhr, auch wenn sie teilweise schon früher öffnen. In der **Blanco Bar**, Calle Blanco, gibt es Livemusik und Kleinkunst; im **Azúcar**, Calle Iriarte/Blanco, erklingen lateinamerikanische Rhythmen. Die Diskothek Vampis am Straßeneck Avenida Colón/Avenida Familia Betancourt y Molina spielt internationale Popmusik.

Das **Abaco** lädt am Wochenende zu klassischer Musik in seine Pianobar (Konzerte So 19.30 Uhr, Calle Casa Grande, Urb. El Durazno, www.abacotenerife.com). Die Reihe klassischer und moderner Konzerte **Ciclos de Buena Música** [d2] im Centro Astoria-Bambi hat sich zur festen Einrichtung gemausert (ungefähr Okt.–Mai Sa 20.30, So 18 Uhr, Eingang Calle Enrique Talg 15 oder Calle La Hoya 60, www.rosamariafuentes.com).

Strände in der Umgebung

Einer der herrlichsten großen Naturstrände ist die **Playa del Bollullo**. Sie liegt in landschaftlich schöner Umgebung ca. 4 km östlich von Puerto de la Cruz. Eine Straße und ein Wanderweg (Beschreibung bei der Touristeninformation) führen dorthin. Der feine, dunkle Sandstrand ist vor allem im Sommer und an Wochenenden von vielen Menschen besucht.

Die **Playa Los Patos** und **Playa del Ancón** schließen sich östlich an die **Playa del Bollullo** an. Sie sind bisher nicht für Urlauber hergerichtet worden. Der Weg ist beschwerlich und teils gefährlich.

Die **Playa El Socorro** liegt westlich von Puerto de la Cruz. Diesen Strand bevorzugen Wellenreiter, er ist aber auch bei einheimischen Badegästen beliebt. Nehmen Sie sich beim Baden vor der Unterströmung in Acht!

Ausflug: Mirador de Humboldt

Ein Überblick über das von Alexander von Humboldt wegen seiner Schönheit gepriesene Valle de Orotava bietet sich vom Mirador de

Humboldt an. Wenn sich auch in dem von der Nordautobahn zweigeteilten Tal mit ausufernden Bananenplantagen und der Skyline von Puerto de la Cruz seit Humboldts Besuch im Jahre 1799 so manches geändert hat – reizvoll ist der Ausblick immer noch.

La Laguna 19 ★ [L4]

Schon vor der spanischen Eroberung befand sich auf den relativ kühlen und feuchten Höhen der Sommersitz der Menceyes, der Guanchenfürsten. Damals lag San Cristóbal de La Laguna, wie es mit vollständigem Namen heißt, noch an der Lagune, einem inzwischen ausgetrockneten Binnensee. Aus dieser Zeit ist nichts übrig geblieben. Unmittelbar nach ihrem Sieg begannen die Spanier 1496 La Laguna zur Hauptstadt auszubauen. Wie später die Städte in den spanischen Kolonien auf dem amerikanischen Kontinent, legten die Bauherren auch La Laguna schachbrettförmig an. Die klare Gliederung der Straßenzüge macht eine Orientierung in der Stadt (150 000 Einw.) einfach.

STADTBESICHTIGUNG

Ein guter Ausgangspunkt für einen ruhigen Spaziergang durch die hübsche Altstadt ist die Plaza del Adelantado. Viele der historisch wichtigen Gebäude stehen an diesem Platz sowie in der hier beginnenden Calle Obispo Rey Redondo. In dieser Straße befindet sich außerdem ein Büro der Touristeninformation.

Hinter der Plaza del Adelantado gibt es Parkplätze, die von der Umgehungsstraße aus direkt angesteuert werden können. In der Nähe des Platzes, in der Avenida Calvo Sotelo, kann eine Tiefgarage (ausgeschildert) genutzt werden. Weitere Parkflächen stehen längs des Barranco Gonzaliánez zur Verfügung.

Wer mit dem Bus anreist, kann den Stadtbummel alternativ an der Iglesia Nuestra Señora de la Concepción starten. Der markante Glockenturm der Kirche ist das Wahrzeichen von La Laguna, Auch hier gibt es eine Filiale der örtlichen Touristeninformation.

PLAZA DEL ADELANTADO

Mit einem mehrstufigen Marmorbrunnen, herrlichen alten Bäumen und umgeben von einigen der ältesten und interessantesten Gebäude der Stadt ist der Platz ein echtes Schmuckstück. Neben der modernen Markthalle wirkt die kleine **Kapelle San Miguel** unauffällig. Sie geht noch auf das Jahr 1506 zurück, wurde aber seither mehrfach umgebaut und dient inzwischen als Kulturhaus.

Das markanteste Bauwerk mit hohen, massiven und abweisenden Mauern ist das **Kloster Santa Catalina**. Als auffälligstes Bauelement thront oben auf der Klostermauer der *ajimez*, ein zwar geschlossen wirkender, aber mit den Holzgittern doch luftiger Kasten. Er ist Teil des maurischen Architekturerbes: Nur vom *ajimez* aus durften die Haremsfrauen – von außen ungesehen – durch die Gitter die Straße beobachten. Dieselben Regeln galten für die Nonnen, die hier ab 1611 einzogen. Ein Teil des Gebäudes ist über 100 Jahre älter und diente schon Alonso de Lugo als Residenz.

Rechts neben dem Kloster fällt der **Palacio de Nava y Grimón** mit seiner dunklen Fassade aus behauenem Stein auf. Er entstand Ende des 16. Jhs. Die Fassade schmücken Elemente des Barock- und Renaissancestils, den Portikus rahmen Doppelsäulen ein. Die Familie Nava gehörte zu den führenden Geschlechtern Teneriffas und dokumentierte ihren Reichtum mit der steinernen Fassade, während alle anderen Gebäude dieser Zeit im kanarischen Stil aus Bruchstein aufgeschichtet und verputzt worden sind.

Nur wenige Schritte abseits der Plaza del Adelantado, die Calle Constorio nach links und an der zweiten Querstraße wieder links, liegt das **Kloster und Konvent Santo Domingo**, eine schöne, ruhige Anlage im klassischen kanarischen Stil. Der Konvent kann als Vorläufer der Universität betrachtet werden, denn es standen nicht nur religiöse Themen, sondern auch Logik

Karte
S. 160

Teneriffa
La Laguna

Teneriffas alte Hauptstadt glänzt mit ehrwürdigen Palästen und Kirchen

und Philosophie auf dem Stundenplan. Beide Gebäude wurden mehrfach umgestaltet, zuletzt in den 1960er-Jahren. In der altehrwürdigen Kirche fällt ein farbenfrohes Deckenfresko aus dem Jahre 1948 aus dem Rahmen (Mo–Sa 18 bis 19.30, So 10–12, 18–19.30 Uhr).

CALLE CARRERA UND CALLE OBISPO REY REDONDO

Südwestlich des Klosters Santa Catalina reicht ein Gebäudeblock bis in die umliegenden Straßen hinauf. Eindrucksvoll sind die mächtigen Mauern, massiven Türen und Fenster und die mit Wappen geschmückten Portale. Hinter den Mauern arbeiten heute die Angestellten der **Rathausverwaltung** und des **Stadtarchivs**. Die ältesten Gebäude der Gruppe stehen längs der Calle Obispo Rey Redondo, die häufig auch Calle Carrera genannt wird. Den Anfang macht die **Casa del Corregidor,** das 1545 fertig gestellte Landgericht, das aber zunächst als Bischofssitz diente. Daneben befindet sich die **Casa de la Alhóndiga** aus dem 17. Jh. Das Haus diente als Speicher und zeitweise auch als Gefängnis. Die **Casa de los Capitanes,** Sitz der Militärgouverneure, schließt sich an. In einem Vorläufer des Gebäudes, das auch als Casa de los Capitanes Generales bekannt ist, richtete sich Alonso Fernández de Lugo, der spanische Eroberer, Ende des 15. Jhs. ein. Der heutige Bau mit seinen massiven Mauern, herrlich bepflanztem Patio und umlaufender Galerie ist rund 450 Jahre alt. Das Gebäude beherbergt nun das internationale Zentrum zur Erhaltung des kulturellen Erbes und die Touristeninformation (Mo–Fr 9–15 Uhr, im Sommer bis 14 Uhr). Hier starten auch kostenlose Führungen durch die historische Altstadt.

Unweit der Casa de los Capitanes weitet sich die Calle Obispo Rey Redondo zum Kathedralplatz. Die **Iglesia de los Remedios** – 1818 zur Kathedrale erhoben – wurde seit ihrer Fertigstellung im Jahr 1511 mehrfach umgebaut; ihr heutiges Gesicht erhielt sie großteils zu Beginn des 20. Jhs. Der Innenraum wird vom Hauptaltar beherrscht, einer Arbeit des berühmtesten kanarischen Bildhauers, Luján Pérez (18. Jh.).

Der Turm der Iglesia de la Concepción ist das Wahrzeichen von La Laguna

Die Figur »El Cristo de los Remedios« datiert ins 16. Jh. Der älteste, künstlerisch wertvollste und kostbarste Altar aus dem 18. Jh. steht in der Kapelle Nuestra Señora de los Remedios rechts vor dem Hauptaltar. Die Figur der Jungfrau ist aber wesentlich älter, sie ist schon seit 1597 im Besitz der Kathedrale und stammt aus Andalusien. Rechts hinter dem Hauptaltar liegt das Grabmal des Eroberers Alonso de Lugo (Di 10.30–13.30 und 17.30–19, Mo, Mi–Sa 8.30 bis 13.30, 17.30–19 Uhr. An Sonntagen sollte die Kirche nicht besichtigt werden, um Messen und Andachten nicht zu stören).

Gemütlich kann man die autofreie Calle Obispo Rey Redondo entlangschlendern und in eines der Cafés und Lokale einkehren. Die besten Kuchen und Torten weit und breit aber backen die Konditoren im Café Palmelita, gegenüber der Iglesia Nuestra Señora de la Concepción. Den Kirchturm kann man von der Touristeninfo aus besteigen (Mo–Fr 10–13 Uhr, 3 €).

Der Jugendstilbau des **Teatro Leal** gegenüber der Kathedrale aus dem Jahr 1915 ist schön renoviert (Programm unter www.teatroleal.es, Karten an der Kasse Mo–Sa 11–13 und 18 bis 20 Uhr, So ab 2 Std. vor Beginn der Vorstellung).

Am Ende der Straße liegt die zum spanischen Kulturdenkmal erklärte **Iglesia Nuestra Señora de la Concepción.** Anders als bei der Kathedrale blieb ihr streng gotischer Stil bei Erweiterungen und Restaurierungen erhalten. Mit dem Bau wurde Anfang des 16. Jhs. begonnen; auffällig ist der siebenstufige Glockenturm aus dunklem behauenen Vulkanstein. In Inneren ist besonders die farbig bemalte Kassettendecke aus Holz beachtenswert. Historisch wichtigstes Objekt ist ein grünes Majolika-Taufbecken, über das sich die besiegten Guanchenfürsten zur Taufe beugen mussten (Mo, Mi–Sa 10 bis 12.15 und 17–19.30, So 8.30–12 und 17.30 bis 19 Uhr. Eintritt 0,50 € für die Restaurierung der Kirche, So Eintritt frei).

CALLE SAN AGUSTÍN

Nördlich der Iglesia de la Concepción verläuft die Calle San Agustín, gesäumt von wunderschönen Palästen mit ebensolchen Innenhöfen, die häufig geöffnet sind. Der Bau des **Klosters San Agustín,** eines der ersten Gebäude der Stadt, begann noch in den letzten Jahren des 15. Jhs. Seit die Restaurierung des Klostergebäudes abgeschlossen ist, gehört dieser Komplex zu einem der schönsten auf den Kanarischen Inseln. Der Eingang befindet sich im Glockenturm. Gleich dahinter liegen zwei herrliche Innenhöfe mit Kreuzgängen. Im ehemaligen Konvent werden Kunstausstellungen gezeigt. Von der Kirche steht nur noch die Fassade.

Der heutige **Palacio Episcopal** (Bischofspalast) mit einer dunklen Fassade aus Vulkanstein befindet sich nur wenige Schritte weiter. Er wurde im 17. Jh. als Herrensitz errichtet. Ein Brand zerstörte 2006 einen Teil der Anlage. Drei Jahre später war die Rekonstruktion des Gebäudes abgeschlossen.

Der historische Teil des **Museo de Historia y Antropología de Tenerife** ist in der Casa Lercaro aus dem 16. Jh. untergebracht. Bemerkenswert an diesem hervorragend restaurierten Bauwerk ist vor allem sein Innenhof mit seltener, geschlossener Galerie aus dem Kernholz der Ka-

Karte
S. 160

Teneriffa
La Laguna

narischen Kiefer. Themenschwerpunkt des Museums bildet die spanische Epoche der Insel von der Conquista bis in unsere Tage (www.museosdetenerife.org, Di–Sa 9–20, So/Mo, Fei 10 bis 17 Uhr, Eintritt 5 €, Fr/Sa 16–20 Uhr frei).

Gleich nebenan steht die **Casa Montañés**, der Sitz des kanarischen Rates. Da das Gebäude während der Dienstzeit geöffnet ist, sollte man die Gelegenheit unbedingt nutzen und einen Blick in die wunderschönen Innenhöfe werfen.

Das **Kloster Santa Clara** befindet sich einen Straßenzug weiter nördlich zwischen der Calle de Viana und der Calle de Nava y Grimón, die zurück zum Ausgangspunkt an der Plaza del Adelantado führt.

AUSSERHALB DER ALTSTADT

In der Vía Láctea in Richtung Ortsteil La Cuesta (gut erreichbar mit der Straßenbahn Tranvía) liegt das **Museo de la Ciencia y el Cosmos**. Das der Universität angegliederte Museum dokumentiert, mit neuester Technik ausgerüstet, u. a. den aktuellen Stand der Kosmosforschung (www.museosdetenerife.org, Di–Sa 9–20, So/Mo, Fei 10–17 Uhr, Eintritt 5 €, Fr/Sa 16–20 Uhr frei).

Info

Oficina de Información Turística
Casa Alvarado Bracamonte
Calle Obispo Rey Redondo 7
La Laguna
Tel. 922 63 11 94
Von der Touristeninfo starten kostenlose geführte Stadtrundgänge (u. a. auf Deutsch). Vorherige Anmeldung erforderlich unter Tel. 922 63 11 94 oder coordinador@turismolalaguna.org

Verkehr

Busse: Der Busbahnhof liegt neben der Autopista del Norte, in der Nähe der Einfahrt zur Avenida Trinidad; von dort gute Verbindungen nach Santa Cruz und Puerto de la Cruz. Nach Santa Cruz kann man auch die Straßenbahn Tranvía nehmen. Die meisten Busse ins Anagagebirge starten hier (nur wenige Abfahrten tgl.).

Hotels

Aguere €€
Einfaches Hotel in einem stimmungsvollen Altbau von 1760. 20 Zimmer gruppieren sich um einen hellen begrünten Patio.
Calle Obispo Rey Redondo 55
La Laguna
Tel. 922 25 94 90
www.hotelaguere.es

Laguna Nivaria €€
4-Sterne-Hotel in einem renovierten Haus aus dem 18. Jh., mit komfortablen, geräumigen Zimmern und Suiten.
Plaza del Adelantado 11
La Laguna
Tel. 922 26 42 98
www.lagunanivaria.com

Restaurants

L´amuse Bouche €€
Im gepflegten Ambiente der Belle Époque und mit exzellentem Service wird hier gute kanarisch-spanisch-internationale Küche serviert. Der Besuch lohnt sich auch für Kaffee, Kuchen und Eis auf der Terrasse. So–Mi 9–22, Do–Sa 9–1 Uhr.
Calle Nava y Grimón 7 | La Laguna
Tel. 609 14 14 93
www.restaurantecasinolamusebouche.es

Bodegón Viana €
Typische Bodega mit einfachen, ländlichen Speisen. Di–So 9–1 Uhr.
Calle de Viana 35 | La Laguna
Tel. 922 26 42 13

Nightlife

Das Kneipenviertel rund um die Calles Dr. Zamenhof, Catedral, Heraclio Sánchez und Dr. Antonio González liegt nördlich der Universität. Die dortigen Kneipen und Diskotheken wechseln häufig Namen und Besitzer; außerhalb des Semesters ist hier aber nicht viel los. Im **El Búho**, Calle Catedral 3, gibt es am Wochenende Livemusik.

Wolkenkaskade über der Cumbre Nueva

Karte S. 198

LA PALMA

La Palma

Duftende Kiefern und üppiger, dschungelartiger Lorbeerwald, aber auch grandiose Vulkanlandschaften im Süden und ein gewaltiger, von senkrechten Felsen umgebener Talkessel im Zentrum prägen das Erscheinungsbild von La Palma. Ein fast 2500 m hoher Gebirgskamm, der zugleich als Wetterscheide fungiert, teilt die Insel in zwei Hälften. Die Passatwolken stauen sich vor allem im Norden und über der Ostküste und sorgen dort für mehr Niederschläge als auf der trockenen Westseite. Nur im Winterhalbjahr streifen schon einmal Tiefausläufer mit ihren Westwinden La Palma und können auf den höchsten Gipfel sogar Schnee bringen.

An der Ostküste entstand mit Los Cancajos ein Badeort, dessen künstlich angelegter, durch Felsriffe gut geschützter Strand das ganze Jahr über Badebetrieb erlaubt und auch für Familien und ältere Menschen gut geeignet ist. Die Hauptstrände auf der sonnenverwöhnten Westseite liegen bei Puerto Naos und Puerto de Tazacorte, wobei sich der Tourismus vor allem am dunkelsandigen Palmenstrand von Puerto Naos konzentriert. Hingegen erfreut sich Puerto de Tazacorte mit seinen urigen Fischlokalen bei Tagesausflüglern großer Beliebtheit.

Abseits der Küstenorte floriert der Landtourismus *(turismo rural)*. Dem Feriengast auf La Palma stehen zahlreiche sorfältig restaurierte Fincas und Landhäuser zur Auswahl. Sie liegen allerdings meist etwas weit ab vom Schuss, sodass man einen Mietwagen auf jeden Fall einplanen sollte.

Landschaftliches Highlight im Inselzentrum ist der Nationalpark Caldera de Taburiente, in den Exkursionen auf einem gut ausgebauten und markierten Wanderwegnetz unternommen werden können. Aber auch die anderen Inselteile sind bestens für Wanderer erschlossen, insgesamt laden 1000 km ausgewiesene Wanderpfade zu Touren für alle Ansprüche ein. Wer sich auf die Spuren der Ureinwohner begeben will, kann prähistorische Höhlenwohnungen und Felsinschriften entdecken.

Karte S. 198

La Palma
Touren

TOUREN AUF LA PALMA

④ Die Nordtour

SANTA CRUZ › PLAYA DE NOGALES › LOS TILOS › LA FAJANA › MIRADOR LA TOSCA › LA ZARZA › MIRADOR EL TIME › PUERTO DE TAZACORTE › LOS LLANOS › SANTA CRUZ

⑤ Durch den vulkanischen Süden

SANTA CRUZ › CUEVA DE BELMACO › FARO DE FUENCALIENTE › PLAYA DE ZAMORA › LAS MANCHAS › CUMBRECITA › SANTA CRUZ

⑥ Auf den Roque de los Muchachos

SANTA CRUZ › MIRCA › MIRADOR DE LOS ANDENES › OBSERVATORIO ASTROFÍSICO › ROQUE DE LOS MUCHACHOS

TOUREN IN DER REGION

④ Die Nordtour

ROUTE: Santa Cruz de La Palma › Playa de Nogales › Los Tilos › La Fajana › Mirador La Tosca › La Zarza › Mirador El Time › Puerto de Tazacorte › Los Llanos de Aridane › Santa Cruz de La Palma

KARTE: links
DAUER: 1 Tag; Fahrstrecke: 160 km
PRAKTISCHE HINWEISE:
» Die Tour auf zumeist recht kurvenreicher Strecke ist mit dem Mietwagen an einem Tag machbar, wenn man Los Llanos an einem Extratag besucht.
» Planen Sie genügend Zeit für Spaziergänge und Badestopps ein!

TOUR-START

Die Fahrt gestaltet sich als ständiges Auf und Ab entlang der von Bergrücken und tief eingekerbten Schluchten gegliederten Küste und startet in **Santa Cruz de La Palma ❶ › S. 203**. Falls Sie auf der Westseite der Insel wohnen, fahren Sie zunächst durch den neuen **Cumbre-Tunnel** in die Hauptstadt; von dort kommt man in Richtung Nordost auf gut ausgebauten Straßen zunächst zügig voran. Ein kurzer Abstecher führt ins Ortszentrum von **Puntallana**. Dort weist ein Schild zur **Playa de Nogales,** zu der eine schmale Stichstraße hinabführt, die zuletzt in einen steilen Treppenweg übergeht. Der schwarze Bilderbuchstrand sollte angesichts der gefährlichen Unterströmungen allerdings nur vom Ufer aus genossen werden, sofern kein Strandwächter anwesend ist (meist nur in den Sommermonaten der Fall).

Auf der Weiterfahrt können Sie nördlich des dicht von Lorbeerwald überwucherten **Barranco de La Galga** einen Blick von einem **Mirador** werfen, an dem ein Denkmal für den Garten der Hesperiden (Monumento al Jardín de las Hespérides) aufragt. Es zeigt Hesperis, die römische Venus, und einen Widder als antikes Symbol der Fruchtbarkeit.

Vor der großen Brücke Puente de Los Tilos kurz vor Los Sauces bietet sich ein Abstecher zum Informationszentrum des Biosphärenreservats **Los Tilos › S. 219** an, das von üppigem Lorbeerwald umgeben ist. Vor Barlovento kann man zum Meeresschwimmbecken **Piscina La**

Tazacorte › S. 213, wo man nicht nur einen feinen Badestrand vorfindet, sondern auch zahlreiche gute Fischlokale. Den Kaffee nach dem Essen kann man in einem der Terrassencafés auf der Plaza de España in **Los Llanos** › S. 212 trinken und, falls noch Zeit bleibt, durch die von niedrigen Häusern gesäumten Gassen der kleinen Altstadt schlendern. Anschließend geht es, sofern Sie nicht an der Westküste wohnen, durch den neuen Cumbre-Tunnel zurück Richtung Santa Cruz im Osten der Insel.

Tour 5 Durch den vulkanischen Süden

Ein alter und ein neuer Leuchtturm stehen an der Punta de Fuencaliente

ROUTE: Santa Cruz de La Palma › Cueva de Belmaco › Faro de Fuencaliente › Playas de La Zamora › Las Manchas › La Cumbrecita › Santa Cruz de La Palma

KARTE: Seite 198
DAUER: 1 Tag; Fahrstrecke: 125 km
PRAKTISCHE HINWEISE:
» Der Parkplatz von La Cumbrecita ist nicht allzu groß. Daher musste die Zahl der Besucher eingeschränkt werden. Für das gewünschte Zeitfenster erhält man unter www.reservasparquesnacionales.es bis zu einem Monat im Voraus kostenlos eine Zugangsnummer, die an einer Schranke an der Zufahrtsstraße kontrolliert wird. In der Nebensaison ist die Auffahrt manchmal ohne Reservierung möglich, dies zeigt einer Tafel neben dem Nationalpark-Besucherzentrum von El Paso an.

TOUR-START

Fajana › S. 217 (ausgeschildert) hinunterfahren und kurz in das meist recht kühle Wasser springen. Zurück auf der Hauptstraße erreicht man hinter **Barlovento** den **Mirador La Tosca**, der einen grandiosen Ausblick über die Nordküste eröffnet. Hier lohnt ein Spaziergang hangabwärts zum größten Drachenbaumhain der Kanarischen Inseln, in dem rund 20 Exemplare des urzeitlich anmutenden Baums gedeihen.

Nächster Halt sind die Felsritzungen von **La Zarza** › S. 217. An der »Dornbuschquelle« hinterließen die Ureinwohner von spiralförmigen Petroglyphen übersäte Felswände, die vom Besucherzentrum an der Straße, das mit Schautafeln und Exponaten über die Felsgravuren informiert, in 10 Gehminuten zu erreichen sind. Vorbei an **Puntagorda** 12 › S. 215, berühmt für die Mandelbaumblüte, die je nach Witterung etwa Ende Januar bis Anfang Februar stattfindet, geht es nun südwärts zum **Mirador El Time** (594 m), der ein fantastisches Panorama über die beeindruckende Schlucht des **Barranco de Las Angustias** hinweg auf das Aridanetal und die Cumbre Vieja bietet. Zu Füßen liegt **Puerto de**

Von **Santa Cruz de La Palma** 1 › S. 203, aus erreicht man auf der LP-2, vorbei an Breña Baja und Villa de Mazo, zunächst die **Cueva de Belmaco** 4 › S. 207, wo man im Archäologiepark einen Blick in das kleine Besucherzentrum werfen und anschließend auf einem Rundgang die einstige Höhle eines Guanchenhäuptlings mit spiral- und labyrinthförmigen Felsgravuren so-

Karte
S. 198

La Palma
Touren

wie einige darüber gelegene Grabkammern erkunden kann. An der Südspitze der Insel biegen Sie dann an der Einfahrt von Fuencaliente, im Ortszentrum **Los Canarios** 5 › S. 208, links in eine schmale Straße ab, die über den Weinbauernort Las Caletas und durch jungvulkanische Landschaft zum Faro de Fuencaliente hinabführt. Neben dem modernen, mit Solarzellen betriebenen Leuchtturm steht der **Faro Viejo**, der alte Leuchtturm. Nebenan sind die Salinas Marinas de Fuencaliente zu besichtigen. Neben den rosafarben schimmernden Salinenbecken türmen sich Kegel aus weißen Salzkristallen. Ein Shop verkauft das wertvolle, von Hand gewonnene Meersalz. Im angeschlossenen Restaurant können Sie mit Blick auf den Atlantik speisen. Dann geht es auf dem Sträßchen nahe der Küste weiter durch Bananenplantagen und vorbei am riesigen Hotelkomplex La Palma & Teneguía Princess bis zum Doppelstrand **Playas de La Zamora** › S. 208. In die vordere, wildromantische Badebucht Playa de La Zamora Grande führt ein steiler Treppenweg hinunter (bei Redaktionsschluss wegen Steinschlaggefahr gesperrt). Die angrenzende, kleinere **Playa de La Zamora Chica** ist hingegen uneingeschränkt zugänglich und soll demnächst durch einen Fußgängertunnel mit dem größeren Strand verbunden werden. Hoch über beiden Stränden lädt ein einfacher Kiosk mit Tischen auf der schattigen Terrasse zum Genuss von frischem Fisch und Meeresfrüchten ein.

Über Las Indias wird im Ortsteil Los Canarios wieder die LP-2 erreicht, auf der es nordwärts geht. An der Kreuzung in San Nicolás hält man sich – nach einem Abstecher zur **Plaza La Glorieta** in **Las Manchas** 7 › S. 209 mit dem angrenzenden Weinmuseum – Richtung **El Paso** 8 › S. 210 und Nationalpark-Besucherzentrum, das nicht nur Auskünfte über Wanderwege erteilt, sondern auch mit einer Ausstellung über Geologie, Flora und Fauna des Parks informiert. Der angeschlossene kleine Botanische Garten zeigt endemische Pflanzen der Kanaren. Vom Besucherzentrum führt eine Stichstraße zum Bergsattel **La Cumbrecita** hinauf. Von dort gelangt man auf einem kurzen Spaziergang zum Aussichtspunkt am **Lomo de Las Chozas**, von dem sich die **Caldera de Taburiente** 9 › S. 211 in ihrer ganzen Größe zeigt. Durch den neuen Cumbre-Tunnel geht es anschließend in den Osten der Insel zurück.

Auf den Roque de los Muchachos

ROUTE: Santa Cruz de La Palma › Mirca › Mirador de Los Andenes › Observatorio Astrofísico › Roque de los Muchachos

KARTE: Seite 198
DAUER: 1 Tag; Fahrstrecke: 42 km
PRAKTISCHE HINWEISE:
» Der höchste Gipfel auf La Palma ragt immer aus dem Passatnebel heraus, nur Tiefausläufer aus Westen hüllen ihn manchmal in Wolken. Die Tour lohnt daher meist auch, wenn es an der Küste bewölkt ist. Noch gibt es keine Einkehrmöglichkeit in der Gipfelregion, daher gehören Getränke und Verpflegung ins Gepäck. Ein Besucherzentrum mit Cafeteria am Roque de los Muchachos ist allerdings in Planung.

TOUR-START

Ein absolutes Muss für alle Besucher von La Palma ist die Tour zum 2462 m hohen **Roque de los Muchachos**. Von einigen wenigen Wintertagen abgesehen, an denen die Bergstraße durch Schneefall oder Erdrutsch kurzzeitig unpassierbar sein kann, ist die von **Santa Cruz** 1 › S. 203 aus relativ gut ausgebaute, allerdings serpentinenreiche Panoramastraße LP-4 zum höchsten Punkt der Insel problemlos befahrbar.

Von **Mirca**, nördlich von Santa Cruz de La Palma gelegen, schlängelt sich die Straße 40 km an der Ostabdachung des Gebirgsmassivs hinauf. Nach vielen Kurven macht der Gürtel aus

La Palmas Sternwarte zählt zu den größten der Welt

lichtem Kiefernwald schließlich einer alpinen Gebirgslandschaft mit einer anspruchslosen Ginstervegetation Platz, die die Region im Frühsommer mit einem leuchtenden, gelben Blütenteppich überzieht. Dort steht rechter Hand das Denkmal Al Infinito, die einzige Arbeit auf La Palma des berühmten Künstlers César Manrique (1919-1992) von Lanzarote. Die Aussichtsplattform am Monument nutzen Hobbyastronomen zur Beobachtung des nächtlichen Sternenhimmels. Einen ersten beeindruckenden Panoramablick in die **Caldera de Taburiente** 9 › S.211 erlaubt dann die **Degollada de Franceses,** wenig später folgt der **Mirador de Los Andenes.** Ein paar Treppenstufen führen zu dem Aussichtspunkt, von dem man nicht nur in den zentralen Felskessel, sondern auch zur Nordseite der Insel schaut.

Über all dem glitzern die futuristischen Kuppeln des **Observatorio Astrofísico** im gleißenden Sonnenlicht. Die Sternengucker des renommierten **Instituto de Astrofísica de Canarias (IAC)** verfügen mit dem William-Herrschel-Teleskop über eines der modernsten astronomischen Geräte. Weitere beeindruckende Teleskope sind MAGIC I und MAGIC II, die zur Beobachtung von Dunkler Materie mithilfe von Gammastrahlung dienen, und das GTC (Gran Telescopio Canarias), von dem sich die Forschung Erkenntnisse über die Entstehung des Universums und über weit entfernte Planeten und Galaxien erhofft. Etwa 400 Astronomen reisen jedes Jahr nach La Palma, meist nur für einige Tage oder Wochen. Sie wohnen in Gästehäusern auf dem Gelände der Sternwarte. Nach vorheriger Anmeldung kann man an Führungen durch das Observatorium teilnehmen. Sofern es die Wetterverhältnisse erlauben, finden diese das ganze Jahr über viermal pro Woche statt (aktuelle Infos unter Tel. 622 80 56 18, Anmeldung unter www.iac.es).

Die Aussichtsplattform auf dem Gipfel des **Roque de los Muchachos,** bis zu dem eine Stichstraße führt (geöffnet tagsüber von 9 bis 20 Uhr), offenbart einen einzigartigen Blick in den 1600 m tiefer gelegenen Kraterkessel. Ein Spaziergang, der mit Rückweg nur etwa eine halbe Stunde in Anspruch nimmt, führt vom Gipfel zur vorgeschobenen **Felsnase Espigón del Roque** (2382 m).

Karte S. 198

La Palma | Santa Cruz de La Palma

UNTERWEGS AUF LA PALMA

Santa Cruz de La Palma 1 [C3]

Als eines der schönsten Beispiele spanischer Kolonialarchitektur im kanarischen Archipel gilt Santa Cruz de La Palma (17 000 Einw.). Die farbenfrohen Häuser der 1493 gegründeten Hafenstadt schmiegen sich an den Hang einer geschützten Bucht an der Ostküste der Insel. Vom prosperierenden Überseehandel im 16. und 17. Jh. profitierten etliche Kaufleute, die schmucke Bauten hinterließen.

Als Ausgangspunkt für den Stadtrundgang empfiehlt sich die **Plaza de la Constitución**. Beiderseits der autofreien Geschäftsstraße O'Daly reihen sich stattliche Bürgerhäuser aneinander, darunter die prächtige **Casa principal de Salazar** (17. Jh.) mit Steinmetzarbeiten im Stil der Renaissance und des Barock an der Fassade und einem beeindruckenden Innenhof, den eine dreistöckige, aufwendig geschnitzte Holzgalerie umgibt. Im Erdgeschoss befindet sich ein von der Inselregierung betriebener Kunsthandwerksladen. Zugänglich ist auch die Beletage mit dem einstigen Prunksaal.

Nur wenige Schritte weiter öffnet sich die von einem Ensemble alter Bauten umstandene **Plaza de España**. Die dortige Erlöserkirche **Iglesia del Salvador** betritt man über eine Freitreppe durch eine Kassettentür, die von einem Renaissanceportal von 1585 eingefasst wird. Es wird dem berühmten Baumeister Juan de Ezquerra zugeschrieben. Im Inneren lohnt ein Blick nach oben auf die kunstvoll geschnitzte und später farbig bemalte Artesonadodecke, das schönste Beispiel ihrer Art auf den Kanarischen Inseln. Schräg gegenüber steht das **Ayuntamiento** (Rathaus), ein schmucker Bau aus dem 16. Jh. mit einer reich verzierten Fassade im platerasken Stil, die weit über La Palma hinaus ihresgleichen sucht. Ein Blick ins Innere lohnt sich wegen der ausdrucksstarken Wandgemälde im Treppenhaus, die Mariano de Cossió (1892–1960) aus Teneriffa schuf. Sie zeigen Szenen aus dem Alltag der Inselbewohner, so wie sie sich vor Jahrzehnten abspielten.

Im ehemaligen **Convento de San Francisco** am nördlichen Rand der Altstadt ist inzwischen das Museo Insular de La Palma untergebracht. Neben einer Sammlung von Mineralien und Tierpräparaten werden hier altes Handwerk von der Insel sowie eine recht beachtliche Gemäldesammlung vorgestellt (Plaza de San Francisco 3, Juli–Sept. Mo–Sa 10–19.30, sonst Mo–Sa 10–20, So 10–14 Uhr).

Noch etwas weiter Richtung Norden gelangt man zur geräumigen Plaza de La Alameda, der hohe Bäume Schatten spenden. Am Südrand des Platzes erinnert ein Holzkreuz an die Stadtgründung am 3. Mai 1493, nachdem der Konquistador Alonso Fernández de Lugo die prähispanischen Ureinwohner endgültig besiegt hatte. Genau gegenüber, am nördlichen Ende der Plaza, schmückt sich ein Brunnen mit der Bronzeskulptur eines Zwergs. Dieser ist das Wahrzeichen von Santa Cruz: Anlässlich des alle fünf Jahre höchst aufwendig gefeierten Festes der Bajada de La Virgen führen Männer in dieser Verkleidung traditionelle Tänze in den Straßen der Stadt auf.

Jetzt lohnt noch das **Barco de La Virgen** einen Besuch. Das steinerne Schiff, ein Nachbau der Kolumbus-Karavelle »Santa María«, liegt jenseits der Plaza de La Alameda am Rande des Barranco de Las Nieves. Es birgt das Museo Naval, ein maritimes Museum mit Seekarten, nautischen Instrumenten und Bootsmodellen (Mo bis Fr 10–15, Sa/So, Fei nur bei Ankunft von Kreuzfahrtschiffen 10–14 Uhr). Bei der Bajada spielt das Barco de La Virgen eine Rolle in einer archaischen Allegorie, dem »Dialog zwischen Festung und Schiff«. Sein Partner in dem Zwiegespräch, das nach genau festgelegten Regeln gerufen wird, ist eine Festung am anderen Ufer

Bunte Balkone schmücken die Avenida Marítima

des Barranco, das Castillo de La Virgen. Wer mag, kann diese noch besichtigen, ein Café lädt dort zur Einkehr ein.

Zurück geht es meerwärts über die **Avenida Marítima**. Dort verdient zunächst das Castillo de Santa Catalina Beachtung, eine Festung, die auf das Jahr 1553 zurückgeht. Anlass für ihren Bau war ein Überfall französischer Korsaren auf die Stadt, die wenig Widerstand vorgefunden hatten, die Paläste von Santa Cruz ausrauben und anschließend in Brand setzen konnten, bevor sie mit ihrer Beute davonfuhren. In der heutigen Form entstand der Bau allerdings erst Ende des 17. Jhs. Das Castillo kann nur von außen bewundert werden. Anschließend folgt man der Avenida Marítima weiter nach Süden. Schmuckstück der Flaniermeile sind die **Casas de los Balcones**, eine pittoreske Häuserzeile mit durch feines Gitterwerk verschlossenen Holzbalkonen, die in üppiger Geranienpracht stehen. An der ehemaligen Rückseite der Gebäude, zum Meer hin angebracht, dienten sie einst zur luftigen Aufbewahrung von Vorräten.

Mit Kindern bietet sich ein Ausflug in den **Maroparque** oberhalb der Stadt an. Der an einen Hang geschmiegte kleine Zoo beherbergt etwa 100 Tierarten, darunter kleine Affen, Kängurus, Präriehunde und Gürteltiere. Auch Reptilien, etwa Krokodile oder Schlangen, sind vertreten (Mo–Fr 11–17, Sa/So bis 18, Sommer bis 18 bzw. 19 Uhr, Eintritt 11 €).

Info

Oficina de Información Turística – CIT La Palma
Casita de Cristal
Plaza de la Constitución s/n
Santa Cruz de La Palma | Tel. 922 41 21 06
www.visitlapalma.es
www.lapalmacit.com

Verkehr

Schiffsverbindungen: Tgl. Verbindungen von und nach Teneriffa und La Gomera mit Express-Autofähren von Fred. Olsen (www.fredolsen.es) und Autofähren von Naviera Armas (www.navieraarmas.com)
Busverbindungen: Los Llanos (alle 30–60 Min.); Fuencaliente (Los Canarios) und Los Sauces/Barlovento (je alle 1–2 Std.); So eingeschränkter Zeittakt.

Karte
S. 198

La Palma
Santa Cruz de La Palma/Las Nieves

Hotels

Aparthotel Castillete €€
Einfaches Apartmenthaus an der tagsüber viel befahrenen Uferstraße.
Avda. Marítima 75 | Santa Cruz de La Palma
Tel. 922 42 08 40 | www.hotelcastillete.com

San Telmo €€
Schönes altes Stadthaus mit acht komfortablen Zimmern, Innenhof sowie Dachterrasse zur allgemeinen Benutzung.
Calle San Telmo 5 | Santa Cruz de La Palma
Tel. 922 41 53 85 | www.santelmo-lapalma.de

La Fuente €
Kleines, gemütliches Apartmenthaus mitten in der Altstadt; deutsche Leitung.
Calle Peréz de Brito 49 | Santa Cruz de La Palma
Tel. 922 41 56 36 | www.la-fuente.com

Restaurants

Enriclai €€
Das wohl kleinste Restaurant der Insel, viel gelobt und individuell. Die kreative Küche kommt mit einem Hauch von Italien daher (Do geschl.).
Calle Dr. Santos Abreu 2
Santa Cruz de La Palma | Tel. 680 20 32 90

La Lonja €€
Altstadtlokal mit schönem Innenhof. Di geschl.
Avda. Marítima 55 | Santa Cruz de La Palma
Tel. 922 41 52 66 | www.lalonjarestaurante.com

La Placeta €€
Im 1. Stock eines Bürgerhauses, ausgezeichnete internationale Küche mit kanarischem Touch; beliebtes Bistro im Parterre (So geschl.).
Placeta de Borrero 1 | Santa Cruz de La Palma
Tel. 922 41 52 73
www.restaurantelaplaceta.com

Shopping

CEVA Casa Salazar
Der Inselrat von La Palma unterhält in dem vornehmen Adelspalast eine Verkaufsstelle für einheimisches Kunsthandwerk: Stickerei- und Webarbeiten, Korbwaren, Keramik.
Calle O'Daly 22 | Santa Cruz de La Palma

Nightlife

Ausgehmeile ist die schmale Calle Alvarez de Abreu in der Altstadt zwischen Avda Marítima und Calle O'Daly mit beliebten Tascas, die manchmal Livemusik bieten. Gefeiert wird auch gern in der Cafetería Sputnik (Calle Apurón).

Ausflug:
Las Nieves [15] [C3]

Oberhalb von Santa Cruz ist die Wallfahrtskirche **Real Santuario de Nuestra Señora de Las Nieves** ein wichtiges Ziel für Pilger und Touristen. Hier wird die Inselheilige Virgen de Las Nieves (Schneejungfrau) verehrt. Nach La Palma gelangte die Legende mit dem Eroberer Alonso Fernández de Lugo, eine erste Kirche zu Ehren der Jungfrau entstand 1517. Der heutige Bau wurde 1649–1740 von Dominikanermönchen errichtet. Äußerlich zeichnet er sich durch ein reich mit Steinmetzarbeiten verziertes Barockportal (18. Jh.) an der Längsseite zur Plaza de Las Nieves aus. Innen beeindruckt der vierstufige Altar aus reinem Silber. Auf ihm thront die Figur der Madonna (Ende 14. Jh.), eine flämische Arbeit im Stil der Gotik (tgl. 8.30–20 Uhr).

Hotel

Chipi-Chipi €
Kleine Apartmentanlage weit oberhalb der Stadt mit gutem rusikalen Restaurant (Mi, So geschl.).
Calle Juan Mayor 42 | Velhoco
Tel. 922 41 10 24 | www.chipichipi.es

Restaurant

Parilla Las Nieves €
Schlichtes Restaurant, das v. a. gegrilltes Fleisch serviert (Do geschl.).
Plaza de Las Nieves 2 | Las Nieves
Tel. 922 41 66 00

La Palma
Los Cancajos

Die geschützten Buchten der Playa de Los Cancajos

Los Cancajos 2 [C3]

Südlich der Hauptstadt, auf halbem Weg zum Airport, liegt mit Los Cancajos das größte Badezentrum an der Ostküste. Dem Touristenort aus der Retorte fehlt ein wenig das Flair, doch Familien wissen neben der verkehrsgünstigen Lage insbesondere den Strand direkt vor der Haustür zu schätzen. Wellenbrecher schützen die beiden schwarzsandigen Badebuchten der **Playas de Los Cancajos** und erlauben auch Kindern und Senioren gefahrlosen Badespaß.

Info
CIT Tedote La Palma
Calle Punta de la Arena 4 (an der Promenade)
Los Cancajos | Tel. 922 18 13 54
www.lapalmacit.com

Hotels
Hacienda San Jorge €€€
Ein Dorf für sich: die schönste Apartmentanlage am Ort, ganz im kanarischen Stil und in Pastellfarben gehalten, mit einer üppig begrünten Poollandschaft.
Playa de Los Cancajos 22 | Breña Baja
Tel. 922 18 10 66
www.hsanjorge.com

Parador de La Palma €€€
Die Nobelherberge mit 78 stilvoll eingerichteten Zimmern, ein Stück inseleinwärts gelegen, ist dem spanischen Kolonialstil nachempfunden, im Patio plätschert ein Brunnen.
Carretera El Zumacal s/n
Breña Baja
Tel. 922 43 58 28
www.parador.es

Lago Azul €€
75 Apartments mit Meerblick in ruhiger Lage, 800 m vom Strand.
Urb. San Antonio del Mar s/n
Breña Baja
Tel. 922 43 43 05
www.apartamentoslagoazul.com

Karte
S. 198

La Palma
Villa de Mazo/Cueva de Belmaco

Restaurants
Sadi €€
Mediterrane Küche, liegt etwas versteckt in einer Stichstraße zum Meer (So geschl.).
Urb. La Cascada | Los Cancajos
Tel. 922 18 14 63
www.sadilapalma.com

El Pulpo €
Einfache Strandhütte, die fangfrischen Fisch auftischt (Mi geschl.).
Playa de Los Cancajos | Los Cancajos
Tel. 922 43 49 14

Villa de Mazo 3 [C3]

Der Gemeindesitz an der Ostflanke der Cumbre Vieja liegt inmitten des größten Weinbaugebiets der Insel. Der oft auch einfach Mazo oder El Pueblo genannte Ort hat mit der **Iglesia San Blás** eine der ältesten und schönsten Landkirchen der Insel vorzuweisen, mit einen sehenswerten aus dem Kernholz der Kanarischen Kiefer geschnitzten Flügelaltar (1512).

Im **Museo Casa Roja**, das in einem herrschaftlichen Haus untergebracht ist, beschäftigt sich eine Ausstellung im Erdgeschoss mit dem Fronleichnamsfest, bei dem in Villa de Mazo reich verzierte Triumphbögen über die Straßen gespannt werden. Im Obergeschoss sind kunstvolle Stickereien ausgestellt (Mo–Sa 10–14 Uhr).

Shopping
El Molino
Im unteren Ortsteil nahe der LP-2 produziert eine Keramikwerkstatt in einer ehemaligen Getreidemühle Töpferware nach alten Vorlagen (Mo–Sa 9–13 und 15–19 Uhr).
Hoyo de Mazo | Villa de Mazo

Mercadillo Municipal
Samstags (15–19 Uhr) und sonntags (9–13 Uhr) lockt der Bauernmarkt zahlreiche Besucher an. Die örtliche Winzergenossenschaft Bodegas El Hoyo verkauft hier ihren Wein, außerdem sind Gemüse und Obst, Ziegenkäse, exotische Marmeladen und Liköre, Honig und Backwaren im Angebot.
Enlace Dr. Morera
Villa de Mazo

Ausflug: Cueva de Belmaco 4 [C3]

An dem Ortseingang von Malpaíses, nur wenige Kilometer südlich von Mazo, befindet sich der **Parque Arqueológico de Belmaco**. Hier residierte in vorspanischer Zeit ein Guanchenherrscher, auf dessen Spuren man sich begeben kann. Eine Stätte mit spiralförmigen Felsritzungen und zehn ehemalige Wohnhöhlen sind im Rahmen eines schönen Spaziergangs zu besichtigen (Tel. 922 44 00 90, Mo–Sa 10–15 Uhr).

Das kleine Museum bei der Cueva de Belmaco zeigt altkanarische Keramik

La Palma
Fuencaliente/Puerto Naos

Fuencaliente 5 [C4]

An den steil zur Südspitze der Insel abfallenden Weinbergen von Fuencaliente wird seit Jahrhunderten der süße Malvasier kultiviert. Hoch über dem Meer liegt **Los Canarios**, der Hauptort der Gemeinde, deren Wahrzeichen der **Volcán San Antonio** (657 m) ist. Sein ebenmäßiger Krater erhebt sich wie eine überdimensionale Suppenschüssel aus der schroffen Szenerie. Ein kleines Besucherzentrum erzählt von der Tätigkeit der Inselvulkane. Der Kraterrand ist nur in Verbindung mit dem Besucherzentrum zugänglich, ein aussichtsreicher Stichweg führt etwa halb herum. Bei heftigem Wind wird er oft gesperrt (tgl. 9-18 Uhr).

Der **Volcán Teneguía** (439 m) am Fuß des San Antonio war 1971 drei Wochen lang Schauplatz des jüngsten Vulkanausbruchs auf La Palma. Der Vulkan ist von **Los Quemados** über eine gut befahrbare Schotterpiste erreichbar, vom San Antonio auf dem gut markierten Wanderweg GR 131 in gut einer Stunde.

An der schwarzen Lavaküste von Fuencaliente verführen gleich drei Strände zu einem Badestopp (Zufahrt jeweils über Las Indias): der idyllische Doppelstrand **Playas de La Zamora**, von dem derzeit nur der kleinere, nördliche Teil zugänglich ist, die **Playa Punta Larga** (mit Picknickplatz und Fischrestaurant) und die naturbelassene **Playa Echentive** (auch Playa Nueva).

An der Südspitze stehen ein alter und ein neuer, solarbetriebener Leuchtturm. Daneben wird in Salinen auf handwerkliche, traditionelle Weise Salz gewonnen. Auch hier gibt es einen Strand, die **Playa del Faro**, an der das Baden wegen unberechenbarer Strömungen jedoch als gefährlich gilt. Ein Imbisswagen serviert hier fast schon legendäre Fischkroketten.

Hotel
La Palma Princess & Spa €€–€€€
Alleinlage auf einem schmalen Küstenplateau 8 km unterhalb von Los Canarios. Sehr schöne Poollandschaft.
Cerca Vieja 10 | Carretera de la Costa
Tel. 922 42 55 09
www.princess-hotels.com

Restaurant
Kiosco La Zamora €€
Uriges Fischlokal auf der Klippe über dem Doppelstrand Playas de La Zamora.
Playas de La Zamora | Carretera de la Costa
Tel. 676 86 72 64

Puerto Naos 6 [B3]

Der Badeort lockt mit dem längsten und schönsten, von Palmen gesäumten Inselstrand. Die etwas klotzig geratenen Apartmentkästen können zwar architektonisch nicht überzeugen, dafür entschädigen die gelungene Strandpromenade und die idyllische Atmosphäre am kleinen Fischerhafen mit der winzigen Playa Chica.

Weitere beliebte Strände liegen außerhalb von Puerto Naos. Im Norden lockt auf der Punta de la Lava, einer erst 1949 bei einem Vulkanausbruch entstandenen Landspitze, die gepflegte Playa Los Guirres (früher Playa Nueva) im Sommer mit Sand und einem Strandlokal, im Winter präsentiert sie sich eher rau und kiesig. An der Playa La Bombilla haben Freizeitfischer ihre kleinen Boote liegen. Südlich von Puerto Naos liegt mit der Playa de Charco Verde einer der attraktivsten Strände La Palmas, auch dieser mit einem Kiosk, der für das leibliche Wohl sorgt. Auf der angrenzenden, felsigen Landzunge steht eine einsame kleine Ferienanlage.

Hotels
Sol La Palma €€–€€€
Das komfortable Großhotel in Alleinlage am südlichen Ende des schwarzsandigen Strandes von Puerto Naos bietet ein gutes Preis-Leistungs-Verhältnis. Mit dazugehöriger Apartmentanlage.
Punta del Pozo | Puerto Naos
Tel. 922 40 80 00
www.solmelia.com

Karte S. 198

La Palma
Las Manchas

Ferienstimmung verbreiten die Palmen am Strand von Puerto Naos

Horizonte €€
Kleine Ferienwohnanlage mit neun Apartments auf einer Klippe über dem Strand mit schönem Meerblick.
Calle Mauricio Duque Camacho, 46
Puerto Naos | Tel. 922 40 81 47
www.tamanca.com

Villa Carlos €€
Das einsame kleine Feriendorf an der Playa de Charco Verde zieht Individualisten in den Bann. Ohne Mietwagen kommt man hier nicht aus.
Playa de Charco Verde | Puerto Naos
Tel. in Deutschland 07442 60 93 35
Buchung exklusiv über www.la-palma.travel

Restaurants
Playa Chica €€
Die Lage oberhalb des alten Hafens ist unübertroffen. Aus der Küche kommen feine Fischgerichte.
Playa Chica | Puerto Naos
Tel. 922 40 82 14

El Rinconcito €
Das Bistro an der Straße nach Puerto Naos serviert venezolanische Arepas, Cachapas und Hallacas (Do geschl.).

Carretera General 136
Puerto Naos
Tel. 922 46 35 74

Nightlife
El Bucanero/Laly's Bar
Laly ist seit Jahren eine feste Größe im Nachtleben von Puerto Naos. Häufig gibt es Livemusik, dazu werden leckere Cocktails gemixt.
Paseo Marítimo 23
Puerto Naos

Ausflug: Las Manchas 7 [B3]

Der Weiler von Las Manchas blieb 1949 bei einem gewaltigen Vulkanausbruch des San Juan wie durch ein Wunder verschont. Schmuckstück des Ortes ist die wunderschön mit Bodenmosaiken und einheimischer Flora gestaltete **Plaza La Glorieta**, ein Werk des einheimischen Künstlers und Musikers Luis Morera. Nebenan kann man sich in der **Casa Museo del Vino** über Weinanbau informieren (Camino El Callejón 98, Mo–Fr 9.30–16, Sa 9.30–14, Juli–Sept. Mo–Fr bis 15 Uhr).

La Palma
El Paso

Reichlich Wasser sprudelt durch die Caldera de Taburiente

El Paso 8 [B3]

Im einstigen Zentrum der Seidenraupenzucht und Weberei lassen sich heute deutsche Einwanderer und Überwinterer gern nieder. Über das alte Handwerk informiert das sehenswerte Seidenmuseum **Las Hilanderas** (Calle Manuel Taño 4, Mo–Fr 10 bis 13, Di, Do zusätzlich 17–19 Uhr).

In der dörflichen **Ermita de Bonanza** überrascht eine mehrfarbig gefasste Kassettendecke im Mudejarstil. Etwas oberhalb erhebt sich die weitaus größere, neue Pfarrkirche **Nuestra Señora de la Inmaculada Concepción de la Bonanza** im historisierenden Stil des Eklektizismus, der um die Wende vom 19. zum 20. Jh. auf den Kanaren äußerst populär war. Schön ist der weite Blick vom Kirchvorplatz über die Stadt.

Hotels
La Luna Baila €–€€
Bungalows und ein Studio inmitten eines herrlichen Blumen- und Kakteengartens; ruhige Lage 2 km außerhalb.
Calle Echedey, 24 | El Paso
Tel. 922 48 59 97
www.lapalma-sonne.de

Hermosilla €
Deutsch geführte kleine Terrassenanlage mit Wohnungen und Bungalows für Selbstversorger, von einem Garten umgeben.
El Paso de Abajo 5
El Paso
Tel. 922 48 57 41
www.hermosilla.de

Restaurants
Bodegón Tamanca €€
Uriges Höhlenlokal an der Straße nach Los Canarios (Mo geschl.).
San Nicolás
Tel. 922 49 41 55

Franchipani €€
Das beliebte Abendlokal gehört zu den besten auf der Westseite von La Palma, die Küche gibt sich von mediterran bis asiatisch. Unbedingt reservieren (ab 18 Uhr, Mi geschl.).
Ctra. General Empalme Dos Pinos 57
(Hauptstraße zwischen El Paso und Los Llanos)
El Paso
Tel. 922 40 23 05
www.restaurante-franchipani.com

Karte
S. 198

La Palma
Caldera de Taburiente/Ruta de los Volcanes

Caldera de Taburiente
 [B2–C3]

Der Nationalpark Caldera de Taburiente gilt als eines der größten Naturwunder der Kanaren. Ein Kranz schroff abfallender Felswände bildet einen Kraterkessel von »entsetzlicher Tiefe« – wie es der deutsche Geologe Leopold von Buch (1774–1853) seinerzeit ausdrückte.

Von der Aussichtsplattform am **Roque de los Muchachos** (2426 m), La Palmas höchstem Gipfel, bis zur in der Tiefe sichtbaren bewaldeten Campingzone Caldera de Taburiente sind es gut 1600 m Abstieg.

Der Kessel selbst ist nur zu Fuß erreichbar; bester Ausgangspunkt für die Tour ist der von Jeeptaxis angefahrene Aussichtspunkt **Los Brecitos**, von dem ein beschilderter Wanderweg hinab in die Tiefe führt. Ein Abstecher zu **La Cumbrecita** (1309 m) hinauf lohnt sich, die Zufahrt ist allerdings beschränkt › **S. 327**. Vom Parkplatz bietet sich ein Spaziergang zum **Mirador de Las Chozas** an, der eine beeindruckende Aussicht auf den Kraterkessel ermöglicht.

Info
Centro de Visitantes
Im Nationalpark-Besucherzentrum wird eine kostenlose Campinggenehmigung für mehrtägige Aufenthalte in der Caldera ausgestellt, außerdem gibt es Informationen über Wanderwege. Eine Ausstellung befasst sich mit naturkundlichen Aspekten des Gebiets, nebenan zeigt ein kleiner Botanischer Garten endemische Pflanzen von La Palma und anderen Kanareninseln. Tgl. 9–18.30 Uhr.
Carretera General
El Paso | Tel. 922 49 72 77

Ausflug: Ruta de los Volcanes ★

Das Freizeitgelände El Pilar ist Ausgangspunkt für eine populäre, etwa 12 km lange Wanderung. Der Panoramaweg läuft über den mit bizarren Kratern besetzten Grat der Vulkankette **Cumbre Vieja** zum fast 2000 m hohen Aussichtsgipfel Deseada II. Mit guter Kondition kann man in rund 6 Std. bis nach **Fuencaliente** (Los Canarios) wandern.

Über eine Kette junger Vulkane führt die Ruta de los Volcanes

La Palma
Los Llanos de Aridane

Gepflegte Stadthäuser stehen in der Altstadt von Los Llanos

Los Llanos de Aridane 10 [B3]

Das Zentrum des weitläufigen Hangtales **Valle de Aridane** auf der Westseite der Insel ist Los Llanos (21 000 Einw.) – vielfach als heimliche Hauptstadt der Insel bezeichnet. Los Llanos profitiert von dem fruchtbaren Boden und sonnigen Klima im Tal.

Altstadtflair lässt sich an der **Plaza España** schnuppern. Der von Indischen Lorbeerbäumen beschattete Platz ist mit seinen Cafés der soziale Mittelpunkt des Städtchens.

Wer es lieber beschaulich mag, zieht sich hinter der Pfarrkirche **Nuestra Señora de Los Remedios** auf die **Plaza Chica** zurück, die mit ihren Steinbänken und dem unter mächtigen Palmen plätschernden Brunnen der wohl idyllischste Winkel der Stadt ist.

Der Geschichte, Religion und Kultur der Inselbewohner in vorspanischer Zeit widmet sich das interessante **Museo Arqueológico Benahoarita** mit einer Ausstellung, die den Nachbau einer prähistorischen Siedlung sowie Gebrauchsgegenstände, Kleidung, Schmuck und Felsgravuren der Benahoaritas, der Ureinwohner von La Palma, präsentiert. Auch die rätselhaften **Steinpyramiden,** die das obere Aridanetal übersäen, werden thematisiert (Calle de Las Adelfas 3, Mo–Sa 9–20, So 9–14 Uhr).

Im Ortsteil **Argual Abajo** säumen ehemals herrschaftliche Häuser von Plantagenbesitzern den stillen **Llano de Argual** (auch Plaza de Sotomayor), allen voran die **Casa Massieu van Dalle,** deren von einer Galerie aus dem wertvollen Holz der Kanarischen Kiefer umgebener Innenhof zugänglich ist, wenn in den heute hier untergebrachten Büros gearbeitet wird (Llano de Argual 31).

Info
CIT Tedote La Palma
Avda. Dr. Fleming s/n
Los Llanos de Aridane
Tel. 922 40 25 83
www.lapalmacit.com

Karte
S. 198

La Palma
Tazacorte

Verkehr
Busverbindungen: Santa Cruz, Tazacorte, Puerto Naos (alle 30–60 Min.), Fuencaliente (Los Canarios) und Las Tricias (mehrmals tgl.).

Hotels
Son Vida €€
Fünf hübsche Bungalows mit Blick auf Orangenplantagen in sehr ruhiger Lage, 6 km Richtung Puerto Naos; mit Tennisplatz und Pool.
Todoque | Tel. 922 46 38 26
www.bungalowsonvida.com

Trocadero Plaza €€
Überschaubar großes Stadthotel nicht weit vom Archäologischen Museum, alle Zimmer verfügen über einen Balkon.
Calle Las Adelfas 12
Los Llanos de Aridane
Tel. 922 40 30 13
www.hoteltrocaderoplaza.com

Edén €
Zentraler geht es nicht. Das eher einfach ausgestattete, aber praktikable Hotel bietet sich für Traveller an, die das Stadtleben voll auskosten möchten.
Calle Ángel 1 (Ecke Plaza de España)
Los Llanos de Aridane
Tel. 922 46 06 98
www.hoteledenlapalma.blogspot.de

Holidays €
Die deutschsprachige Vermieterin hat zwischen Los Llanos und Puerto Naos rund 30 Bungalows und Apartments im Angebot. Auch Autovermietung.
La Laguna 333 | Tel. 922 46 24 06
www.holidays-lapalma.de

Restaurants
El Hidalgo €€
Gemütliches Lokal unter deutscher Leitung, internationale Küche mit saisonalen Zutaten. Auch für Vegetarier ist gesorgt (Mi geschl.).

Calle La Salud, 21 | Los Llanos de Aridane
Tel. 922 46 31 24
www.lapalma-hidalgo.com

Tasca La Luna €€
Beliebtes Kneipencafé in einem historischen Altstadthaus, das im idyllischen Patio Tapas und andere kleinere Gerichte serviert (So geschl.).
Calle Fernández Taño 26
Los Llanos de Aridane
Tel. 922 40 19 13
www.lalunalapalma.com

Shopping
Rastro
Sonntags wird von 9 bis 15 Uhr ein Flohmarkt auf dem Llano de Argual im Stadtteil Argual Abajo abgehalten, auf dem man Urlaubskleidung, Schmuck und Bücher, auch in deutscher Sprache, erstehen kann.

Artefuego
Parallel zum Rastro gibt der Glasbläser Dominic Kessler in seinem Atelier eine Kostprobe seiner Kunst. Verkauf auch an anderen Tagen. Eine Besonderheit sind die Weingläser mit eingeschmolzenem Vulkangestein (Do geschl.).
Llano de Argual 29
Argual Abajo
www.artefuego.com

Tazacorte 11 [B3]

Hier auf der Westseite der Insel wurde ursprünglich Zuckerrohr kultiviert, inzwischen ist die Region das größte Bananenanbaugebiet der Insel. Die schmucke Häuserzeile entlang der **Avenida de la Constitución** verleiht Tazacorte ein kleinstädtisches Flair. Unterhalb davon bietet sich ein Spaziergang durch die **Calle Miguel de Unamuno** an, die von den ehemaligen Landsitzen reicher Großgrundbesitzer oft flämischer oder normannischer Herkunft gesäumt wird, die in den Jahrhunderten nach der Besiedelung

La Palma
Tazacorte

Ein beliebter Sandstrand säumt den Fischerort Puerto de Tazacorte

La Palmas mit dem Anbau von Zuckerrohr ein Vermögen verdienten. Unter diesen Herrenhäusern ragt die **Casa Massieu** mit ihrem prunkvollen Barockportal heraus, in der heute manchmal Ausstellungen zu sehen sind. Der Garten darf meist besichtigt werden. Mitten in den Bananenplantagen veranschaulicht wenig weiter das **Museo del Plátano**, wie die Banane ihren Weg nach La Palma gefunden hat (Calle Miguel Unamuno, Mo–Fr 10–13, 16–19 Uhr). Angeschlossen ist das **Museo del Mojo y del Licor de Café** über die beiden typisch kanarischen Spezialitäten.

Ein enges Sträßchen führt 2 km hinunter nach **Puerto de Tazacorte**. Die Fußgängerpromenade, die sich an dem durch eine Mole geschützten, viel besuchten feinen Sandstrand Playa del Puerto am Fuß eines Steilkaps erstreckt, wird von beliebten Fischlokalen gesäumt. An sie schließt das alte Fischerviertel mit farbenfroh gestrichenen Häusern und engen Gassen an. **Puerto de Tazacorte** verfügt über den einzigen offiziellen FKK-Strand der Insel, die **Playa de Los Tarajales,** bei der es sich um den südlichen und durch einen Wellenbrecher abgegrenzten Abschnitt der **Playa del Puerto** handelt. Weiter südlich liegt im modernen Hafen die mit Abstand größte Fischereiflotte La Palmas. Hier starten auch Ausflugsboote zur Wal- und Delfinbeobachtung oder zur Fahrt entlang der Steilküste Richtung Norden, etwa zur lichtdurchfluteten **Cueva Bonita** oder zur einsamen **Playa de la Veta** › unten.

Hotels

Hacienda de Abajo €€€
Nostalgisches Nobelhotel in einem restaurierten Gutshof mit großzügigem Garten und Spa, nur für Erwachsene.
Calle Miguel de Unamuno 11
Tazacorte
Tel. 922 40 60 00
www.hotelhaciendadeabajo.com

Karte
S. 198

La Palma
Cueva Bonita & Playa de la Veta/Puntagorda

Isa €
Die schlicht eingerichteten Apartments verteilen sich über zwei Gebäude, die meisten verfügen über einen eigenen Balkon. Auf der Dachterrasse gibt es einen Pool.
Calle Progreso 14 A
Tazacorte
Tel. 922 48 00 52

Luz y Mar €
Die Balkone der funktionalen Ferienwohnungen schauen allesamt Richtung Süden auf den großen Platz hinter dem Strand.
Explanada 6
Puerto de Tazacorte
Tel. in Deutschland 030 474 39 97
buchbar exklusiv über www.lapalma.de

Restaurants
Kiosco Montecarlo €€
Der Fisch kommt fangfrisch vom nahen Hafen; Terrasse an der Strandpromenade, Sonnenuntergang inklusive. Wenn es voll ist, weicht man zum Kiosco Teneguía nebenan aus (Do geschl.).
Avda. El Emigrante s/n
Puerto de Tazacorte
Tel. 922 48 05 33

La Taberna del Puerto €€
Hier finden sich die hippen Gäste vor allem wegen des Flairs ein. Innen ist das in einem alten Hafenhaus untergebrachte Restaurant gehoben rustikal dekoriert, außen stehen Holztische mit Meerblick.
Plaza Castilla 1
Puerto de Tazacorte
Tel. 922 40 61 18

Ausflug: Cueva Bonita & Playa de la Veta

Von Puerto de Tazacorte wird mit Ausflugsschiffen die Cueva Bonita angefahren (Infos direkt an der Mole des neuen, großen Hafens). Die Meereshöhle liegt etwa fünf Seemeilen nördlich des Ortes. Der Törn lohnt besonders am späten Nachmittag, wenn die Sonne tief genug steht, um die Grotte eindrucksvoll auszuleuchten. Gelegentlich begleiten Delfine die Schiffe, manchmal bekommt man auch einen Wal zu Gesicht. Im weiteren Verlauf wird oft auch vor der **Playa de la Veta** geankert, wo es bei geeigneter Witterung möglich ist, ins Wasser zu springen. Von Land aus ist der Strand nur über einen steilen Pfad zu erreichen (ca. 30 Min. pro Strecke), der in der Verlängerung einer schmalen Straße verläuft, die zwischen km 83 und 84 von der LP-1 nördlich von Tijarafe abzweigt.

Puntagorda 12 [B2]

Die weitläufige Streusiedlung im Nordwesten ist von fruchtbarem Kulturland umgeben. Besonders reizvoll ist die Region Ende Januar oder Anfang Februar zur Zeit der Mandelblüte, die ausgiebig mit einer großen Fiesta gefeiert wird › S. 96. Das Wahrzeichen von Puntagorda ist ein betagter Drachenbaum, der wohl älteste seiner Art auf La Palma. Er steht weiter südlich im Ortsteil El Roque, auf dem **Mirador de los Dragos** an der LP-1, durch eine Mauer gestützt, um ihn vor dem Umfallen zu bewahren. Vom Aussichtspunkt fällt der Blick weit an der lieblichen Küste entlang, wo sich winzige Bauernkaten zwischen Mandelhainen und Orangenplantagen ducken.

Vom nicht weit entfernten Las Tricias führt ein zweistündiger Rundwanderweg durch reizvolles Bauernland zu den ehemaligen Guanchenhöhlen von Buracas. Er beginnt in einer Rechtskurve der LP-114 Richtung Santo Domingo de Garafía, etwas unterhalb einer auffälligen Engstelle. Zunächst folgt er dem Fernwanderweg GR 130, passiert einen Hügel mit einer Windmühle (18. Jh.) und schönem Blick über Las Tricias und steigt dann in eine Schlucht hinab, in der die **Cuevas de Buracas** liegen. Die natürlichen Höhlen im weichen Vulkantuff, die

La Palma
Puntagorda

einst von den Guanchen bewohnt waren, wurden auch in jüngerer Zeit noch genutzt, von Hippies, die es in den 1970er-Jahren in die damals noch recht abgeschiedene Gegend zog. Inzwischen sind sie zwar unbewohnt, aber nebenan serviert das **Café Finca Aloe** kleine vegetarische Gerichte und selbstgebackenes Vollkornbrot. Tabak und Alkohol sind hier verpönt. Der anschließende, direkte Aufstieg zur Straße führt am zweiten größeren Drachenbaumhain nach demjenigen von **La Tosca** › **S. 219** vorbei.

Hotel
Mar y Monte €
Nette kleine Nichtraucherpension mit fünf hübsch möblierten Zimmern und zwei Etagenbädern. Deutsche Leitung.
Calle Pino de la Virgen 7
Puntagorda
Tel. 922 49 30 67
www.la-palma-marymonte.de

Restaurants
Casa Azul €€–€€€
Gourmetrestaurant unter österreichischer Leitung, in dem die Speisekarte dem saisonalen Marktangebot entsprechend wöchentlich wechselt. Mit Aussichtsterrasse und Kaminzimmer. Reservierung ist obligatorisch (nur Fr–So).
El Castillo
Las Tricias
Tel. 922 40 06 60
www.restaurante-azul-lapalma.com

Jardín de los Naranjos €€
Internationale Küche auf gehobenem Niveau, auch vegetarisch, in einem alten Dorfhaus. Die Zahl der Tische ist begrenzt, daher empfiehlt sich eine Reservierung. Der Weinkeller ist außergewöhnlich gut bestückt (Mo geschl.).
Ctra. El Fayal 33
Puntagorda
Tel. 619 57 11 25

Am Mirador de los Dragos steht ein alter, windgepeitschter Drachenbaum

Karte S. 198

La Palma
Parque Cultural La Zarza/Barlovento

Kiosco Briesta €
Der urige Gasthof an der Landstraße nach Barlovento überzeugt auch mit seiner typisch kanarischen Küche.
LP-1, km 68/69
Las Tricias
Tel. 922 40 02 10

Shopping
La Palmerita
Die feinen Taschen aus Nappaleder, die Helga Kutz in ihrem Atelier schneidert, tragen das Gütesiegel des Biosphärenreservats La Palma.
Calle Pino de La Virgen 7
Puntagorda
www.lapalmerita.com

Mercadillo
Jedes Wochenende wird der vielleicht schönste Bauernmarkt in einer großen Markthalle in Puntagordas Ortsteil El Pinar abgehalten (Sa 15–19, So 11–15 Uhr).
El Fayal
Camino El Pinar | Puntagorda

Ausflug: Parque Cultural La Zarza 16 ⭐ [C2]

Richtung Norden lohnt auf kurvenreicher Straße ein Abstecher nach Santo Domingo de Garafía, einem von Windmühlen umgebenen Dorf. Sie zeugen von einer Zeit, als sich hier ein Zentrum des Getreideanbaus befand. Zwischen den Ortsteilen Llano Negro und La Mata befindet sich der Parque Cultural La Zarza mit dem Besucherzentrum und einem ausgeschilderten Rundweg, der zu den faszinierenden Felsgravuren von La Zarza mit 29 Petroglyphenplatten und La Zarcita mit 18 Platten führt. Die kreis-, spiral- und labyrinthförmigen Zeichen der Ureinwohner geben den Wissenschaftlern nach wie vor Rätsel auf (LP-1, km 59, Santo Domingo de Garafía, Di–So 11–17, Sommer bis 19 Uhr, Eintritt 2 €).

Mysteriöse Felsritzungen im Kulturpark La Zarza

Barlovento 13 [C2]

Die nordöstlichste Siedlung La Palmas liegt auf 550 m Höhe und ist dem Passatwind ungeschützt ausgesetzt, weshalb es hier immer ein wenig kühler und feuchter ist als in anderen Inselteilen. Im Winter trägt die schräge Hochfläche, auf der sich der Ort erstreckt, ein sattgrünes Wiesenkleid und macht der »Isla verde« alle Ehre, und auch im Sommer entpuppt sich der Landstrich als wahres Idyll.

Am zweiten Augustsonntag wird in Barlovento alle drei Jahre (2018, 2021 usw.) die **Fiesta de Nuestra Señora del Rosario** gefeiert. Höhepunkt des Festes ist die Aufführung eines Theaterstücks im Freien, in dem die Seeschlacht von Lepanto 1571 nachgespielt wird, an der nämlich auch zwei Schiffe aus La Palma teilgenommen haben sollen.

Barlovento besitzt mit der **Piscina La Fajana** den einzigen Badeplatz an der Nordküste. Drei Meerwasserpools, einer davon sogar für Kinder geeignet, wurden hier in den von der Brandung umtosten Lavafelsen geschaffen. Das Wasser erneuert sich bei jeder Flut, Fische schwirren zwischen den Badegästen umher. Relaxt wird auf Liegeflächen aus Beton, die sich über mehrere Terrassen erstrecken. In den Sommermonaten kümmern sich zwei Restaurants um das leibliche Wohl der Gäste.

Oberhalb des Ortes liegt 600 m über dem Meer in einem Vulkankrater die **Laguna de Barlovento**, der größte Stausee der Kanarischen

La Palma
Barlovento

Die Felspools von La Fajana sind eine Alternative zum Strand

Inseln. Von Natur aus sammelte sich hier Wasser nur in den regenreichen Wintermonaten, im Sommer versickerte es im durchlässigen Tuffgestein. Ende des 20. Jhs. dichtete man den Kraterboden mittels einer Kunststofffolie ab, um ein ganzjähriges Trinkwasserreservoir zu schaffen. Dieses entleerte sich im April 2011 durch einen Riss in der Folie innerhalb eines Tages. Die Flutwelle richtete zwar Sachschäden an, Menschen kamen aber zum Glück nicht zu Schaden. Seither wird der Wasserstand niedriger gehalten als zuvor. An den See grenzt ein Freizeitgelände mit Campingplatz, Picknicktischen, Kinderspielplatz und Restaurant.

Hotel
La Palma Romántica €€–€€€
Berghotel im traditionellen Inselstil mit Pool, Sauna, Tennisplatz und gutem Restaurant.
Las Llanadas
Barlovento
Tel. 922 18 62 21
www.hotellapalmaromantica.com

Restaurant
Las Goteras €
An der Laguna de Barlovento, einem Stausee oberhalb des Ortes, serviert das rustikale Lokal einheimische Küche (Mo geschl.).

Karte S.198

La Palma
La Tosca/San Andrés/Los Tilos

Laguna de Barlovento
Barlovento
Tel. 922 69 64 56
www.lasgoteras.com

Ausflug: Mirador La Tosca 17 [C2]

Westlich von Barlovento liegt oberhalb der Küste der winzige Ort La Tosca. Berühmt ist er für seine Drachenbäume, die hier mit etwa 20 ausgewachsenen Exemplaren den größten Bestand der Kanarischen Inseln bilden.

Den besten Blick auf den Hain der beeindruckenden *dragos* bietet der Mirador La Tosca an der LP-1 nach Garafía. Wer die Bäume, die locker verteilt zwischen den Bauernhäusern von La Tosca aufragen, ein bisschen genauer in Augenschein nehmen möchte, kann vom Aussichtspunkt aus einen Spaziergang durch das Dorf machen.

San Andrés 14 [C2]

Der von Bananenplantagen gerahmte Ort an der Ostküste gilt als eines der hübschesten Inseldörfer. An dem von Palmen beschatteten Kirchplatz lässt sich in einem Terrassenlokal die entspannte Atmosphäre genießen. Einen Zugang zum Meer gibt es in San Andrés zwar nicht, dafür aber 2 km nordwärts die Felsbadeanlage **Charco Azul** mit mehreren natürlichen Meerwasserpools und guter Infrastruktur sowie noch ein wenig weiter die dunkelsandige **Playa del Puerto Espíndola,** unmittelbar bei dem gleichnamigen kleinen Fischerhafen.

Oberhalb von San Andrés beeindruckt inmitten fruchtbaren Ackerlands der Gemeindesitz Los Sauces mit geradezu urbanem Gepräge. Die riesige Plaza de Montserrat, teilweise parkartig gestaltet, bildet das Zentrum des Ortes. An ihr erhebt sich die **Iglesia Nuestra Señora de Montserrat** mit einem wertvollen Ölgemälde (16. Jh.) in der Taufkapelle neben dem Eingang, das die in Katalonien hoch verehrte Madonna auf dem Berg Montserrat zeigt. Vermutlich wurde das Bild von dem flämischen Maler Pieter Pourbus geschaffen und der Kirche von dem aus Katalonien stammenden damaligen Großgrundbesitzer von Los Sauces gestiftet.

Ausflug: Los Tilos 18 [C2]

Ein Stück weiter südlich von **Los Sauces** erreicht man Los Tilos, das ein beliebter Ausgangspunkt für Wanderungen durch die Lorbeerwälder im Nordosten La Palmas ist. An der Straße, kurz bevor man das Besucherzentrum erreicht, beginnt ein ausgeschilderter Naturlehrpfad *(sendero autoguiado),* der hin und zurück etwa zwei Stunden in Anspruch nimmt. Im Besucherzentrum selbst informiert eine Ausstellung über die naturkundlichen Gegebenheiten des Gebiets (tgl. 8.30–17.30, Sommer bis 18.30 Uhr). Rund um den Parkplatz wurden die typischen Pflanzen des Lorbeerwalds mit Namensschildern versehen.

Restaurants
Casa Demetrio Los Tilos €€
Im Lorbeerwald versteckt, bietet das urige Lokal typische Inselküche und bei kühlerer Witterung einen wärmenden Kamin. Nur im Sommer geöffnet (Di geschl.).
Bosque de los Tilos
Los Tilos
Tel. 922 45 05 19

San Andrés €€
Wunderbares Terrassenlokal an der palmenbestandenen Plaza. Schmackhaft zubereitete kanarische Küche (Mi geschl.).
Plaza de San Andrés 12
San Andrés
Tel. 922 45 17 25
www.restaurantesanandres.com

Der Mirador de Abrante schwebt hoch über dem Meer

Karte
S. 223

LA GOMERA

La Gomera

Jahrelang als Aussteigerinsel und Szenetreff etikettiert, entwickelt sich die bis dato weitgehend ursprünglich gebliebene Insel zunehmend zum ganz normalen Ferienziel, auch wenn sie sich für einen reinen Badeurlaub nicht gut eignet. Besonders angezogen fühlen sich Naturfreunde, vor allem Wanderer und sportliche Radfahrer. Das wild zerklüftete, von zahllosen steilen Tälern durchzogene Eiland garantiert Natur pur; das Hochland ist als Nationalpark und der Lorbeerwald als UNESCO-Weltnaturerbe geschützt. Gut markierte Wanderwege und Naturlehrpfade durchziehen die einzigartige Landschaft. Der Lorbeerwald erinnert an tropische Bergwälder. Auf den engen, kurvenreichen Straßen hält sich der Autoverkehr in Grenzen, sodass die Radfahrer, nachdem sie mühsam und schwitzend die Höhen erklommen haben, die steilen Abfahrten und den kühlenden Fahrtwind meist ungestört genießen können.

Der Tourismus konzentriert sich an der Südwestküste im sonnigen Palmental Valle Gran Rey. Auch wenn hier in den letzten Jahren einige größere Hotels und Apartmentanlagen gebaut wurden, haben sich viele Vermieter auf Individualreisende eingestellt. Das Angebot an Pensionszimmern und Ferienwohnungen ist groß. Etwas kleiner ist der Urlauberort Playa de Santiago an der Südküste mit einer ebenfalls ausreichenden touristischen Infrastruktur. Die beiden südlichen Orte habe sich wahrscheinlich aufgrund ihrer Bademöglichkeiten zu den touristischen Zentren der Insel entwickelt. Großen Trubel – wahrscheinlich möchte der Gomerabesucher ihn ohnehin vermeiden – darf man nicht erwarten. In den nördlichen Tälern von Hermigua und Vallehermoso konnte sich ein nachhaltiger Landtourismus entwickeln. Etliche alte Bauernkaten und Fincas versprechen ruhige Ferien. Einst nur Durchgangsstation auf dem Weg ins Valle Gran Rey, mauserte sich in letzter Zeit die Inselhauptstadt San Sebastián zum ruhigen Landstädtchen, das auch gern für ein paar Urlaubstage besucht wird.

TOUREN IN DER REGION

 In den Garajonay-Nationalpark

ROUTE: Valle Gran Rey › El Cercado › Chipude › Mirador de Igualero › Mirador de los Roques › Garajonay › Valle Gran Rey

KARTE: rechts
DAUER: 1 Tag; Fahrstrecke: 32 km
PRAKTISCHE HINWEISE:
» Da das Hochland mehr als die Hälfte des Jahres von feuchten Passatwolken eingehüllt ist, empfiehlt sich für die Tour die Mitnahme eines Regenschutzes und eines warmen Pullovers.

TOUR-START

Von **Valle Gran Rey** 3 › S. 227 fährt man zunächst bis **Arure** hinauf und biegt dort nach **Las Hayas** ab. In **El Cercado** lohnt sich ein Besuch in einem der Töpferstudios, in denen nach Guanchenart einfache Gebrauchskeramik hergestellt wird. Der Nachbarort **Chipude** wird von der imposanten **Fortaleza de Chipude** (1241 m) überragt – der markante Tafelberg, der während der spanischen Eroberung das letzte Rückzugsgebiet der Ureinwohner war, hebt sich wie eine Festung aus dem Umland empor. Einen prächtigen Ausblick auf den Berg und die Südküste hat man von dem im Nationalparkgebiet gelegenen **Mirador de Igualero**. Am Straßenkreuz Pajarito der Höhenstraße ein kurzes Stück in Richtung San Sebastián folgend, erreicht man den **Mirador de los Roques,** von dem sich das schönste Panorama über die durch Witterung freigelegten Vulkanschlote am Südrand des **Nationalparks Garajonay** 7 › S. 232 eröffnet. Der markanteste Fels ist zugleich das Inselwahrzeichen **Roque Agando** (1250 m). Zurück am Kreuz Pajarito muss man sich rechts halten, um den Parkplatz **Alto de Contadero** (1350 m) zu erreichen. Von dort kann man auf einem ausgeschilderten Wanderweg in einer knappen halben Stunde La Gomeras höchsten Gipfel, den Garajonay (1487 m) besteigen. Zum Abschluss bietet sich im Nationalpark eine Einkehr im Landgasthof Laguna Grande › S. 233 an, bevor es nach Valle Gran Rey zurückgeht.

 Bootsfahrt nach Los Órganos

ROUTE: Valle Gran Rey › Los Órganos
KARTE: rechts
DAUER: 1 Tag
PRAKTISCHE HINWEISE:
» Motorjacht »Tina«: Puerto de Vueltas, Tel. 922 80 58 85, www.excursionestina.com, 3-stündige Fahrten Mi 14.30 Uhr, Erwachsene 35 €, Kinder 5–10 Jahre 23 €, bis 4 Jahre frei. Je nach Saison kommen weitere Fahrten hinzu. Sofern man zu Seekrankheit neigt, sollte die Bootsfahrt möglichst bei geringem Wellengang unternommen werden.

TOUR-START

Vom Hafen Vueltas in **Valle Gran Rey** 3 › S. 227 werden mehrmals in der Woche Bootstrips nach **Los Órganos** an der Nordküste organisiert. Bei den nur auf dem Seeweg erreichbaren »Orgelpfeifen« handelt es sich um imposante Basaltpfeiler, die eine ca. 175 m breite und 80 m hohe Felswand bilden. Das Naturwunder ist ein gewaltiger, ehemaliger Vulkanschlot. Beim Erkalten bildet Basalt fünf- oder sechskantige Säulen aus. Die Meeresbrandung mit ihren Erosionskräften legte die tatsächlich wie Orgelpfeifen

La Gomera
Touren

angeordneten Felsenpfeiler frei. Solch perfekt geformte, regelmäßig angeordnete Basaltsäulen sind weltweit sehr selten. Im Einzelfall erreichen sie Durchmesser von bis zu einem Meter.

Die Formation ist von Land aus nicht zu sehen. Nur mit dem Boot gelangt man so nahe heran, dass man sie fotografieren kann. Der Bootsausflug an die Nordküste dauert ca. 3 Std. An Bord wird ein kleiner Snack in Form von Tapas serviert. Unterwegs bietet sich vielfach die Gelegenheit, Delfine zu beobachten.

Die Nordküste ist rau. Bei starkem Seegang werden die Fahrten meist abgesagt. Auch kann es vorkommen, dass sich die Verhältnisse während der Fahrt ändern und der Kapitän wegen zu starken Wellengangs schon vor Los Órganos abdrehen muss.

TOUREN AUF LA GOMERA

7 In den Garajonay-Nationalpark

VALLE GRAN REY › EL CERCADO › CHIPUDE › MIRADOR DE IGUALERO › MIRADOR DE LOS ROQUES › GARAJONAY

8 Bootsfahrt nach Los Órganos

VALLE GRAN REY › LOS ÓRGANOS

223

UNTERWEGS AUF LA GOMERA

San Sebastián de La Gomera 1 [F7]

In der Gemeinde San Sebastián lebt mehr als ein Drittel der Gesamtbevölkerung der Insel.
Die Hauptstadt (ca. 7000 Einw.) ist von ihren Dimensionen her überschaubar. Der Hafen von San Sebastián stellt für die meisten Besucher von La Gomara das Tor zur Insel dar. Die Überfahrt von Teneriffa dauert lediglich 40 Min., weshalb sich von der großen Nachbarinsel auch ein Tagesausflug lohnen könnte.

Lange Zeit war es allerdings ein recht wackeliges Anliegen die Insel zu erreichen. Die Hafenmole wurde erst Ende der 1950er-Jahre eingeweiht und eine regelmäßige Fährverbindung von Los Cristianos auf Teneriffa und San Sebastián de La Gomera richtete 1974 die Reederei Fred. Olsen ein.

Buntes Häusermeer von San Sebastián

Gleich nebenan liegt der Jachthafen, dem sich der Stadtstrand anschließt. Dieser ist jedoch meist nur im Sommer und an warmen Wochenenden von Einheimischen bevölkert. Nördlich des Hafens liegt mit der **Playa de la Cueva** ein weiterer Strand. Aufgrund von Felsbarrieren ist er vor der Brandung geschützt und auch sauberer als der Stadtstrand direkt in Nachbarschaft zum Hafen.

Vom Hafen führt eine Uferpromenade zur **Plaza de Las Américas,** dem zentralen Ausgangspunkt für eine Stadtbesichtigung. Alle Sehenswürdigkeiten sind gut zu Fuß zu erreichen. Sie konzentrieren sich in den beiden parallel verlaufenden Hauptstraßen **Calle Real** und **Calle de Ruiz de Padrón,** die an der Plaza de Las Américas ihren Anfang nehmen.

Gleich am Beginn der Fußgängerstraße Calle Real (auch Calle del Medio) liegt das historische Zollhaus, die **Casa de la Aguada.** Im Innenhof befindet sich eine Wasserstelle – der Pozo de Colón. Christoph Kolumbus soll aus diesem Brunnen bei einem Zwischenstopp auf dem Weg nach Amerika Wasser für seine Flotte geschöpft haben.

Weiter landeinwärts erhebt sich auf der rechten Seite die Pfarrkirche **Nuestra Señora de la Asunción.** Ihr Grundstein wurde 1490 gelegt. 1492 hat angeblich Kolumbus bei seiner ersten Atlantiküberquerung in dieser Kirche gebetet. Nebenan erzählt das **Museo Arqueológico** von der bewegten Inselgeschichte. Auf anschauliche Weise werden den Besuchern die Kultur, das Leben und der Glaube der Ureinwohner La Gomeras nähergebracht. Die Exponate im ersten Obergeschoss widmen sich der Frühzeit der Besiedelung der Insel durch die Spanier (Calle Torres Padilla 8, Di–Fr 10–16, Sa 10–14 Uhr).

Etwas weiter, fast am Ende der Calle Real, steht die **Casa de Colón** (Haus Nr. 56). Ein Vorgängerbau an dieser Stelle diente vermutlich

Karte S. 223

La Gomera
San Sebastián de La Gomera

dem Entdecker während seines Aufenthalts auf La Gomera als Unterkunft.

Das wuchtige Bollwerk **Torre del Conde** nahe der Plaza de Las Américas gilt als ältestes Bauwerk der Stadt. Vermutlich wurde es zwischen 1445 und 1477 fertig gestellt. Ursprünglich stand der Wehrturm direkt am Meer. Erst durch Landgewinnungsmaßnahmen im 20. Jh. vergrößerte sich seine Distanz zur Küste. Heute liegt er eingebettet in eine schöne Parkanlage. Kurz nach seiner Errichtung diente der Turm den Spaniern als Zuflucht vor den noch nicht gänzlich besiegten Ureinwohnern.

Info
Oficina Insular de Turismo
Calle Real 32 (Casa Bencomo)
San Sebastián de La Gomera
Tel. 922 14 15 12
www.lagomera.travel

Verkehr
Schiffsverbindungen: Los Cristianos/Teneriffa (bis zu 10-mal tgl.); La Palma (1-mal tgl.).
Busverbindungen: Nach Valle Gran Rey, Playa de Santiago und Vallehermoso (jeweils 2- bis 5-mal tgl.).

Hotels
Parador Conde de La Gomera €€€
Tolle Lage auf einem Felsvorsprung über dem Hafen, mit mittelalterlichem Ambiente, Garten und Teide-Blick.
San Sebastián de La Gomera
Tel. 922 87 11 00
www.parador.es

Torre del Conde Garajonay €€
Solides, zentrale Hotel mit komfortablen Zimmern, teilweise mit Blick auf den Park um den Torre del Conde. Gutes Restaurant im Haus.
Calle Ruiz de Padrón 19
San Sebastián de La Gomera
Tel. 922 87 00 00
www.hoteltorredelconde.com

Victor €
Einfache familiäre Pension. Schlichte Ausstattung.
Calle Real 23
San Sebastián de La Gomera
Tel. 922 87 13 35

Restaurants
El Charcón €€
Das kleine Lokal liegt direkt an der Strandpromenade, von der Terrasse genießt man einen herrlichen Blick hinüber nach Teneriffa (Mo geschl.).
Playa de la Cueva
San Sebastián de La Gomera
Tel. 922 14 18 98
www.restauranteelcharcon.com

Breñuesca €–€€
Café und Restaurant in der Fußgängerzone. Solide gomerische Küche
Calle Real 11/13
San Sebastián de La Gomera
Tel. 922 87 09 20

La Salamandra €
Heimeliges Lokal in einer autofreien Altstadtgasse (So geschl.).
Calle República de Chile 5
San Sebastián de La Gomera
Tel. 922 14 13 86

La Tasca €
In der Weinstube werden auch kleine Gerichte serviert.
Calle Ruiz de Padrón, 36
San Sebastián de La Gomera
Tel. 922 14 15 98

Cafeteria Estación Marítima €
Restaurant und Bar im Fährterminal. Idealer Ort, um die Wartezeit auf die Überfahrt zu überbrücken.
El Muelle
San Sebastián de La Gomera
Tel. 922 87 04 16

La Gomera
Playa de Santiago

Playa de Santiago 2 [F7]

Playa de Santiago (1500 Einw.) war früher ein unbedeutender Fischerort, heute ist es eines der beiden Touristenzentren von La Gomera. Durch den Bau eines großen Komforthotels und eines Golfplatzes sowie die Anlage künstlich bewässerter Obstplantagen im windgeschützten Tal im Hinterland verhalf die norwegische Reederfamilie Olsen dem Ort wirtschaftlich auf die Sprünge. Außerdem gibt es viele kleinere Unterkünfte und Ferienwohnungen für Individualurlauber. Der oberhalb von **Playa de Santiago** gelegene Flugplatz stört die Übernachtungsgäste kaum, es starten und landen nur sehr wenige kleinere Maschinen pro Tag.

Die alte Fischersiedlung bildet nach wie vor den Mittelpunkt des Ortes. Treffpunkt der Einheimischen ist dort die **Plaza del Carmen,** die Touristen flanieren an der Uferpromenade vorbei an einigen Restaurants und Cafés. Im Hafen erinnern nur noch wenige traditionelle Fischerboote an den einstigen Erwerbszweig. Am Hafenzugang duckt sich in eine natürliche Felshöhle die **Ermita de la Virgen del Carmen.** Für die Fischer ist die Jungfrau vom Karmel die Schutzpatronin. Ihr Statue ist auch heute noch stets mit frischen Blumen geschmückt.

Der Stadtstrand, die namensgebende **Playa de Santiago,** ist durch die Hafenmole vor der Brandung gut geschützt und eignet sich oft auch für Kinder zum Baden. Weiter in Richtung Osten wird der Strand grobkiesig und lädt kaum zum gemütlichen Baden ein.

Der Ortsteil Laguna de Santiago liegt östlich des Hafenbereichs. Hier errichteten Anfang des 20. Jhs., als Tomaten, Bananen sowie Konservenfabriken den wirtschaftlichen Aufschwung brachten, Großbauern und Händler ihre stattlichen Häuser. Die Pfarrkirche **Iglesia de Santiago Apóstol** stammt aus den 1920er-Jahren.

Auf dem östlichen Bergrücken, der **Lombada de Tecina,** liegen das Hotel Jardín Tecina und ein 18-Loch-Golfplatz. Noch weiter östlich gelangt man an einige idyllische Strände. Der dem Hotel am nächsten gelegene ist die **Playa de Tapahuga.** Er ist zu Fuß in ca. 15 Min. zu erreichen. Der Playa de Tapahuga schließt sich der Strand **Playa de En Medio** an, zu dem eine schmale Straße führt. Fußgänger gelangen zu ihm auf einem Abschnitt des rot-weiß markierten Fernwanderwegs GR 132. Der nächste Strand, die **Playa de Chinguarime,** ist nur über einen schmalen, steinigen Pfad an die Außenwelt angeschlossen. Gelegentlich quartieren sich in den Felsnischen Aussteiger auf Zeit ein.

Playa de Santiago, der Hafenort im Süden La Gomeras

Karte
S. 223

La Gomera
Valle Gran Rey

Valle Gran Rey 3 ⭐ [E7]

Hotels

Jardín Tecina €€€
Schönes Klubhotel in exponierter Lage auf einem Felskap; mit 18-Loch-Golfplatz und Tauchschule.
Lomada de Tecina
Playa de Santiago
Tel. 922 14 58 50
www.jardin-tecina.com

Orone Gomera Playa €€
Große Apartments, einige mit Meerblick. Direkt an der Uferstraße.
Avenida Marítima 14
Playa de Santiago
Tel. 922 89 56 10
www.oronegomera.com

Santa Ana €€
Ferienwohnungen mit Meerblick. Im Neubaugebiet Las Trincheras auf einem Bergrücken westlich von Playa de Santiago. Fußweg zum Hafen ca. 10 Min.
Las Trincheras | Playa de Santiago
Tel. 922 89 51 66
www.gomerarural.com

Tapahuga €
Apartmentanlage der Mittelklasse in der Nähe zum Hafen.
Avenida Marítima | Playa de Santiago
Tel. 922 89 51 59
www.tapahuga.es

Restaurants

La Cuevita €€
Höhlenlokal, gute Fischküche (So geschl.).
Avenida Marítima 60 | Playa de Santiago
Tel. 922 89 55 68

Tagoror €€
Schöne Aussichtsterrasse, gute einheimische Küche. In der Nähe vom Hotel Jardín Tecina.
Lombada de Tecina | Playa de Santiago
Tel. 922 89 51 95

Kunstvoll terrassierte Hänge und ausgedehnte Palmenhaine machen das Valle Gran Rey zu einer der faszinierendsten Kulturlandschaften des Archipels. Seit sich Ende der 1960er-Jahre die ersten Hippies und Aussteiger im Tal einmieteten, hat sich so manches verändert. Doch obwohl ständig neue Pauschalunterkünfte in den verschiedenen Ortsteilen entstehen, wohnt der größte Teil der Gäste nach wie vor in einfachen, familiär geführten Pensionen und kleinen Apartmenthäusern.

Im oberen Talbereich haben sich die Ortsteile Arure, Las Hayas und El Cercado noch ihre ländliche Ursprünglichkeit bewahrt. Einen Besuch wert ist der im oberen Talschluss gelegene **Mirador César Manrique,** von dem aus man einen fulminanten Ausblick in das terrassierte Palmental genießen kann (mit derzeit geschlossenem Panoramalokal).

Etwas weiter unten im Tal haben sich im Ortsteil **El Guro** viele Künstler niedergelassen. Der touristische Bereich beginnt dann mit dem Dorf La Calera. Durch die engen verwinkelten, großenteils autofreien Gassen lässt sich herrlich schlendern. Der Ortsteil **La Playa** mit seinem Lavastrand wandelt sich Zug um Zug zum reinen Badeort. Sein Hauptstrand ist meist gut besucht. Vor allem am Wochenende kommen auch viele Einheimische auf einen Kurzurlaub hierher. Nordöstlich von La Playa liegt der naturbelassene Strand **Playa del Inglés**. Er ist nicht bewacht und je nach Seegang kann hier das Baden nicht ganz ungefährlich sein. FKK wird an diesem Strand geduldet.

La Playa geht fast nahtlos in den Ferienort **La Puntilla** über. In der geschützten Bucht **Charco del Conde,** dem sogenannten Baby Beach, können Kinder meist gefahrlos baden. Im landeinwärts gelegenen Borbalán wohnen vorwiegend Einheimische, es gibt dort aber auch Ferienapartmentanlagen. Der ehemals wichtige Wirtschaftszweig des Bananenanbaus verliert immer mehr an Bedeutung.

Die Playa del Inglés ist der Szenestrand des Valle Gran Rey

Das Nachtleben spielt sich vor allem im Hafenortsteil **Vueltas** ab. Durch seine engen Gassen konnte dieser sich trotz des allgegenwärtigen Tourismus den Flair eines Fischerdorfes bewahren. Im Hafen von Vueltas werden Walsafaris und Bootsausflüge angeboten. Der Strand Playa de Vueltas liegt im Hafenbereich und ist gut geschützt. Weiter südlich ist über eine Piste die urige **Playa de Argaga** zu erreichen. Dort mündet auch der gleichnamige Barranco ins Meer. Der Aufstieg durch das wilde Tal ist aber nur trittsicheren Wanderern zu empfehlen. Lohnenswert ist der Besuch des tropischen Fruchtgartens am Beginn des Tals (Finca Argaga, Tel. 922 69 70 04, www.fruchtgarten.com, Di und Fr 10–18 Uhr, 9 €)

Von der Playa de Argaga führt ein teils abenteuerlicher Pfad zur abgelegenen **Playa de las Arenas**. Einige Aussteiger hatten sich hier früher in den Felsnischen dauerhaft niedergelassen und praktizierten FKK, vor Jahrzehnten noch ein Skandal auf La Gomera, der dem Strand zu dem Beinamen »Schweinebucht« verhalf. Auch heute noch nächtigen an der Playa de las Arenas Aussteiger auf Zeit.

Das Valle Gran Rey ist ein idealer Ausgangspunkt für Wanderungen, Veranstalter vor Ort bieten auch organisierte Touren an.

Info

Oficina de Turismo de Valle Gran Rey
Calle La Noria 2 | La Playa
Tel. 922 80 54 58
www.vallegranrey.es
www.lagomera.travel

Hotels

Gran Rey €€€
Das beste Haus im Tal ist keine architektonische Augenweide, dafür umweltgerecht geführt und mit tollem Dachpool.
Avenida Marítima 1

Karte
S. 223

La Gomera
Valle Gran Rey

La Puntilla
Tel. 922 80 58 59
www.hotelgranrey.es

Los Tarajales €€
Apartments und Studios mit Küche.
Carretera Playa del Inglés 9
La Playa
Tel. 922 80 53 01
www.tarajales.net

Paraíso del Conde €€
Großzügige, ruhige Apartments direkt am Meer; unter deutscher Leitung.
Avenida Marítima 20
La Puntilla
Tel. 922 80 59 21
www.paraiso-del-conde.eu

La Galería €–€€
Künstlerisches Ambiente. Ferienwohnungen mit herrlichem Blick.
Calle La Alameda 68
La Calera
Tel. 922 80 54 77
www.gomera-lounge.de

Jardín Concha €
Hübsches kleines Hotel mit toller Aussicht auf Bananenplantagen und Atlantik. In einer autofreien, malerischen Gasse; sehr kleine Zimmer.
Calle El Cantero s/n
La Calera
Tel. 922 80 60 63
www.hotelconcha.net

Restaurants
El Baifo €€
Tolle malaysische Küche mit Wokgerichten, Bami Goreng und zarter Ente. Das Restaurant ist sehr populär, man sollte unbedingt reservieren (ab 19 Uhr).
Calle Normara 1
La Playa
Tel. 922 80 57 75

La Orquídea €€
Gute einheimische Hausmannskost. Lauschige Terrasse.
Calle La Orquídea 3
La Calera
Tel. 922 80 51 81

Terraza El Mirador €€
Feine, modern angehauchte einheimische Küche. Schöne Terrasse am Hang.
Calle La Gurona 13
La Calera
Tel. 922 80 50 86

Mango €–€€
Das Restaurant serviert spanische und typische Inselküche; mit Terrasse direkt auf der kleinen Promenade.
Paseo Las Palmeras 2
La Playa
Tel. 922 80 53 62

Nightlife
Cacatua
Szenebar für Nachtschwärmer mit schattigem Innenhof und guten Cocktails.
Calle Cuesta de Abisinia 5
Vueltas
www.gomera.de/cacatua

Támbara
Das orientalisch angehauchte Café ist ein beliebter Treff bei Sonnenuntergang.
Calle Telémaco 5
Vueltas
Tel. 922 80 70 95

La Gomera
Vallehermoso/Chorros de Epina/Agulo

Vallehermoso 4 [F6]

Das »schöne Tal« hält, was sein Name verspricht. Im Frühjahr verwandeln sich die Hänge in einen herrlich blühenden Obstgarten. Trotz seiner für gomerische Verhältnisse hohen Einwohnerzahl von über 3000 wirkt der Ort ländlich. Typisch für Vallehermoso sind die roten Pfefferschoten, die häufig zum Trocknen an den Balkonen und Fenstern hängen.

Zentraler Platz ist die verkehrsberuhigte **Plaza de la Constitución** mit der **Bar Amaya**, die für Besucher wie Einheimische als wichtiger Treffpunkt fungiert. An der **Playa de Vallehermoso** hat man die Wahl zwischen einem gefahrlosen Meeresschwimmbad und dem Kieselstrand mit meist starker Brandung. Nebenan auf den Klippen thront die alte Bananenverladestation **Castillo del Mar**, die mehrere Jahre als Veranstaltungszentrum gut funktionierte, doch dann wieder schließen musste. Eine Wiedereröffnung ist geplant (aktuelle Infos unter www.castillodel-mar.com).

An der Straße von der Stadt zum Strand lohnt ein Besuch im botanischen Garten, **Jardín Botánico de Vallehermoso**, mit zahlreichen einheimischen Gewächsen (frei zugänglich).

Von Vallehermoso aus können reizvolle Wanderungen unternommen werden. Sehr beliebt ist der Aufstieg zur aussichtsreich gelegenen **Ermita de Santa Clara** (1 ½ Std.), der am Friedhof am westlichen Ortsrand beginnt.

Hotel
Hotel Rural Tamahuche €€
Zehn gemütliche Zimmer in einem Bürgerhaus von 1896.
La Hoya 20
Vallehermoso | Tel. 922 80 11 76
www.hoteltamahuche.com

Restaurant
Amaya €
Preiswerte kanarische Küche.
Plaza de la Constitución 2

Vallehermoso
Tel. 922 80 00 73

Ausflug: Chorros de Epina 5 [E6]

Von Vallehermoso geht es in unzähligen Serpentinen zum Aussichtslokal Epina hinauf, das einen großartigen Blick auf die einem Flickenteppich gleichenden Felder des Ortes bietet.

Das Wasser der Quellen am nahen Picknickplatz Chorros de Epina soll – in der richtigen Reihenfolge getrunken – magische Kräfte haben und Glück in der Liebe bescheren sowie gegen Hexerei, Krankheit und Eifersucht helfen.

Agulo 6 [F6]

Agulo ist für den Blick auf den zum Greifen nahen Pico del Teide auf Teneriffa bekannt. Der kleine Gemeindeort gilt überdies als das malerischste Dorf der Insel. Umrahmt von einer terrassierten Gartenlandschaft, wirkt das geschlossene Ortsbild wie ein Relikt aus dem Mittelalter. Am lebhaftesten geht es im Ortsteil **La Montañeta** an der Carretera del Norte zu. Hier befinden sich auch die meisten Restaurants und Bars. Ruhiger ist es hingegen in Las Casas, um die zentrale, von alten Herrenhäusern umgebene Plaza de Leoncio Bento. Die Pfarrkirche **San Marcos** hebt sich von anderen Inselkirchen durch ihr maurisch inspiriertes Kuppeldach ab. Zwischen den beiden Ortsteilen liegt weit unten am Meer der Strand **Playa de Agulo** (20 Min. Fußweg). Er ist allerdings sehr kiesig, daher herrscht selten viel Andrang.

Hotel
Casa de los Helechos €
Apartments und Studios mit Küche in einem alten Stadthaus mit lauschigem Innenhof.
Calle de la Seda 2
Las Casas | Agulo

Karte
S. 223

La Gomera
Mirador de Abrante

Bei Hermigua ragen die markanten Zwillingsfelsen auf

Tel. 922 14 69 68
www.gomeralive.de

Restaurant
La Vieja Escuela €
In der ehemaligen Dorfschule oder auf der Terrasse wird typische Regionalküche aufgetischt.
Calle del Poeta Trujillo Armas 2
Las Casas
Agulo
Tel. 922 14 60 04
www.laviejaescuela.ecoturismogomera.es

Ausflug: Mirador de Abrante 9 [F6]

In über 600 m Höhe schwebt westlich von Agulo ein **Skywalk,** eine 7 m lange Aussichtsterrasse mit Glasboden, über dem Abgrund. Ebenfalls gläserne Wände bannen die Schwindelgefahr weitgehend. Dennoch läuft manchem beim Blick in die Tiefe ein Schauer über den Rücken. Beinahe ebenso eindrucksvoll ist die Sicht in die Ferne, zur Nachbarinsel Teneriffa. Angeschlossen ist ein Café-Restaurant, umgeben ist der Aussichts-

La Gomera
Hermigua

punkt von einem Garten mit kanarischen Pflanzen (Mo–Fr 11–18, Sa/So 11–19 Uhr).

Hermigua 7 [F6]

Landwirtschaftliches Zentrum von La Gomera ist das lang gestreckte Straßendorf Hermigua im Inselnorden. Es liegt in einem der grünsten Täler der Insel. In dem wasserreichen Gebiet werden vornehmlich Bananen kultiviert. Plantagen überziehen den gesamten Talgrund des **Barranco de Monteforte**. Für Wanderer ist Hermigua ein guter Ausgangspunkt für Touren in den Nationalpark.

Im **Molino de Gofio Los Telares**, einem ethnografischen Museum mit Souvenirgeschäft, kann eine restaurierte Gofiomühle bewundert werden (www.molinodegofiogomera.com, Mo–Sa 9.30 bis 17.30 Uhr). Das weiter unterhalb, ebenfalls an der Durchgangsstraße gelegene **Museo Etnográfico de La Gomera** informiert anschaulich über die Alltagskultur auf der Insel (Juni–Sept. Di–Sa 10–19, So 10–14, Okt.–Mai Di–Fr 10–18, Sa/So 10–14 Uhr).

Im Sommerhalbjahr ist die über eine 6 km lange Piste erreichbare **Playa de La Caleta** ein guter Badeplatz an der sonst eher rauen Nordküste, da vor der Brandung aus Nordwest gut geschützt.

Hotels
Ibo Alfaro €€
Stilvolles Landhotel in aussichtsreicher Hanglage.
Valle Alto
Hermigua
Tel. 922 88 01 68
www.hotel-gomera.com

Villa Hermigua €€
Kleines Landhotel in der früheren Dorfschule; individuelle Zimmer.
Carretera General de Hermigua 117
Hermigua
Tel. 922 88 07 77
www.hotelrural-villahermigua.com

Los Telares €
Komplett eingerichtete, geräumige Apartments mit Küche und Bad.
Carretera General de Hermigua 10
Hermigua
Tel. 922 88 07 81
www.apartamentosgomera.com

Restaurant
Café-Bar Pedro €
Beliebtes Café (ehemals Casa Creativa) mit aussichtsreicher Terrasse.
Carretera General del Norte 56
Hermigua | Tel. 922 88 09 91

Parque Nacional de Garajonay 8 ★ [F6/7]

Das UNESCO-Weltnaturerbe im hügeligen Hochland wird vom namensgebenden höchsten Berg, dem **Alto de Garajonay** (1487 m), überragt. Die bereits 1978 unter Schutz gestellte Region ist von dichten Wäldern überzogen. Markenzeichen dieses Nationalparks sind die Lorbeerbäume mit bemoosten Stämmen und bizarr von den Ästen flatternden Bartflechten, die nicht nur die hohe Luftfeuchtigkeit verraten, sondern gleichzeitig als Indikator für die saubere Hochlandluft der Insel gelten.

Der kleine Weiler **El Cedro** oberhalb von Hermigua ist für viele Wanderer das Tor zum Park. Rundum gedeiht die üppige, dunkelgrüne, geradezu mystisch wirkende Lorbeerwaldvegetation. Eine schmale, abenteuerliche, mit Steinplatten gepflasterte Straße führt beim **Mirador El Bailador** ins Dorf. Von der Pflasterstraße nach El Cedro zweigt eine Piste zum Waldparkplatz **Las Mimbreras** ab (Schild: Arroyo de El Cedro). Von dort gelangt man zu Fuß in ca. 15 Min. zur idyllisch gelegenen **Ermita de Lourdes**.

Ein weiterer Höhepunkt ist die Kurzwanderung auf den höchsten Punkt der Insel. Vom Parkplatz El Contadero an der Straße GM-2 vom Valle Gran Rey nach San Sebastián führt

Karte S. 223

La Gomera
Parque Nacional de Garajonay

ein gut markierter Wanderweg auf den **Alto de Garajonay**. Nach ca. 30 Min. ist der Gipfel erreicht. Bei guten Bedingungen sind die Nachbarinseln Teneriffa, El Hierro, La Palma und mit viel Glück auch Gran Canaria zu sehen.

Am südöstlichen Rand des Nationalparks lohnt ein Besuch der bizarren Felsformationen Los Roques. Es handelt sich um ehemalige, von der Erosion freigelegte Vulkanschlote. Besonders eindrucksvoll zeigt sich der **Roque Agando** an der Straße GM-2. Weiter aufwärts wartet der **Mirador de los Roques** mit Blick auf den Roque de la Zarcira, den Roque Carmona und den Roque de Ojila (von Südwest nach Nordost) auf.

Bei **Laguna Grande** im Zentrum des Nationalparks lassen sich vom dortigen Informationszentrum aus kurze Erkundungstouren in den Lorbeerwald unternehmen. Eine etwa einstündige Rundwanderung (Ruta 3) bietet einen guten Einblick. Die Laguna Grande ist ein ehemaliger Vulkankrater. Nach starken Regenfällen bildet sich ein kleiner See. Oft liegt das Gebiet in dichten Nebel getaucht. Das Besucherzentrum **Juego de Bolas**, zu dem auch ein kleiner botanischer Garten gehört, bietet nach telefonischer Voranmeldung kostenlose geführte Wanderungen an. Es liegt oberhalb von Las Rosas im Ortsteil La Palmita nördlich des Nationalparks. Zu erreichen ist es von der Nordküstenstraße GM-1 zwischen Agulo und Vallehermoso.

Info

Centro de Visitantes Juego de Bolas
Lugar La Palmita s/n
Agulo
Tel. 922 80 09 93

Punto de Información
Laguna Grande
www.parquesnacionalesdescanarias.com

Restaurants

Laguna Grande €–€€
Großes Ausflugslokal mit angeschlossener uriger Bar. Deftige gomerische Küche.
Laguna Grande
Tel. 922 69 70 70
www.laguna-grande.es

La Vista €
Berggasthof mit Hüttenatmosphäre. Deftige Bergküche. Terrasse mit schönem Blick
El Cedro
Tel. 922 88 09 49

Romantische Wanderwege erschließen den Nationalpark Garajonay

An der brandungsumtosten Nordküste El Hierros bietet sich der Naturpool Charco Manso zum Baden an

Karte
S. 237

El Hierro

EL HIERRO

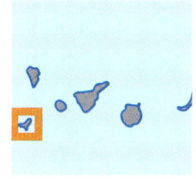

Bislang wissen vor allem Individualisten die Randlage der Insel zu schätzen, sodass nur ein verhaltener Strom von Besuchern in den äußersten Westen des Archipels tröpfelt. Eine nennenswerte touristische Infrastruktur gibt es lediglich im Golftal und an der von der Sonne verwöhnten Südspitze in La Restinga. Eins sein mit sich und der Natur – diese von Touristikern gern bemühte Floskel darf man auf El Hierro, das im Jahr 2000 von der UNESCO zum Biosphärenreservat erklärt wurde, wörtlich nehmen. Hier fühlt man sich ganz dem sanften Tourismus verpflichtet. Große Hotels gibt es auf der Insel überhaupt nicht, und nur ein einziges 4-Sterne-Hotel. Auch die Zahl der kleinen Apartments und Pensionen hält sich in Grenzen. Neben dem Fremdenverkehr spielen der Weinanbau, die Viehwirtschaft – vorwiegend Käseproduktion – und der Anbau von Ananas eine gewisse Rolle. Ehrgeizig ist das Ziel, bereits in einigen Jahren den kompletten Energiebedarf aus Wind- und Wasserkraftwerken decken zu wollen.

Landschaftlich zeigt sich El Hierro sehr abwechslungsreich: grüne Laubwälder auf dem Inselhauptkamm, karge Vulkanlandschaft im Westen, ausgedehnte Kiefernwälder und die sonnenverwöhnte Einöde im Süden. Nicht zu vergessen der Wacholderwald El Sabinal – eine ökologische Besonderheit.

Vor allem bei Tauchern eine feste Größe ist La Restinga. Die Felsküste im Süden der Insel gilt als der beste Tauchspot der Kanarischen Inseln. Das Gebiet ist als Meerwasserreservat geschützt. Wer nicht taucht, geht der Lieblingsbeschäftigung der Besucher auf El Hierro nach: dem Wandern. Die mit knapp 11 000 Einwohnern dünn besiedelte Insel ist gut mit Wanderwegen erschlossen. Markenzeichen sind etliche atemberaubende Aussichtsplätze entlang des steil abbrechenden Hochlandes.

TOUREN IN DER REGION

Ans »Ende der Welt« im äußersten Westen

ROUTE: La Frontera › Tigaday › Sabinosa › Playa del Verodal › La Dehesa › Faro de Orchilla › Ermita de los Reyes › Malpaso

KARTE: rechts
DAUER: 1 Tag; Fahrstrecke: 70 km
PRAKTISCHE HINWEISE:
» Für die Tagestour auf schmalen, teils ungeteerten Straßen empfiehlt sich ein geländegängiger Wagen, bei vorsichtiger Fahrweise ist die Rundtour auch mit normalem Pkw machbar.
» Eine detaillierte Inselkarte sollte man zur Orientierung auf alle Fälle dabeihaben. Vorsicht bei GPS-Geräten für Outdooraktivitäten: Da wird man auch als Autofahrer schon mal über Wanderwege geschickt.

TOUR-START

Die Tour beginnt in **La Frontera** 4 › **S. 240**, dem Hauptort von El Golfo. Von der Plaza de la Candelaria mit der Ermita Nossa Señora de la Candelaria führt die Calle El Congreso (HI-1) in den Ortsteil Tigaday. Hier geht es lebhafter zu als in Frontera selbst. Die meisten Cafés, Bar, Restaurants und Einkaufsmöglichkeiten liegen entlang der Hauptstraße.

Die weitere Fahrt verläuft, begleitet von vielen tollen Ausblicken, parallel zur Golfküste auf der HI-50 über Los Llanillos nach **Sabinosa**. In diesem abgelegenen, reizvollen Ort spielt der Weinanbau eine wichtige Rolle. Das Dorf hat sich seine ländliche Ursprünglichkeit bewahrt. Lohnend ist ein Spaziergang durch die für den Autoverkehr zu engen Gassen. Sabinosa ist aber auch wegen seines radiumhaltigen Gesundbrunnens **Pozo de la Salud** bekannt. Ein schmales kurvenreiches Sträßchen (HI-500) führt vom Ortszentrum etwa 300 m hinunter zu der einzigen Heilquelle auf den Kanarischen Inseln. Kurgäste kommen hier im Balneario unter (Tel. 922 55 94 65).

Auf der Küstenstraße (HI-500) gelangt man westlich vom Pozo de la Salud an eine Abzweigung (HI-501). Hier lässt sich ein Abstecher zu den **Arenas Blancas** (weiße Strände) machen. Durch die Landzunge Punta la Dehesa ist die Bucht vor den Westwinden geschützt. Dennoch ist die Stelle zum Baden nicht geeignet.

Westlich von Arenas Blancas zeigt sich die Landschaft wild-vulkanisch. Etwa 5 km westlich von Pozo de la Salud zweigt im Scheitelpunkt einer engen Serpentine die Straße HI-502 zur **Playa del Verodal** ab. Der leicht rötliche, grobe Sandstrand gilt als einer der schönsten und längsten der Insel. Angesichts der oft unberechenbaren Strömungsverhältnisse sollte man sich jedoch besser auf ein Fuß- und Sonnenbad beschränken.

Der Faro de Orchilla markiert den einstigen Nullmeridian von El Hierro

El Hierro
Touren

Von der Küste geht es hinauf zur Hochebene **La Dehesa**. Botanisches Highlight des menschenleeren Landstrichs sind die Wacholderbäume, die unter Naturschutz stehen: Die verkrüppelten Windflüchter, tragen ihre meist rechtwinklig abgeknickte Krone tief über der Erde, führen quasi eine Existenz im Windkanal.

Zu El Hierros Westkap **Punta de Orchilla** fährt man die Piste hinunter zum Leuchtturm **Faro de Orchilla,** wo im 2. Jh. n. Chr. Ptolemäus den Nullmeridian markierte. Bis weit in die Neuzeit hinein galt El Hierro als westlichster Punkt der bekannten Welt.

Auf dem Rückweg verdient die **Ermita de los Reyes** mit ihrer Madonnenfigur einen Besuch. Das Kirchlein ist alle fünf Jahre Ausgangspunkt einer großen Wallfahrt, bei der die Marienstatue auf einer Marathonstrecke durch das Hochland nach Valverde getragen wird. Anschließend passiert man den **Pico de Malpaso** (1500 m), El Hierros höchsten Gipfel, und trifft nach Cruz de los Reyes wieder auf die Straße ins Golftal.

TOUREN AUF EL HIERRO

9 Ans »Ende der Welt« im äußersten Westen

LA FRONTERA › TIGADAY › SABINOSA › PLAYA DEL VERODAL › LA DEHESA › FARO DE ORCHILLA › ERMITA DE LOS REYES › MALPASO

10 Dörfer und Badebuchten im Norden

VALVERDE › MIRADOR DEL TAMADUSTE › CHARCO MANSO › POZO DE LAS CALCOSAS › MOCANAL › MIRADOR DE LA PEÑA

El Hierro
Touren

Frühlingsstimmung in der Hauptstadt Valverde

Tour 10 Dörfer und Badebuchten im Norden

ROUTE: Valverde › Mirador del Tamaduste › Charco Manso › Pozo de las Calcosas › Mocanal › Mirador de la Peña

KARTE: Seite 237
DAUER: 1 Tag; Fahrstrecke: 25 km
PRAKTISCHE HINWEISE:
» Der Norden El Hierros ist nachmittags vielfach in Passatwolken eingehüllt, deshalb startet man die kleine Rundfahrt am besten schon am frühen Vormittag.

TOUR-START

Von **Valverde** 1 › S. 239 fährt man zunächst zum Mirador del Tamaduste, anschließend dann nordwärts auf der HI-15 in den Weiler Echedo und von dort die Serpentinenstraße HI-151 hinunter zum **Charco Manso**, einem Meerwasserpool, der von einem Felsentor überspannt wird. Wieder zurück in Echedo hält man sich an der Ermita San Lorenzo rechts auf der HI-150 in Richtung Westen.

Etwa 2 km westlich von Echedo zweigt die schmale, kurvenreiche HI-100 zur Sommersiedlung **Pozo de las Calcosas** ab. Hier hat man die Möglichkeit ans Meer zu gelangen. Vom Parkplatz am Ende der Straße, oberhalb der Felsküste führt eine Fußweg (Camino Pozo las Calcosas) in ca. 10 Min. zum beliebten Meerwasserschwimmbad.

Etwa 5 km auf der HI-100 aufwärts erreicht man das Straßendorf **Mocanal**. Hier lohnt sich ein Blick auf die hübsche **Ermita de San Pedro,** an der Durchgangsstraße (HI-5).

Weiter im Westen steht man kurz hinter dem Örtchen Guarazoca schließlich am **Mirador de la Peña** 2 › S. 239. Der Aussichtspunkt wurde von César Manrique (1919–1992) aus Lanzarote, dem Star unter den kanarischen Künstler, Ende der 1980er-Jahre entworfen. Er schwebt spektakulär in 615 m Höhe über der Felswand **Risco de Tibataje.**

Neben der tollen Aussicht ins Golftal lässt sich in einem Resturant die regionale Küche genießen. Schräg gestellte Fensterscheiben bieten auch während des Essens ungehinderte Weitsicht.

Karte S. 237

El Hierro
Valverde/Mirador de la Peña

UNTERWEGS AUF EL HIERRO

Valverde [B8]

Der Ort (2000 Einw.) ist die einzige Inselhauptstadt der Kanaren, die nicht am Meer, sondern im Hochland auf 500–700 m liegt. Früher befanden sich allerdings viele kanarischen Hauptstädte weit im Landesinneren, wo die Landschaft fruchtbarer und die Bevölkerung vor Piratenüberfällen geschützt war.

Von urbanem Ambiente kann bei Valverde eigentlich kaum die Rede sein. Der Ort ist eher eine Ansammlung locker verstreuter Häuser. Gemüsegärten und krähende Hähne unterstreichen den dörflichen Charakter. Nur vormittags herrscht Leben in der Stadt, dann scheinen alle Bewohner unterwegs zu sein. Der geschäftigste Bereich liegt an der Durchgangsstraße südlich der Pfarrkirche **Nuestra Señora de la Concepción** (18. Jh.) Aber schon am frühen Nachmittag schläft Valverde wieder ein.

Etwas abseits liegt die **Casa de las Quinteras.** Im ehemaligen Herrenhaus ist heute das Volkskundemuseum der Insel untergebracht (Calle Armas Martell, Mo–Fr 9–15, Sa 9–13 Uhr).

Info
Oficina de Información Turística
Calle Dr. Quintero 4
Valverde
Tel. 922 55 03 26
www.elhierro.travel

Verkehr
Busverbindungen: Mo–Sa gibt es je eine Verbindung von Valverde in die wichtigsten Inselorte.

Hotels
Parador de El Hierro €€€
Die komfortabelste Unterkunft der Insel (4 Sterne) liegt 19 km außerhalb von Valverde, am Ende einer weit geschwungenen Kiesbucht; großes Aktivprogramm, hervorragende Inselküche.

Las Playas
Tel. 922 55 80 36
www.parador.es

Boomerang €€
Ruhiges, einfaches 2-Sterne-Hotel in der Nähe des Kirchplatzes.
Calle Dr. Gost 1
Valverde | Tel.922 55 02 00

Restaurants
La Taberna de La Villa €€
Szenebar im Erdgeschoss, gutes Restaurant im oberen Stockwerk.
Calle General Rodrígues y Sanchez Espinosa/ Plaza Quintero Nuñez
Valverde | Tel. 922 55 19 07

Bar Los Reyes €
Beliebter Treffpunkt mit gut gefüllter Tapas-Vitrine.
Licenciado Bueno s/n
Valverde
Tel. 922 55 00 09

Ausflug: Mirador de la Peña [B8]

Der Aussichtsplatz westlich von Valverde zählt zu den absoluten landschaftlichen und architektonischen Highlights der Insel: Nach Westen fällt das Land abrupt 615 m zum Meer in die weit geschwungene Bucht von El Golfo ab. Der Künstler César Manrique nutzte den Ort für das spektakuläre Panoramarestaurant **Mirador de la Peña** (Tel. 922 55 03 00), das kanarische Kost und Inselweine anbietet. Das Innere ist gänzlich mit natürlichen Materialien wie Holz und heimischem Vulkangestein gestaltet. Durch die verglaste Fassade genießt man beim Essen einen weiten Ausblick auf die halbkreisförmige Golfbucht.

Las Puntas 3 [B9]

Der winzige Ort am Nordrand des Golftales besteht aus einer losen Ansammlung von kleinen Apartmenthäusern. Er wird von der gewaltigen Felswand **Risco de Tibataje** dominiert. Feste Einwohner gibt es hier kaum noch. Die meisten Häuser werden als Ferienwohnungen oder Zweitwohnsitze genutzt.

Am alten Schiffsanlegeplatz **Punta Grande** residiert eines der originellsten Hotels (s. u.) der gesamten Kanarischen Inseln in einem 1884 erbauten, gründlich modernisierten Lagerhaus. Es liegt spektakulär auf einer Landzunge, die auf drei Seiten vom Meer umtost wird.

Von Las Puntas aus führt ein Fußweg in etwa 45 Min. entlang der Küste zum wohl schönsten Badeplatz der Insel. Das Meeresschwimmbad **La Maceta** besteht aus mehreren voneinander getrennten Felsbecken. Je nach Wasserstand schwappt die Brandung in die Becken und sorgt so für immer frisches Wasser.

Gut 1 km landeinwärts lädt das sauber herausgeputzte Museumsdorf **Ecomuseo de Guinea** zu einem Besuch ein. Den ohne Mörtel errichteten, winzigen Bauernkaten glaubt man sofort, dass sie zu den ältesten Siedlungen der Insel gehören. Guinea wurde von den ersten europäischen Siedlern gegründet. Die damaligen Bewohner lebten nur im Sommer zur Weinlese und im Winter zur Viehfutterernte im Ort. Schon seit den 1940er-Jahren ist Guinea verlassen. Das letzte Haus wurde bis 1946 genutzt. Erst vor einigen Jahren wurden die Gebäude in ein Museumsdorf verwandelt und bieten dem Besucher nun einen guten Einblick in das frühere Leben auf der Insel. Bestaunen und vergleichen kann man Häuser aus vier Jahrhunderten (17.–20. Jh.). An der Bauweise hat sich im Laufe der Zeit wenig geändert: Natursteinmauern und Strohdach. Nur die Einrichtung wurde mit der Zeit modernisiert. Da sich das Leben vorwiegend im Freien abspielte, blieb auch die neueste Möblierung schlicht. Dem Museum ist ein **Lagartario** angeschlossen, ein Schauterrarium, in dem einige Exemplare der urtümlichen El-Hierro-Rieseneidechse *(largato gigante)* zu bewundern sind. Die extrem seltene Rieseneidechse wird bis zu 75 cm groß und kann ein Alter von bis zu 30 Jahren erreichen. Bis auf die Größe unterscheiden sich die Tiere allerdings wenig von den normalen, allgegenwärtigen Eidechsen (Calle General las Puntas, tgl. 9–14 und 17 bis 20 Uhr, Terrarium nur mit Führung).

Hotel
Punta Grande €€
Vier kleine Zimmer bescherten dem Haus einst den Eintrag ins Guinnessbuch als kleinstes Hotel der Welt (den es inzwischen wieder abgeben musste); mit gutem Hotelrestaurant.
Las Puntas
Tel. 922 55 90 81
www.hotelpuntagrande.org

La Frontera 4 [B9]

Frontera ist das Verwaltungszentrum der Golfregion. Viele Geologen vermuten, dass die halbkreisförmige Bucht **El Golfo** durch eine von einem Erdbeben ausgelöste Naturkatastrophe entstand. Vor gut 50 000 Jahren soll durch eine Art Urknall ein Drittel der Insel weggebrochen und im Meer versunken sein. Übrig blieb ein etwa 25 km langer Halbkrater, dessen Ränder von über 1000 m Höhe in einen breiten Küstensaum auslaufen. Die Region wird landwirtschaftlich intensiv genutzt, neben Bananen wird Ananas angebaut.

Das Wahrzeichen von Frontera ist der adrette Glockenturm der **Iglesia de la Virgen de Candelaria.** Wie ein Versatzstück aus der Spielzeugkiste thront er einsam auf einem rotbraunen Vulkanstumpf. Vermutlich wurde diese exponierte Lage fern der Kirche gewählt, damit die Bewohner der Gegend den Turm und auch die Uhr von überall her sehen konnten, denn die Kirche selbst liegt ein wenig versteckt am Fuße eines Hügels.

Karte S. 237

El Hierro
La Frontera

Im alten Rathaus – der **Casa del Hoyo** – ist heute die Touristeninformation untergebracht. Das Gebäude ist auch an sich sehenswert, mit dem typisch kanarisch gestalteten Innenhof. Neben einem Brunnen führt ein Treppenaufgang hinauf zu einer Galerie mit kunstvoll gedrechselten Holzsäulen.

Hotels

Hotelito Ida Inés €€
Zwölf gemütlich eingerichtete Zimmer mit schönem Ausblick auf das Valle del Golfo und die Küste, familiär.
Camino del Hoyo s/n
La Frontera
Tel. 922 55 94 45
www.hotelidaines.com

Apartamentos Jucar €€
Modernes Gebäude, Wohneinheiten mit Küche und Balkon.
Calle Tigaday 30
Tigaday
Tel. 922 55 93 01
www.apartamentosjucar.es

Restaurants

El Guanche €
Authentische kanarische Kost und Tapas (Mo geschl.).
Calle Cruz Alta 1
Frontera
Tel. 922 55 90 65

Joapira €
Dorfbar am Kirchplatz mit aussichtsreicher Terrasse.
Plaza Candelaria 8
Frontera
Tel. 922 55 98 03

Shopping

Quesadillas La Herreña
Hier gibt es Käsekuchen und andere süße, inseltypische Leckereien.
Calle Las Lajas 4
Frontera
www.facebook.com/quesadillaslaherrena

Punta Grande, einst das kleinste Hotel der Welt

El Hierro
El Pinar

El Pinar 5 [B9]

Die Ortsteile **Las Casas** und **Taibique** bilden seit 2007 einen von Frontera abgespalteten Gemeindebezirk, der seinen Namen den Kiefernwäldern (span. *pinar*) in der Umgebung verdankt. Der beschauliche alte Kern von Taibique liegt etwas unterhalb der Hauptstraße. Man erreicht ihn von der zentralen Plaza über die Calle el Chamorro. Neben manchen Häusern stehen hier noch alte Weinpressen. In der Calle Plaza markiert die kleine Kirche **San Antonio Abad** das Zentrum dieses Ortsteils.

Am oberen Ortsanfang zweigt eine beschilderte Straße zum **Mirador de Tanajara** ab. Vom gleichnamigen Vulkankegel (912 m) bietet sich ein grandioses 360°-Panorama über die bewaldete Region. Nördlich von El Pinar gelangt man etwas abseits der Straße HI-4 zum **Mirador de Las Playas**. Der Aussichtspunkt wurde halbkreisförmig über mehrere Terrassen angelegt. Hohe Kiefern spenden kühlen Schatten. Eindrucksvoll und schwindelerregend ist der Blick an den ca. 1000 m hohen Felswänden hinab. Am Wochenende sind die dortigen Picknicktische meist von einheimischen Familien bevölkert.

Hotel
Casa La Pestilla €€
Zwei rustikale Häuser im ländlichen Stil. Eines für bis zu 5, das andere für bis zu 4 Personen. Am Fuße der Montaña de Tanajara.
Calle El Lagar 4
Taibique
Tel. 636 57 74 22, 659 44 89 89
www.casaslapestilla.com

Restaurant
La Sabina €
Einfaches, uriges Lokal mit einheimischer Hausmannskost.
Carretera Las Casas, 16
Las Casas
Tel. 922 55 89 93

Kiefernriesen im Wald von El Pinar

Karte S. 237

El Hierro
La Restinga/Cala de Tacorón

La Restinga 6 [B10]

Das sonnenreiche Dorf an der südlichsten Ecke der Insel liegt in einer vulkanischen Einöde, durch die sich eine komfortable Straße in mehreren Kurven hinabzieht. Der Ort wurde erst 1940 als Fischerdorf gegründet. Seit den 1980er-Jahren entwickelte sich langsam der Tourismus. Im Hinterland wird die Szenerie von wohlgeformten Vulkankegeln beherrscht, dazwischen liegen bizarre Stricklavafelder.

2011 kam La Restinga in die Schlagzeilen, als vor der Küste, von leichten Erdbeben begleitet, ein Unterwasservulkan ausbrach. Die Bewohner mussten kurzzeitig evakuiert werden, der Tourismus kam zum Erliegen. Mittlerweile hat sich die Situation wieder beruhigt, Urlauber finden hier eine entspannte Atmosphäre. Allerdings wird es im Sommer während der spanischen Ferien recht umtriebig.

Da es unmittelbar im Ort keinen Strand gibt begnügt man sich zum Baden mit dem sauberen Hafenbecken. Besonders das **vorgelagerte Riff** zieht Taucher an. Hier werden die höchsten Wassertemperaturen der Kanaren gemessen – im Sommer bis zu 24 °C. Entsprechend artenreich und bunt ist die Meeresfauna. Auch wenn das Wasser für Korallen zu kalt ist, tummeln sich hier Fische, die man sonst eher in den Korallenriffs tropischer Gewässer antrifft, z. B. Papageien- und Drückerfisch.

Auf eine Initiative der Fischer des Ortes wurde an der Südspitze von El Hierro eine Reserva Marina eingerichtet, der das gesamte Gebiet unter Schutz stellt. Gefischt werden darf nur noch auf nachhaltige Weise und von gewerblichen Fischern. Sportfischen ist verboten. Aufgrund dieser Selbstbeschränkung durch die Fischer konnte sich die Unterwasserfauna erholen, was auch die Taucher erfreut.

Hotel
Apartamentos Bahía €
Einfache Apartments mit Meerblick.
Avenida Marítima 12
La Restinga
Tel. 617 61 46 19
www.apartamentosbahia.info

Restaurant
Casa Juan €
Seafood-Lokal oberhalb des Hafens (Mi geschl.).
Calle Juan Gutiérrez Monteverde 33
La Restinga
Tel. 922 55 71 02

Ausflug: Cala de Tacorón 7 [A9]

In der Nähe von **La Restinga** lockt das Meeresschwimmbecken in der **Cala de Tacorón**. Die über ein 4 km langes Sträßchen erreichbare Bucht ist besonders am Spätnachmittag sehr stimmungsvoll. Gleich zu Beginn quert die Straße den Lavastrom **Las Roquetas,** an dessen Oberfläche sich Stricklava gebildet hat. Er ist kanarisches Naturdenkmal und steht unter Schutz.

Die Straße endet an einem großen Parkplatz beim Strandrestaurant **Tacorón,** das meist nur im Sommer geöffnet hat. Über Treppen gelangt man direkt in den Atlantik, der aufgrund vorgelagerter Felsen hier meist recht ruhig ist. Einen Strand gibt naturgemäß nicht.

Von der Bucht aus erreicht man auf einem steinigen Pfad in einer Viertelstunde die **Cueva del Diablo** (Teufelshöhle). Für den Weg dorthin ist Trittsicherheit und festes Schuhwerk empfehlenswert, gelegentlich müssen auch die Hände zu Hilfe genommen werden. Zudem empfiehlt es sich den Abstecher nur bei Niedrigwasser zu unternehmen.

Restaurant
Restaurante Tacorón €
Luftiges Strandlokal mit schattiger Terrasse.
Cala Tacorón s/n
La Restinga
Tel. 922 55 71 54

Abendstimmung in den Dünen von Maspalomas

Karte
S. 247

Gran Canaria

GRAN CANARIA

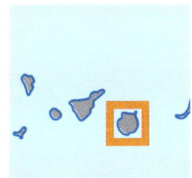

Eine grandiose Dünenlandschaft im Süden, fruchtbares Kulturland im Norden, in der Mitte ein zerklüftetes Bergmassiv mit Felsnadeln als markanten Landzeichen in der urweltlichen Szenerie, dazu die kosmopolitische Metropole und Hafenstadt Las Palmas. Und das alles auf einer fast kreisrunden Insel mit einem Durchmesser von ca. 45 km.

Gran Canaria überrascht durch seine Vielfalt und hat weit mehr zu bieten als nur Sonnengrills und Amüsiermeilen, welche die Massen anziehen. Die Ferienorte konzentrieren sich an der Südküste (Costa Canaria) und Südwestküste (Costa Mogán) mit der malerischen Hafensiedlung Puerto de Mogán. Hauptstrandort und touristischer Magnet ist die Playa del Inglés mit allen Vor- und Nachteilen einer komplett durchorganisierten Tourismusindustrie. Aber der Strand ist einmalig schön. Er misst 6 km in der Länge und zieht sich von San Augustín bis hin zum Leuchtturm von Maspalomas.

Ganz anders zeigt sich der Küstenstreifen im vergleichsweise entlegenen Westen. In den ehemals reinen Fischerdörfern geht das Leben noch seinen geruhsamen, althergebrachten Gang. Weite Teile des Inselinneren sind als UNESCO-Biosphärenreservat ausgewiesen. Dort erhebt sich das Gebirge bis fast 2000 m hinauf. Im Winter kann Schnee liegen. Bizarre Felslandschaften und Bergwelten, Schluchten und Höhenrücken ermöglichen Wanderern und Radfahrern das ganze Jahr über herrliche Touren.

Die Umgebung der kleinen Städte im kühleren Norden der Insel ist fruchtbar und ganzjährig grün. Bananenplantagen, üppige Wiesen und Felder beherrschen das Landschaftsbild. Auf zahlreichen Bauernmärkten lassen sich lokale Produkte kaufen.

Die Metropole Las Palmas de Gran Canaria weiß nicht nur durch die restaurierte koloniale Altstadt zu überzeugen, sondern auch mit ihrem vielfältigen kulturellen Angebot und den guten Einkaufsmöglichkeiten. Nicht zu verachten ist der Stadtstrand Playa de las Canteras, der gelegentlich mit der Copacabana in Rio verglichen wird.

TOUREN IN DER REGION

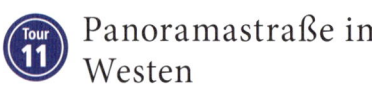

Panoramastraße im Westen

ROUTE: Puerto de Mogán › Mogán › Tasartico › Playa del Asno › La Aldea de San Nicolás › Puerto de la Aldea › Puerto de las Nievess

KARTE: rechts
DAUER: 1 Tag; Fahrstrecke: 90 km
PRAKTISCHE HINWEISE:
» Die Küstenstraße ist gut ausgebaut. Wegen der vielen Kurven und Aussichtspunkte sowie für Badestopps sollte man aber genug Zeit einplanen.

TOUR-START

Der dünn besiedelte Westen Gran Canarias wird durch die GC-200 erschlossen, die sich in ständigem Auf und Ab über schroff zum Meer abfallende Küstenberge windet. Von **Puerto de Mogán** 9 › S. 268 fährt man zunächst landeinwärts nach **Mogán**, von dem die Feriensiedlungen im Südwesten verwaltet werden. Die Straße schlängelt sich in vielen Kurven zur Passhöhe **Degollada de la Aldea** hinauf.

Von dort ist auf einer Stichstraße ein Abstecher über den Weiler **Tasartico** zur **Playa del Asno** möglich. Unter Wanderern beliebt ist die Tour von Tasartico an den nur zu Fuß erreichbaren Traumstrand **Playa de Güigüí** (hin und zurück 5 Std.).

Zurück auf der GC-200 geht es weiter nach **La Aldea de San Nicolás,** dem Hauptort im Inselwesten. In der Region werden auf dem fruchtbaren Schwemmlandboden vornehmlich Tomaten in den Treibhäusern kultiviert. Völlig ungeschminkt gibt sich der steinige Strand am kleinen Hafen **Puerto de la Aldea,** an dem man ein paar einfache Fischlokale sowie einen Picknickplatz findet.

Etliche Aussichtsplätze wie etwa der **Mirador de Balcón** sorgen unterwegs für immer neue Ansichten der wild zerklüfteten Küstenlandschaft. Über **Agaete** 10 › S. 270 erreicht man schließlich **Puerto de las Nieves** 11 › S. 271, wo man vor der Rückfahrt in einem der Lokale am Wasser noch eine Pause einlegen kann.

Die Marina von Puerto de Mogán, das Schmuckstück aller Jachthäfen

Gran Canaria
Touren

TOUREN AUF GRAN CANARIA

11 Panoramastraße im Westen

PUERTO DE MOGÁN › MOGÁN › TASARTICO › PLAYA DEL ASNO › LA ALDEA DE SAN NICOLÁS › PUERTO DE LA ALDEA › PUERTO DE LAS NIEVES

12 Die Nordküste entlang

LAS PALMAS › ARUCAS › FIRGAS › MOYA › LOS TILOS › CENOBIO DE VALERÓN › GÁLDAR › LAS PALMAS

13 Ins zentrale Bergland

MASPALOMAS › FATAGA › SAN BARTOLOMÉ DE TIRAJANA › ROQUE NUBLO › PICO DE LAS NIEVES › TEJEDA

 # Die Nordküste entlang

ROUTE: Las Palmas › Arucas › Firgas › Moya › Los Tilos › Cenobio de Valerón › Gáldar › Las Palmas

KARTE: Seite 247
DAUER: 1 Tag; Fahrstrecke: 85 km
PRAKTISCHE HINWEISE:
» In der Cueva Pintada in Gáldar finden Di–So mehrmals tgl. Führungen statt.

TOUR-START

Von **Las Palmas** 1 › S. 250 Richtung Westen fahrend erreicht man mitten im Bananengürtel **Arucas**. Die Silhouette der drittgrößten Stadt Gran Canarias wird von der **Iglesia de San Juan** dominiert, einer recht monströs geratenen, neugotischen Kirche, von den Insulanern »Catedral« genannt. Das beste Panorama über die Region ermöglicht die **Montaña de Arucas** (412 m), von der aus sich praktisch die ganze Nordküste überblicken lässt.

In **Firgas** weiter westlich sprudelt eine Quelle, deren Mineralwasser in fast jedem Supermarkt der Insel zu kaufen ist. Sehr reizvoll gestaltet ist der Spazierweg **Paseo de Gran Canaria**, der von einer Wassertreppe begleitet wird. Im Nachbarort **Moya** ist die weithin sichtbare **Iglesia del Pilar** ein Blickfang:, denn die verschachtelt gebaute Pfarrkirche thront pittoresk am Rand eines Barrancos.

Auf der Straße nach Santa Maria de Guía bietet sich ein kurzer Abstecher nach **Los Tilos** an. In dem üppig begrünten Tal finden sich noch Überreste eines Lorbeerwalds aus dem Tertiär.

An der mit »Cuesta de Silva« ausgeschilderten alten Küstenstraße liegt nahe **Guía Cenobio de Valerón** › S. 272, eine der bedeutendsten altkanarischen Stätten des Archipels. Unter einem mächtigen Basaltbogen verbirgt sich ein mehrstöckiger Höhlenkomplex mit über 300 wabenförmig in den weichen Tuff gehauenen Höhlen

Ein wunderschöner Brunnen ziert den zentralen Platz von Gáldar

(mit Museum). In der alten Königsstadt **Gáldar** 12 › S. 272 ist die Cueva Pintada einen Besuch wert (Museum und archäologischer Park). Auf der GC-2 geht es dann schnell zurück nach Las Palmas.

 # Ins zentrale Bergland

ROUTE: Maspalomas › Fataga › San Bartolomé de Tirajana › Roque Nublo › Pico de las Nieves › Tejeda

KARTE: Seite 247
DAUER: 1 Tag; Fahrstrecke: 60 km

TOUR-START

Den eindrucksvollsten Zugang ins Bergland eröffnet von **Maspalomas** 5 › S. 266 aus die Straße

Karte
S. 247

Gran Canaria
Touren

GC-60 durch den **Barranco de Fataga**. Schon nach kurzer Fahrt in das Tal, das im Hinterland von Playa del Inglés beginnt, wird die Landschaft immer grüner. Plantagen voller tropischer Früchte erstrecken sich im Tal. Dattelpalmen, tropische Früchte und kleine Gemüsefelder kündigen **Fataga** an. Das pittoreske Bergdorf wurde auf einem in die Schlucht ragenden Felsen gebaut. Es lädt zum Bummel durch die verwinkelten Gassen mit den typischen schindelgedeckten Steinhäusern ein. Autos müssen draußen bleiben. Gleichsam eine Etage höher, schon auf 900 m, duckt sich **San Bartolomé de Tirajana** am Talausgang ans Zentralmassiv. Es ist die Kreisstadt für das gesamte Küstengebiet der Costa Canaria. Das ehemals arme Bauerndorf gehört heute dank des Tourismusbooms an der Küste zu den reichsten Gemeinden der Insel. Sehenswert ist die zentrale Plaza mit hohen, Schatten spendenden Bäumen. Die Früchte des hier intensiv betriebenen Obstanbaus werden zu einem nicht unbeträchtlichen Teil in kleinen Destillen zu Hochprozentigem gebrannt. Eine lokale Spezialität ist der Guindillo, ein köstlicher Sauerkirschlikör. Bei dem malerischen Weiler Ayacata trifft man auf die Ringstraße, die auf imposante Weise das Herz der Insel umschließt. Der GC-600 folgend gelangt man nach 3 km zum Parkplatz **La Goleta**. Von dort führt in ca. 30 Min. ein Wanderpfad mit einigen felsigen Abschnitten zum **Roque Nublo**. Die markante Felsnadel ist mit 1813 m der zweithöchste Punkt auf Gran Canaria und eines der Wahrzeichen der Insel. Es handelt sich um einen alten ausgehärteten Schlotkern eines Vulkans. Die Erosion hat alle lockeren Auswurfprodukte abgetragen. Übrig geblieben ist ein steil in den Himmel ragender Felsenfinger, der sich etwa 80 m über den Bergstock erhebt. Von der Ringstraße lässt sich ein kurzer Abstecher zum **Pico de las Nieves** (1949 m), dem höchsten Berg der Insel, unternehmen. Der Gipfel selbst, auf dem eine Radarstation thront, ist als militärisches Sperrgebiet ausgewiesen, man kann aber einen etwas tiefer gelegenen Aussichtspunkt ansteuern. Am **Cruz de Tejeda** treffen die von der Nordküste von Las Palmas und Arucas hochführenden Straßen auf die Ringstraße. Ein steinernes Kreuz markiert den mit 1520 m höchsten Pass der Insel. Er gilt als einer der schönsten Aussichtspunkte der Insel. Auf der Rückfahrt in den Süden bietet sich eine Einkehr ins hübsche Bergdorf **Tejeda** 14 › S. 277 an. Die Hauptstraße ist wie eine Promenade durch das Ortszentrum angelegt.

Als Wahrzeichen Gran Canarias gilt der Roque Nublo

UNTERWEGS AUF GRAN CANARIA

Las Palmas de Gran Canaria 1 [Q6]

Sie ist Hauptstadt, Hafen- und Handelsstadt, Großstadt, Gartenstadt mit dem Parque Doramas, Geschäftsstadt und Urlauberstadt – Las Palmas hat von allem etwas: eine sechsspurige Stadtautobahn und mit Kopfsteinen gepflasterte Gassen in der Altstadt Vegueta, Hochhaussiedlungen und Jugendstil im Viertel Triana, Kaufhäuser, alte Markthallen und fliegende Händler. Mit der Canteras-Bucht, eine der größten natürlichen »Badewannen« der Welt, eingefasst von einem goldfarbenen Strand, hält Las Palmas selbst als Badeort jedem Vergleich stand. Bis in die 1970er-Jahre war Las Palmas das bevorzugte Ziel der Gran-Canaria-Urlauber. Längs der Canteras-Bucht reihen sich auch heute noch zahlreiche Hotels und Apartmenthäuser. Aber seit der Erschließung des Inselsüdens für den Tourismus verbringt die Mehrzahl der Urlauber dort ihre Ferien. Las Palmas hat dennoch seine Stammkunden, vor allem Gäste, die das südländische Leben und kulturelle Angebot der Stadt genießen wollen.

ALTSTADT

VEGUETA [E2]

Südlich der Schnellstraße GC-110 öffnet sich das Gassengewirr des ältesten Stadtviertels von Las Palmas, in dem man Geschichte geradezu atmet. Massive kanarische Bauten, aufgelockert durch andalusische Balkone und maurische Ornamente an den Portalen findet man hier in üppiger Auswahl. Dazwischen stehen immer wieder *palacios*, herrschaftliche Gebäude, mit kühlen, stillen Patios voller Pflanzen, in denen auch Urlauber den Großstadtstress vergessen. Die Namen der Häuser lesen sich wie ein Who's who der kanarischen Geschichte: Morales und Manrique, Alfaro und Padilla. Die zwei Türme der dreischiffigen **Catedral de Santa Ana** A [b4] beherrschen die Altstadt. Vierhundert Jahre dauerte es bis zur Vollendung der 1497 – kurz nach der Eroberung der Insel – begonnenen Kirche, entsprechend viele Stile lassen sich erkennen: Gotik im inneren hinteren Teil des Baus und in den Kapellen des linken Seitenschiffes, Barock in der San-Fernando-Kapelle, Renaissance im rechten Seitenschiff, eine eklektizistische Stilmischung in der Vierungskuppel und schließlich Klassizismus an der Fassade, die der kanarische Bildhauer José Luján Pérez (1756 bis 1815) schuf, ebenso wie etliche Statuen im Kircheninneren.

Der Besucherzugang an der Südseite der Kathedrale führt durch das **Museo Diocesano del Arte Sacro** und den typisch andalusisch-arabischen, mit Orangenbäumen bestandenen Innenhof. Das Museum bewahrt und präsentiert die kostbaren Kirchenschätze (Calle Espíritu Santo 20, Mo–Fr 10–16.30, Sa 10–13.30 Uhr, Museum und Kathedrale Eintritt 3 €, www.diocesisdecanarias.es).

Unabhängig vom Besuch des Museums und der Kathedrale ist der südliche Kirchturm per Lift zugänglich, von oben bietet sich ein beeindruckendes Panorama über die Dächer der Metropole (Mo–Fr 10–16.30, Sa 10–13.30 Uhr, Eintritt 1,50 €).

Vor der Kathedrale breitet sich der Hauptplatz der Altstadt aus, die **Plaza Santa Ana** [b4]. Hunde, die Wappentiere von Las Palmas, wachen als Statuen an den Treppenaufgängen. Über 500 Jahre lang war er der wichtigste Platz der Stadt. Heute wird er von Tauben, spielenden Kindern und ein Schwätzchen haltenden Einheimischen frequentiert. Gesäumt wird die Plaza von den auffallenden Prachtbauten der geistlichen und weltlichen Potentaten: Vom **Palacio Episcopal** B [b3] (Bischofspalast) hat jedoch

Gran Canaria
Las Palmas de Gran Canaria

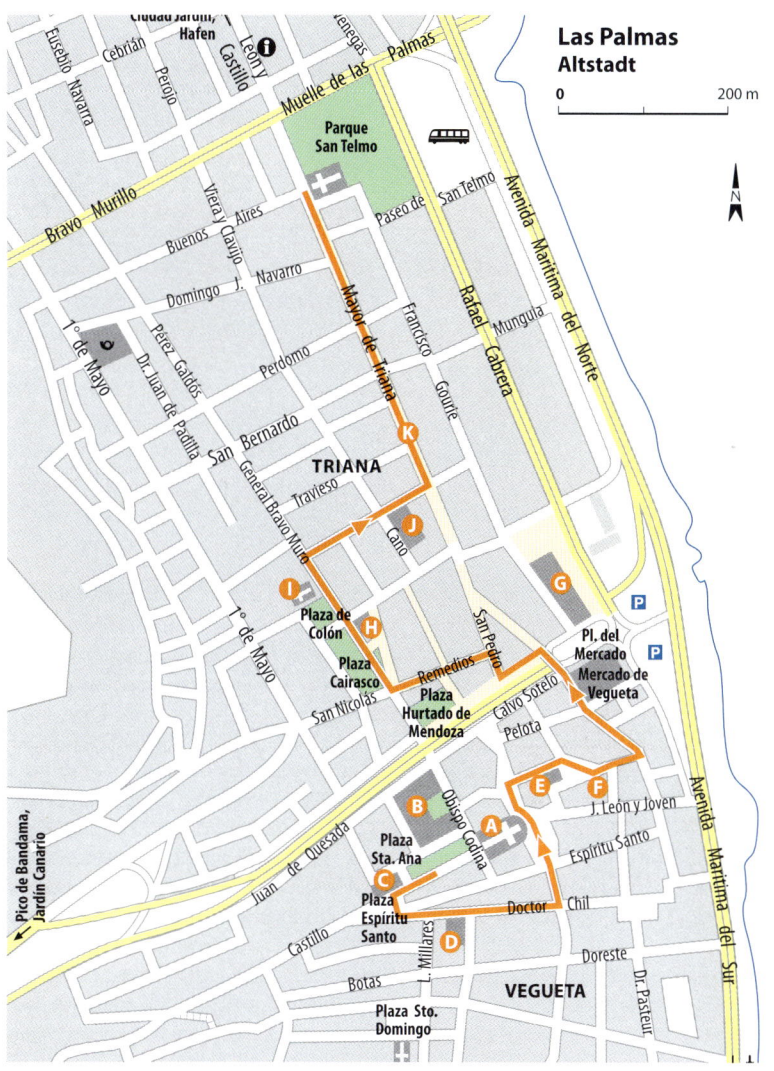

TOUR IN LAS PALMAS

Las Palmas historische Altstadt

- **A** Catedral de Santa Ana
- **B** Palacio Episcopal
- **C** Casas Consistoriales del Ayuntamiento
- **D** Museo Canario
- **E** Casa de Colón
- **F** Centro Atlántico de Arte Moderno (CAAM)
- **G** Teatro Pérez Galdós
- **H** Gabinete Literario
- **I** Iglesia San Francisco
- **J** Casa-Museo Pérez Galdós
- **K** Calle Mayor de Triana

Die Casa de Colón wird mit Kolumbus in Verbindung gebracht

nur das Portal die Brandschatzung der Stadt durch Piraten im Jahre 1599 überstanden. Daneben befindet sich die **Casa Regental**, ehemals Sitz des königlichen Statthalters. In ihrem prächtigen Renaissanceportal trägt sie das Wappen der vereinigten Königreiche von León und Kastilien, die im 15. und 16. Jh. die spanischen Könige stellten.

Gegenüber der Kathedrale stehen die **Casas Consistoriales del Ayuntamiento** C [b4], das Rathaus und der Hauptsitz der Stadtverwaltung, das mit einem Alter von gut 150 Jahren das jüngste Gebäude am Platz ist. Der historische Vorgängerbau sank am Ostersonntag des Jahres 1842 in Schutt und Asche, nachdem der Dachstuhl von einem Feuerwerkskörper getroffen worden war. Noch heute werden auf der Plaza die Osterfeiertage mit einem solchen Freudenfeuerwerk angekündigt. Weniger gefährlich dagegen ist ein weiteres, nur einmal im Jahr stattfindendes Ereignis: Während des Fronleichnamsfestes wird der Platz mit einem riesigen, kunstvollen Blumenteppich ausgelegt.

Unweit der Plaza, vorbei an der Casa Romero, die einst dem nahen Jesuitenkolleg als Grundschule diente, trifft man auf das **Museo Canario** D [b4]. Die private Stiftung präsentiert die reichste Sammlung vorspanischer Fundstücke auf dem Archipel: Keramik, Werkzeuge und Skelette der Ureinwohner. Die ausgestellten Mumien dokumentieren, dass die Kunst der Einbalsamierung nicht nur am Nil praktiziert wurde – auch wenn die Altkanarier die Technik bei Weitem nicht so perfekt beherrschten wie die Ägypter. Man schloss die Körperöffnungen mit Bienenwachs, präparierte den Leichnam mit dem harzigen Saft des Drachenbaumes und wickelte ihn in gegerbte Ziegenfelle ein. Zudem findet man hier die umfangreichste Schädelsammlung mit über 1000 Totenköpfen – darunter auch solche, an denen Spuren von Hirnoperationen zu sehen sind. Außerdem zeigt das

Karte
S. 251

Gran Canaria
Las Palmas de Gran Canaria

Museo Canario 214 Pintaderas, prähistorische Tonstempel mit geometrischen Mustern, mit denen die Altkanarier bunte Verzierungen auf Stoffe oder direkt auf der Haut aufbrachten. Zu den herausragenden Exponaten zählen weiterhin verschiedene Kultobjekte der prähispanischen Bewohner, darunter das Idol von Tara, eine etwa 30 cm hohe Terrakottastatue, die als Symbol weiblicher Fruchtbarkeit gilt. Das Museum ist für jeden, der sich für die Frühgeschichte der Kanaren interessiert, eine gute Ergänzung zum Museumspark Cueva Pintada in Gáldar › **S. 272** (Calle Doctor Verneau 2, Mo–Fr 10–20, Sa/So 10–14 Uhr; Eintritt 4 €, Kinder bis 12 Jahren frei; www.elmuseocanario.com).

Von innen und außen malerisch ist die **Casa de Colón** E [b/c3]. Kolumbus hat sich hier zwar nie aufgehalten, aber Teile der Bausubstanz dieses Kleinods spanischer Kolonialarchitektur stammen noch aus seiner Zeit oder sind sogar älter. Der herrliche Bau wirkt von außen wie eine Trutzburg, wenn auch eine besonders repräsentative. Immerhin residierte hier nach der Reconquista der Inselgouverneur. Das reich geschmückte Hauptportal zur Plaza San Antonio Abad mit der ältesten Kapelle wird von Löwen flankiert. Durch den Eingang in der Gasse Calle Colón betritt man die reichlich bepflanzten Innenhöfe. Ein schöner, alter Brunnen und umlaufende Holzgalerien versetzen einen um Jahrhunderte zurück. Das Museum dokumentiert die verschiedenen Expeditionen des Genuesen Christoph Kolumbus mittels Schiffsmodellen, Kartennachbildungen und Ausrüstungsgegenständen. Außerdem beherbergt es eine Gemälde- und Skulpturensammlung sowie eine Bibliothek (Calle Colón 1, Mo–Sa 10–18, So 10–15 Uhr, Eintritt 4 €, www.casadecolon.com).

Das **Centro Atlántico de Arte Moderno (CAAM)** F [c3] nur wenige Schritte weiter ist ein hypermoderner, von zwei Glaspyramiden gekrönter Kunsttempel. Hinter einer klassizistischen Fassade verbergen sich auf fünf Ebenen strahlend helle Säle, in denen moderne, vorwiegend kanarische Kunst ausgestellt wird. Außerdem finden regelmäßig Wechselausstellungen statt; auch der Museumsladen lohnt den Besuch (Calle Los Balcones 11, Di–Sa 10–21, So 10 bis 14 Uhr, Eintritt frei, www.caam.net).

Am Ende der Straße geht es nach links zur ältesten Markthalle der Stadt, **Mercado de Vegueta** – mit tollem Lebensmittelangebot. Vormittags ist es hier besonders lebhaft (Calle Mendizábal 1, www.mercadovegueta.com; Mo–Do 6.30–14, Fr/Sa 6.30–15 Uhr).

An der Schnellstraße, die die beiden Viertel Vegueta und Triana trennt, steht das **Teatro Pérez Galdós** G [c3], genau gegenüber der Markthalle. Es trägt den Namen des spanischen Romanciers Benito Pérez Galdós (1843–1920), des berühmtesten Sohns der Kanarischen Inseln. Seine Entwicklung zum »spanischen Balzac« begann und endete allerdings in Madrid. Über 100 Bände umfasst sein Werk, und er ist immer noch einer der meistgelesenen Autoren Spaniens. Das 1919 eröffnete Theater wurde von einem weiteren bekannten Grancanarier, Néstor Martín Fernández de la Torre (1887–1938), ausgemalt. Das Innere des Theaters kann man nicht nur bei Aufführungen, sondern auch im Rahmen geführter 40-minütiger Besichtigungen bewundern (Plaza Stagno 1, Mo–Fr 10.15, 11.15 und 12.15 Uhr, Eintritt 5 €, www.teatroperezgaldos.es).

TRIANA

Bei den hübsch gestalteten Plätzen **Plaza Hurtado de Mendoza** und **Plaza de las Ranas** mit Froschbrunnen unter großen Gummibäumen beginnt das gepflegte Viertel Triana, in dem einst die kleinen Kaufleute und Handwerker lebten. Das Ambiente der **Plaza Cairasco,** einem der stimmungsvollsten Plätze der Stadt, lässt sich am besten auf einer der vielen Restaurantterrassen genießen. Die Plaza ist benannt nach dem Dichter Bartolomé Cairasco de Figueroa (1540–1610). Hohe Palmen und die breiten Kronen von Indischen Lorbeerbäumen rahmen Gebäude in Kolonial- und Jugendstil ein. Den nördlichen Abschluss bildet der Jugendstilpalast des 1842 ursprünglich als Theater erbauten **Gabinete Literario** ⓗ [b3].

Nach Westen schließt sich die grüne **Plaza de Colón** an. Eine Büste des Entdeckers der Neuen Welt ziert sie – ebenso wie die Stirnseite der direkt an der Plaza gelegenen barocken **Iglesia San Francisco** ⓘ [b3], in die es sich lohnt, einen Blick zu werfen. Der durch eine Brandschatzung 1599 zerstörte Bau wurde in zahlreichen Schritten, zuletzt 1961, erneut aufgebaut; glücklicherweise blieb die Holzdecke im Mudejarstil, der auf die maurische Kunst zurückgeht, erhalten. Große Verehrung genießt die **Virgen de la Soledad**; die Madonna soll die Gesichtszüge der Klostergründerin Isabel von Kastillien tragen.

Nur wenige Schritte weiter steht das Geburts- und Wohnhaus von Benito Pérez Galdós, jenem berühmten spanischen Literaten des beginnenden 20. Jhs., nach dem auch das nahegelegene alte Theater benannt wurde. Seine Wohnstätte erinnert nun als **Casa-Museo Pérez Galdós** ⓙ [b2] an den Meister. Das Museum, ein kanarischer Bau mit malerischem Innenhof, ist mit originalen Möbeln aus dem Haus des Schriftstellers in Madrid eingerichtet (Calle Cano 6, Tel. 982 36 69 76, Di–So 10–18 Uhr, Eintritt 3 €, www.casamuseoperezgaldos.com).

Die Fußgängerzone **Calle Mayor de Triana** ⓚ [b2], die Hauptstraße des Viertels, ist mit ihren Jugendstilfassaden die eleganteste und unter Einheimischen beliebteste Flanier- und Einkaufsmeile von Las Palmas. Auch in den verkehrsberuhigten Nebenstraßen haben viele Fachgeschäfte ihre Adresse. In der auf Lokales spezialisierten Librería del Cabildo bekommt man ausschließlich Literatur zum Kanarischen Archipel. Auch in deutscher Sprache gibt es hier Bücher zur Geschichte Gran Canarias sowie Wanderführer und Karten (Calle Cano 24, www.libroscanarios.es).

Manche Fassaden zeugen noch vom Aufschwung des Viertels zum Geschäftszentrum. Beachtenswert sind die Häuser Calle Mayor de Triana Nr. 35 und Nr. 80 aus der zweiten Hälfte des 19. Jhs., aber auch einige Jugendstilfassaden in den angrenzenden Gassen Domingo Navarro und Calle Buenos Aires, die vom Modernismo, dem spanischen Jugendstil, beeinflusst sind. Die Hauptstraße führt direkt auf den Parque San Telmo, einen wichtigen Verkehrsknotenpunkt.

CIUDAD JARDÍN – OASE IN DER CITY

An die Altstadt mit den Vierteln Vegueta und Triana schließen sich die wenig sehenswerten Stadtteile Arenales und Lugo an, die man am besten mit dem Bus durchquert.

Auf Höhe des Jachthafens *(muelle deportivo)* gelangt man zu einer grünen Lunge der Stadt. Seinen Namen verdankt der **Parque Doramas** [b5] dem Anführer der Altkanarier, der sich den spanischen Eroberern bis zum bitteren Ende widersetzte.

Er wollte durch fairen Zweikampf eine große Schlacht verhindern, wurde aber von der Lanze des berittenen Spaniers Pedro de Vera durchbohrt. Die Altkanarier, ihres Führers beraubt, ergaben sich nicht, sondern zogen den Freitod vor: Sie stürzten sich von Felsen in eine Schlucht. Von dieser Verzweiflungstat kündet das Monument am Parkeingang.

Dahinter erhebt sich das 1890 im kanarischen Stil erbaute Luxushotel **Santa Catalina** › S. 255. Auf den Hotelterrassen können auch Parkbesucher bei Kaffee oder Tee eine Pause mit Blick ins Grüne einlegen. Hinter dem Hotel eröffnen sich weitläufige Grünflächen, Spielplätze, ein Wasserlauf, der in einen Wasserfall und in einen See mündet, sowie Terrassencafés.

Das im pseudokanarischen Stil gebaute Vorzeigedorf **Pueblo Canario** [b5] mit einer Reihe von Restaurants, Kunstgewerbeläden sowie einer Niederlassung der Touristikinformation ist eine Touristenattraktion. Sonntags ab 11 Uhr finden auf dem zentralen Platz Tanz- und Musikvorführungen kanarischer Trachtengruppen statt, die man sich nicht entgehen lassen sollte. Allein schon ihre wunderschönen Kostüme sind den Besuch wert; die gut einstündige Vorstellung ist kostenlos.

Karte S. 251

Gran Canaria
Las Palmas de Gran Canaria

Dem altkanarischen Anführer Tasarte ist das Denkmal im Parque Doramas gewidmet

Das kanarische Dorf wurde bereits 1955 von Miguel Fernández de la Torre gebaut, der dafür Ideen seines Bruders Néstor aufgriff. In einem der Häuser ist daher das **Museo Néstor** [b5] zu Ehren des Bruders untergebracht. Néstor Martín Fernández de la Torre (1887–1938) war der erste bildende Künstler der Kanarischen Inseln, der internationale Bedeutung errang. Er gilt als einer der führenden Vertreter des Modernismo, der spanischen Variante des Jugendstils. Er hat zahlreiche Auftragskunstwerke auf dem Festland, aber auch in seiner Heimat ausgeführt, nicht zuletzt die Ausschmückung des Teatro Pérez Galdós › S. 253. Das Museum zeigt in einer ständigen Ausstellung neben Möbeln und Entwürfen für Theaterdekorationen die berühmtesten Bilder des Künstlers, der sich immer wieder mit der Landschaft seiner schönen Heimat sowie ihrer Flora und Fauna auseinandersetzte. Seine wichtigsten Werke sind die Zyklen »Poema del mar« und »Poema de la tierra«, die Erde, Menschen, Tiere und die Fluten des Atlantiks erotisch miteinander verschlungen zeigen (Parque Doramas, Di–Sa 10–20, So 10.30–14.30 Uhr, Eintritt 2 €; www.laspalmasgc.es/mnestor).

SANTA CATALINA

Da, wo das Meer die Stadt zu einem schmalen Streifen zusammendrückt, liegt das Viertel Santa Catalina. Der Stadtteil ist Hafenviertel ebenso wie Touristenhochburg. Hier findet man unzählige Bars, Discos und andere Lokale, die Las Palmas den Ruf eingebracht haben, die Stadt in Spanien mit den meisten Kneipen zu sein.

Der lebhafteste Platz der Stadt, der **Parque Santa Catalina** [b2], ist das Herzstück des Viertels, auf dem sich rund um die Uhr alle, vom

Reger Betrieb herrscht auf der Werft im Puerto de la Luz

Karte
S. 251

Gran Canaria
Las Palmas de Gran Canaria

Frühsportler bis zum Nachtschwärmer, ein Stelldichein geben. Hier ist auch der Rentnertreffpunkt, an dem Schach- und Dominoturniere ausgetragen werden. Der Parque ist kein Park in unserem Sinne, sondern eher eine weitläufige gepflasterte Plaza mit wenigen Grünanlagen und vielen Terrassencafés.

Eine ehemalige Lagerhalle, in Richtung Hafen, die sich von außen mit einem schrägen Glasdach ein modernes Gesicht gibt, wurde in das **Museo Elder de la Ciencia y la Tecnología** (Museum für Wissenschaft und Technik) verwandelt (Parque de Santa Catalina, Di–So 10 bis 20 Uhr; Eintritt Erwachsene 6 €, Kinder 3 €; www.museoelder.org). Dahinter erhebt sich poppig-bunt das **Einkaufszentrum El Muelle;** auf mehreren Etagen tummeln sich hier Markenboutiquen, dazu Terrassencafés mit weitem Blick über den Hafen.

Nur zwei Straßenzüge weiter beginnt die goldfarbene und feinsandige **Playa de Las Canteras** [a1–b2]. Das Besondere an diesem gepflegten Strand liegt einige Hundert Meter weiter draußen im warmen und sauberen Wasser des Atlantiks: **La Barra**, die Barriere. Das Riff von 2,5 km Länge hält die Brandung ab und schafft ein riesiges natürliches Schwimmbad, womöglich der Welt größte Badewanne. Sie erweist sich als ideales Familienbad, in dem sich auch Krabbelkinder wohlfühlen. Am breiten Strand kann man Liegestühle mieten; Rettungsschwimmer überwachen das Badevergnügen. Wellenreiter, mit und ohne Brett, kommen höchstens am südlichen Strandende, an dem die Wellen ungebrochen auf den Sand rollen können, auf ihre Kosten.

Die Playa de Las Canteras ist das Refugium der Städter und Urlauber. Dicht an dicht stehen hier die eleganten Hotels und Apartmentanlagen, von denen einige aber schon etwas in die Jahre gekommen sind. Die autofreie 4 km lange **Promenade** ist nicht nur Puffer zwischen Strandidyll und Stadtgetümmel, sondern bietet mit vielen kleinen Palmenoasen auch Platz für Bars und Cafés, Diskotheken und Restaurants. Von der urigen Fischerkneipe über den austauschbaren Chinesen bis zum Edelitaliener ist für jeden Geschmack etwas dabei.

HAFEN

Der **Puerto de la Luz** [c2/3], der »Hafen des Lichts«, ist einer der größten Häfen Spaniens. Vor allem Öl und Fisch werden hier umgeschlagen. Touristische Bedeutung hat der Hafen von Las Palmas als Dreh- und Angelpunkt der wichtigsten Fährverbindungen zwischen allen Kanarischen Inseln, die von der **Muelle de Santa Catalina** ausgehen. Südlich davon liegt die **Muelle Deportivo,** von der Hochseejachten zur Atlantiküberquerung starten. Las Palmas stellt die letzte Bunkerstation vor der Reise in den Westen dar.

Eine Promenade führt an den Hafenbecken vorbei zum **Castillo de la Luz** [c1]. Erbaut im 16. Jh. – noch an der gotischen Umrandung des Portals erkennbar – schützte das Kastell die Stadt und den Hafen vor Piratenüberfällen. Nach langjähriger Restaurierung öffnete die Burg 2014 ihre Tore für Besucher und beherbergt jetzt die Fundación de Arte y Pensamiento Martín Chirino mit einer ständigen Ausstellung von 25 Werken des einheimischen Bildhauers (Mo–Sa 11–19, So/Fei 11–14 Uhr).

Die Halbinsel **Isleta** im Norden von Las Palmas erinnert mit ihren roten Aschekegeln an den vulkanischen Ursprung der Insel. Sie zu erwandern lohnt sich nicht, denn der Aufstieg ist mühsam und nur über eine Asphaltstraße möglich. Wer von oben den Blick auf die Nordküste genießen will, nimmt besser den Wagen oder die Stadtbuslinie 41.

Info

In Las Palmas gibt es mehrere Kioske und Büros der Touristeninformation; wichtig für Besucher aus dem Süden sind jene am Busbahnhof beim Parque de San Telmo und die Casa del Turismo im Parque Santa Catalina (www.lpavisit.com, tgl. 9–18 Uhr).

Über die gesamte Insel informiert die Tourismusbehörde:

Patronato del Turismo
Calle Triana 93 | Las Palmas de Gran Canaria
Tel. 928 21 96 00 | www.grancanaria.com

Verkehr

Inselbusse: Der zentrale Busbahnhof befindet sich unterirdisch beim Parque de San Telmo, dort kann man von 7–20 Uhr verschiedene Mehrfach- und Abotickets kaufen. Ein zusätzliches Terminal liegt zwischen Parque Santa Catalina und Hafen. Sehr gut sind die Verbindungen nach Playa del Inglés, entlang der Südküste bis Puerto Rico, entlang der Nordküste und ins zentrale Bergland. Fahrpläne unter www.globalsu.net.

Stadtbusse: In Las Palmas sind die gelben Stadtbusse der Linie 1 besonders hilfreich. Sie pendeln zwischen Teatro Pérez Galdós im Viertel Triana und Puerto de la Luz parallel zur Stadtautobahn (Fahrpreis: 1,30 €, Bono-Zehnerkarte 8,50 €, Fahrpläne unter www.guaguas.com).

Stadtrundfahrt: Wer sich einen Überblick über die Stadt verschaffen will, steigt am besten in einen der bunten, halboffenen Doppeldecker von City Sightseeing (Preis: ab 18 €). Er startet am Parque Santa Catalina und fährt quer durch alle Viertel zur Altstadt und wieder zurück. An jeder beliebigen Haltestelle kann man aus- und wieder einsteigen. Infos unter www.city-sight seeing.com.

Taxis: Das Angebot ist groß, man kann einfach einen vorbeifahrenden Wagen anhalten. Auf Stadtfahrten richtet sich der Preis nach dem Taxameter (Grundpreis 2,40 €, 1 km im Stadtgebiet 0,64 €, evtl. Zuschläge für Nachtfahrten, Gepäck usw.), für Überlandfahrten sollte man den Preis vorher erfragen.

Hotels/Apartments

Santa Catalina €€€
Das älteste Hotel der Insel (1890 erbaut) liegt sehr ruhig im Doramas-Park und ist mit Antiquitäten ausgestattet. Großzügiger Spa-Bereich.
Calle León y Castillo 227
Las Palmas de Gran Canaria | Tel. 928 24 30 40
www.hotelsantacatalina.com

Reina Isabel €€€
Hervorragende Lage am Canteras-Strand, mit allen Annehmlichkeiten, die ein Luxushotel ausmachen wie Fitnessraum, Sauna, Jacuzzi und Türkisches Bad und einem großen Wintergarten.
Calle Alfredo L. Jones 40
Las Palmas de Gran Canaria
Tel. 928 26 01 00 | www.bullhotels.com

Apartamentos Playa Dorada €€
Direkt an der Strandpromenade, komplett renoviert, von allen Zimmern Blick auf das Meer.
Calle Luis Morote 61
Las Palmas de Gran Canaria
Tel. 928 26 51 00 | www.playadoradaweb.com

Apartamentos Colón Playa €
Direkt an der Strandpromenade, ca. 30 Min. zu Fuß vom Altstadtzentrum; z. T. geschmackvoll renoviert, von vielen Balkonen Blick aufs Meer.
Calle Alfredo L. Jones 45
Las Palmas de Gran Canaria
Tel. 928 26 59 54 | www.colonplaya.com

Madrid €
Manche der 18 Zimmer des einfachen Hotels haben kein eigenes Bad. Dennoch ist das Haus im Kolonialstil mitten in der Altstadt zwischen den Vierteln Vegueta und Triana beliebt und häufig ausgebucht.
Plaza de Cairasco 4
Las Palmas de Gran Canaria | Tel. 928 36 06 64
www.elhotelmadrid.com

Restaurants

Casa Montesdeoca €€€
Das Edelrestaurant überzeugt vor allem durch seine schöne Atmosphäre: Man sitzt im Innenhof eines restaurierten Altstadtpalastes, umgeben von Farnen und Palmen; exzellente kanarische Küche (So geschl.).

Karte
S. 251

Gran Canaria
Las Palmas de Gran Canaria

Das Auditorio Alfredo Kraus beherbergt verschiedene Festivals

Calle Montesdeoca 10 (Vegueta)
Las Palmas de Gran Canaria
Tel. 928 33 34 66 | www.casamontesdeoca.com

La Marinera €€
Beliebtes Fischlokal in toller Lage am Nordende des Canteras-Strandes (So geschl.).
Paseo de Las Canteras
Las Palmas de Gran Canaria
Tel. 928 46 88 02
www.restaurantelamarineralaspalmas.com

O´Clock €€
Sehr elegantes, modern gestaltetes Restaurant mit Terrasse zur Plaza, dem Gabinete Literario angeschlossen. Gute Karte mit leichten Gerichten, mittags günstiges Menü.
Plaza Cairasco 1 | Las Palmas de Gran Canaria
Tel. 928 43 14 12 | www.gabineteliterario.com

Amigo Camilo €
Auf einer Felsterrasse über den Wellen lässt man sich knackige Calamares, zarten Papageienfisch *(vieja)* oder Zackenbarsch *(mero)* schmecken.

Dazu bestellt man *papas arrugadas con mojo*, die typischen Schrumpelkartoffeln mit Salzkruste und scharfer Soße (tgl. ab 12 Uhr).
La Puntilla | Calle Caleta 1
Las Palmas de Gran Canaria

Shopping

Ein populäres Einkaufsviertel ist Triana mit vielen Fachgeschäften in der Calle Mayor de Triana und in den kleinen Nebenstraßen und Gassen. Eine andere beliebte Einkaufsstraße ist die Avenida de Mesa y López mit Kaufhäusern und Boutiquen internationaler Modedesigner. Typische Souvenirs findet man entlang der Promenade der Playa de Las Canteras. Die größeren Einkaufszentren sind Mo–Sa 10–22 Uhr geöffnet, kleinere Läden schließen oft am Nachmittag für eine Siesta.

El Corte Inglés
Der größte spanische Warenhauskonzern unterhält zu beiden Seiten der Avenida de Mesa y López Filialen. Beeindruckend ist vor allem die üppig bestückte Feinkostabteilung.

Av. Mesa y López 15 und 18
Las Palmas de Gran Canaria
www.elcorteingles.es

El Muelle
In dem modernen Einkaufszentrum am Hafen dominieren Schuhgeschäfte und Boutiquen. In den oberen Etagen befinden sich eine große Diskothek und mehrere beliebte Kneipen mit Außenterrasse.
Muelle Santa Catalina
Las Palmas de Gran Canaria
www.ccelmuelle.es

Las Arenas
Im größten Einkaufszentrum, neben dem Auditorio Alfredo Kraus, gibt es einfach alles einschließlich des größten Supermarktes der Stadt.
Carretera El Rincón
Las Palmas de Gran Canaria
www.cclasarenas.com

Tienda de Artesanía Tradicional (Fedac)
Der kleine Laden im Viertel Triana verkauft traditionelles Kunsthandwerk, etwa die typischen kanarischen Messer mit ihren ornamental geschmückten Griffen, für die Tierhörner, Knochen oder gar Gold und Silber Verwendung finden. Die Einnahmen fließen ohne Abzüge den Kunsthandwerkern zu.
Calle Domingo J. Navarro 7
Las Palmas de Gran Canaria
www.fedac.org

Artesania Santa Catalina
Hier gibt es alles, was das Herz des Souvenirjägers begehrt: Trachtenpuppen, CDs mit Folkloremusik und Handwerkskunst nach Art der Altkanarier. Infos bei Facebook.
Parque Santa Catalina | Calle Ripoche 4
Las Palmas de Gran Canaria

Trödelmarkt (Rastro)
Jeden Sonntagvormittag (10–14.30 Uhr) bieten Kunsthandwerker und Souvenirländer ihre Waren neben dem Parque Santa Catalina gegenüber der Kreuzfahrtmole an. Die Hauptfundgrube für Schnäppchenjäger in Las Palmas.
Parque Blanco
Las Palmas de Gran Canaria

Markthallen gibt es mehrere: Der Mercado Central in der Calle Galicia, quer zur Avenida Mesa y Lopez, und der Markt in der Vegueta › **S. 250** führen ein großes Lebensmittelangebot, von exotischen Früchten über glitzernde Fische bis zu knackfrischen Salaten. Im restaurierten Kristallpalast in der Calle Albareda, dem Mercado del Puerto de la Luz, ist allerhand Schnickschnack im Verkauf.

Nightlife

Wie überall im Süden spielt sich auch in Las Palmas ein guter Teil des Nachtlebens auf der Straße ab – die Canarios brauchen keine Klubs, um abends ihre Unterhaltung zu haben. Spontane Ständchen im Park, die Fortsetzung der Tanzmusik auf der Straße oder feuchtfröhliche Runden am Strand sind keine Seltenheit. Und wer sich gern dazugesellen möchte, ist oft willkommen. Treffpunkte sind z. B. die Plazoleta de Farray in Santa Catalina, ihr Brunnen ist auch eine Anlaufstelle für Straßenmusikanten.

Gleich gegenüber im **Pequeña Habana** treffen sich die Salsafans. Wer es lernen möchte, ist hier jeden Do/Fr ab 21.30 Uhr richtig. Beliebt ist auch die Zone zwischen Plaza Cairasco und Playa Las Ranas/Plaza Hurtado de Mendoza im Viertel Triana. In den meisten Diskotheken ist wie überall in Spanien vor Mitternacht kaum etwas los. Ebenso in den Discos, Tanzbars oder Nightclubs der größeren Hotels, die man auch besuchen kann, ohne Hotelgast zu sein.

Zum Zentrum der jüngeren Nachtschwärmer hat sich inzwischen das Einkaufszentrum **El Muelle** am Hafen entwickelt. In den oberen Etagen haben sich gleich mehrere Kneipen einquartiert. Wenn die Nächte sommerlich warm sind, geht es bei der Open-Air-Disco auf dem Dach richtig los.

Karte
S. 251

Gran Canaria
Las Palmas de Gran Canaria

Dicht schmiegen sich die Häuser der oberen Altstadt von Las Palmas aneinander

Gran Canaria
Jardín Botánico Viera y Clavijo

Der Jardín Botánico Viera y Clavijo zeigt die skurrile kanarische Flora

Ausflug: Jardín Botánico Viera y Clavijo 2 [P7]

Unterhalb des Vorortes Tafira Alta bietet der **Jardín Botánico Viera y Clavijo** (auch unter dem Namen Jardín Canario bekannt) einen hervorragenden Querschnitt durch die endemische Kanarenflora. Keine importierte exotische Blütenpracht wie in vielen Hotelgärten, sondern hauptsächlich endemische Gewächse erwarten den Besucher hier. Die Pflanzenarten kommen ausschließlich in den Klimazonen der Kanarischen Inseln vor, einige auch nur auf einzelnen Inseln. Alles, was die endemische Flora der Kanaren besonders macht, ist hier versammelt. Die Anlage zieht sich aus einer Schlucht die Steilwand empor. So ist es möglich, die verschiedenen Klimazonen von Gran Canaria auf engem Raum abzubilden.

Gleich neben dem Eingangstor taucht man in einen Lorbeerwald *(laurisilva)* ein. Diesen Urwald findet man heute nur noch auf den Inseln Teneriffa, La Gomera, La Palma sowie auf den portugiesischen Atlantikinseln der Azoren und Madeira. Vor 500 Jahren zur Zeit der Eroberung war auch Gran Canaria an den feucht-kühlen Nordhängen von Lorbeerwald bedeckt. Von der Abholzung verschont blieb nur ein winziger Rest bei dem Ort Moya im Nordwesten der Insel, der heute unter strengem Naturschutz steht.

Wenige Schritte weiter stellt der Garten mit den Pflanzen der tieferen Regionen eine gänzlich andere Vegetationszone vor: Euphorbiengewächse und ursprünglich aus Amerika stammende Kakteen. Wie urzeitliche Riesen ragen stattliche Drachenbäume aus einem Meer von bizarren Trockensträuchern hervor.

Alle Bereiche des Gartens lassen sich auf schmalen, teils steilen Wegen erwandern. Es geht an Wasserfällen vorbei, selbst ein Flusslauf wird überquert. Man kann nur staunen über die landschaftliche wie botanische Vielfalt dieser heute so kargen Insel und hoffen, dass die Wiederaufforstungsmaßnahmen einen Teil davon wieder herstellen. Ein Biologenteam des Jardín Botanico Viera y Clavijo bemüht sich um die Nachzucht bedrohter Arten (Tel. 928 21 95 80, www.jardincanario.org, tgl. 9–18, April–Sept. bis 19.30 Uhr, Eintritt frei).

Wer möchte, fährt anschließend weiter auf der GC-10 und biegt nach 4 km linker Hand in ein Sträßchen Richtung Bandama ab. Vom **Pico de Bandama** (574 m) hat man einen faszinierenden Blick auf die **Caldera de Bandama,** einen im Durchmesser etwa 1 km großen Einsturzkrater ganz wie aus dem geologischen Lehrbuch. Von der Aussichtsplattform lässt sich außerdem das schier endlos erscheinende Häusermeer von Las Palmas überblicken.

bungen fanden Archäologen u. a. das **Idol von Tara,** die sogenannte Urmutter, die heute im Museo Canario in Las Palmas › **S. 250** zu bestaunen ist

Zwischen Telde und Ingenio an der GC-100 liegt Cuatro Puertas, eine der am besten erhaltenen Anlagen der Altkanarier. Auf einem Hügel, der sich leicht ersteigen lässt, befindet sich die Haupthöhle mit vier Eingängen, daher der Name »Vier Tore«. Mulden und Rinnen im Gestein weisen auf eine Opferstätte hin. Tafeln informieren über die Bedeutung und weisen den Weg zu den diversen Wohnhöhlen, Speichern und dem *tagoror,* einem Versammlungsplatz (frei zugänglich).

Telde 3 [Q7]

Mit 102 000 Einwohnern hat die zweitgrößte Stadt der Insel jüngst den Sprung zur Großstadt geschafft. Auf den ersten Blick scheint Telde eine moderne Industriestadt zu sein, doch war sie seit jeher schon Zentrum der Landwirtschaft. Dass Telde ein Ort mit Vergangenheit ist, zeigt sich in den nördlichen Stadtteilen **San Juan** und **San Francisco.** Auch nur diese beiden Viertel lohnen einen Besuch. Beide blieben von Neubauten verschont und stehen seit 1981 unter Denkmalschutz.

Besonders reizvoll ist die **Plaza San Juan** vor der gleichnamigen Basílica. Sie ist von gut erhaltenen und liebevoll restaurierten Häusern im kanarischen Stil umgeben. Von der Kirche aus lohnt ein Rundgang durch die Gassen. Zentrum des zweiten Altstadtviertels ist die **Plaza San Francisco,** die sich als Ausgangspunkt für eine Erkundung eignet.

Telde war in vorspanischer Zeit ein bedeutender Siedlungsplatz. Im Barranco del Telde, westlich der Calle Bailadero, sollen die bevölkerungsreichsten Siedlungen gelegen haben: im nördlichen Bereich *tara,* im südlichen Bereich *cendro* genannte Orte. Chronisten sprechen von 14 000 Wohnhöhlen und Hütten. Bei Ausgra-

Mittelpunkt von Telde ist die Plaza San Juan mit der gleichnamigen Kirche

Hoch ragt der Leuchtturm von Maspalomas auf

Playa del Inglés 4 [P9]

Der Tourismus konzentriert sich in den beiden zusammengewachsenen Orten Playa del Inglés und Maspalomas › **S. 266**, die beide vom Flughafen Gando in einer halben Stunde zu erreichen sind. Playa del Inglés ist das größte Touristenzentrum der Insel und bietet für jeden Geldbeutel und Geschmack etwas: knapp 400 Lokale und Restaurants, 250 Apartmenthäuser, 50 Diskotheken und rund 20 Großhotels, dazu Einkaufszentren, Vergnügungsparks und Fastfoodrestaurants der bekannten Ketten.

Playa del Inglés ist am Reißbrett als lupenreine Hotelstadt entstanden. In den 1960er-Jahren galten Hochhaussiedlungen als Zeichen der Moderne und des Fortschritts. Daher herrschen mehrstöckige Gebäude, breite Straßenzüge und leider wenig Grün vor. In den Randzonen wird die Bebauung flacher und aus heutiger Sicht ansprechender, es geht auch ruhiger zu. Hauptkapital ist der 6 km lange feinsandige »**Strand des Engländers**«, an dem sich heute jedoch mindestens ebenso viele deutsche Touristen tummeln. Selbst 100 000 gleichzeitig sonnenbadende Urlauber verlieren sich hier nur wenige Hundert Meter von den Hauptzugängen entfernt.

Dutzende von Spielhallen, Discos und Pubs finden vor allem bei jüngeren Besuchern Anklang, die sich sowohl tagsüber am Strand als auch nachts vergnügen wollen. Aber in weniger als einer halben Stunde ist man mit Mietwagen oder Bus in einem gänzlich anders gearteten Gran Canaria. Menschenleere Schluchten und ursprüngliche Dörfer warten im Hinterland darauf, entdeckt zu werden.

Im Osten geht Playa del Inglés praktisch nahtlos in die kleineren Ferienorte Playa del Águila und Bahía Feliz über, die vor allem für Surfer interessant sind. Das vergleichsweise überschaubare Playa del Águila mit Apartmentanlagen, Ferien-

Karte
S. 247

Gran Canaria
Playa del Inglés

häusern und einem geschützten Strand, der sich aber nur bei Ebbe in seiner ganzen Breite zeigt, ist für Urlauber geeignet, die es ruhig lieben. Wie eine große Ferienanlage wirkt Bahía Feliz an der etwas steinigen Playa de Tarajalillo. Danach folgt San Agustín, die Keimzelle des Tourismus im Süden Gran Canarias, für den gehobenen Standard geplant. Das merkt man dem Ort an, wenngleich er in die Jahre gekommen ist. Die meisten Apartmentanlagen besitzen große, gepflegte Gärten. Von dem oberen, am Hang gelegenen Ortsteil schaut man immerhin bis zu den Dünen von Maspalomas.

Info
Centro Insular de Turismo
Avenida de España
(neben dem Yumbo-Einkaufszentrum)
Playa del Inglés
Tel. 928 77 15 50
www.grancanaria.com

Verkehr
Busverbindungen: Ein dichtes Busnetz verbindet alle wichtigen Orte der Costa Canaria; gute Verbindungen nach Las Palmas.

Hotels
Parque Tropical €€€
235-Zimmer-Hotel mit ansprechender Architektur und Einrichtung im kanarischen Stil, herrliche Park- und Poollandschaft.
Avenida de Italia 1
Playa del Inglés
Tel. 928 77 40 12
www.hotelparquetropical.com

Riu Palace Maspalomas €€€
Modernes, an ein Amphitheater erinnerndes Großhotel mit 368 Zimmern auf vier Etagen; Toplage am Dünenrand.
Plaza de Fuerteventura 1
Playa del Inglés
Tel. 928 76 95 00
www.riu.com

Apartamentos Santa Monica €€
Schöne Lage an den Dünen, fast alle Ferienwohnungen haben Meerblick. Oft von Pauschalveranstaltern belegt, Restplätze meist im Internet.
Paseo Costa Canaria, 116
Playa del Inglés | Tel. 928 77 24 55
www.apartamentossantamonica.com

IFA Buenaventura €
Gutes Mittelklassehotel mit jungem Publikum und großem Freizeit- sowie Sportangebot. Subtropischer Garten, mehrere Lokale.
Plaza de Ansite | Playa del Inglés
Tel. 928 76 16 50
www.lopesan.com

Restaurants
Bali €€
Köstlichkeiten aus Indonesien als willkommene Abwechslung zur kanarischen Küche.
Avenida de Tirajana 23/Ecke Avenida de Bonn
Playa del Inglés
Tel. 928 76 32 61
www.restaurantebali.com

Grill Casa Vieja €€
Rustikales, großes Restaurant mit verglaster Terrasse und offenem Grill. Gute, große Karte mit kanarischer Küche der Saison.
Ctra. San Fernando-Fataga 139
Playa del Inglés | Tel. 928 76 90 10

Méson San Fernando €€
Gute spanische und kanarische Küche, u. a. Spezialitäten aus dem Meer.
Calle Marcial Franco 24
Playa del Inglés | Tel. 928 76 09 80

Riminí €€
Seit Jahren etablierter Italiener. Geboten werden Saltimbocca, Ossobuco und andere mediterrane Spezialitäten sowie eine große Weinkarte.
Avenida Gran Canaria 28
Playa del Inglés | Tel. 928 76 41 87
www.restauranterimini.com

Gran Canaria
Maspalomas

Nightlife
Das Nachtleben in Playa del Inglés konzentriert sich rund um das Vergnügungszentrum Kasbah. Gemischtes Publikum trifft sich in der Disco Pacha (Sargentos Provisionales s/n, www.pachagrancanaria.com) die Gay-Szene ist im Yumbo Centrum (www.yumbocentrum.com) vertreten.

Maspalomas 5 [P9]

Maspalomas ist etwas 10 Jahre nach Playa del Inglés entstanden. Verglichen mit dem umtriebigen Nachbarort gibt es sich etwas ruhiger. Mit einigen luxuriösen Hotels, großzügigen Bungalows und drei Golfplätzen zieht Maspalomas ein betuchtes Publikum an, das es vornehmer mag. Die Bebauung ist ansprechender, häufig sind die Apartmentanlagen von schönen Gärten umgeben. Um sich von Playa del Inglés abzugrenzen, wurde ein ländlicher Stil bevorzugt. Die Straßennamen lassen Rückschlüsse auf die Geldgeber zu: Man wohnt etwa in der Avenida Tui oder Avenida Neckermann.

Der klangvolle Name der Stadt geht auf eine kleine Brackwasserlagune am Ausgang eines Barrancos zurück, an dessen Ufern einst eine große Taubenkolonie nistete. Der **Charco de Maspalomas** steht heute unter Naturschutz. Er wird sowohl von Süßwasser aus einem Barranco als auch von Salzwasser aus dem Meer gespeist. Trotz angrenzender intensiver Bebauung können hier etliche Vogelarten beobachtet werden. Ein Fußweg führt an dem Schutzgebiet vorbei zur Strandzone.

Ein landschaftliches Highlight sind die **Dunas de Maspalomas**. ⭐ Die bis zu 20 m hohen Sandberge bedeckten ein Gebiet von ca. 4 km². Die Strandzone ist 8,5 km lang und bis zu 1,5 km breit und zieht sich bis zum 56 m hohen und über 100 Jahre alten Leuchtturm hin. Die Landschaft vermittelt den Eindruck als befinde man sich in der Sahara. Ein Teil des Strandes ist als FKK-Zone ausgewiesen.

Der 56 m hohe Leuchtturm von Maspalomas ist ein Wahrzeichen des Ortes und speziell auch zum Sonnenuntergang einen Besuch wert.

Am **Playa Meloneras** westlich des Leuchtturms konkurrieren seit der Jahrtausendwende im Jahr 2000 mehrere Nobelhotels miteinander, ihre Architektur ist verspielt und wirkt feudal. In zweiter und dritter Strandlinie entstanden ein Kongresszentrum sowie Apartmentanlagen und Villen für Gran Canarias begüterte Schichten. Die Inselregierung möchte in Zukunft mehr auf Qualitäts- denn auf Massentourismus setzen. Allerdings kann die Playa Meloneras dem Strand von Maspalomas nicht das Wasser reichen. So zieht es die Bewohner von Meloneras tagsüber in die Dünen und die Bewohner von Maspalomas abends an die attraktive, mit Palmen bestandene Uferpromenade von Meloneras, den Boulevard El Faro mit zahlreichen Geschäften und Restaurants.

Hotels
Lopesan Costa Meloneras €€€
Riesiges Palasthotel im Kolonialstil mit über 1100 Zimmern und Suiten, sechs Restaurants und Bistro, Park- und Poollandschaft, Spa-Center.
Mar Mediterráneo 1
Maspalomas | Tel. 928 12 81 00
www.lopesanhotels.com

Riu Palace Oasis €€€
Luxushotel mit Palmengarten in der Nähe des Leuchtturms.
Plaza de las Palmeras 2
Maspalomas | Tel. 928 14 14 48
www.riu.com

Restaurant
Las Rías €€€
Das Lokal liegt in der Nähe vom Leuchtturm an der Strandpromenade von Meloneras. Geboten wird eine gute Auswahl an Seafood und Reisegerichten.
Bulevar El Faro | Meloneras
Tel. 928 14 00 62
www.restaurantelasriasmaspalomas.com

Karte
S. 247

Gran Canaria
Arguineguín/Puerto Rico

Der Hafen von Puerto Rico wird von Sportlern sehr geschätzt

Arguineguín 7 [O9]

Westlich von Meloneras beginnt nicht nur das Gemeindegebiet von Mogán, auch die Landschaft verändert sich. Die langen, hellen Sandstrände werden von steiler Felsküste mit vielen kleinen, geschützten Buchten im Windschatten des Passats abgelöst. Das Hafenstädtchen Arguineguín ist eine der ältesten Siedlungen im Süden Gran Canarias und somit eine der wenigen, die schon vor der touristischen Erschließung der Südküste existierten. Anziehungspunkte für Besucher sind vor allem die guten Fischlokale am Hafen. Auch Ausflugsfahrten mit dem Glasbodenboot bescheren dem Ort einen einträglichen Tagestourismus.

Im Vorort **Patalavaca** haben sich einige Nobelhotels niedergelassen. Aus Mangel an natürlichen Sandstränden hat die Gemeindeverwaltung im sich anschließenden Ort **Anfi del Mar** einen hellen Strand künstlich anlegen lassen. Besonders am Wochenende erfreut er sich großer Beliebtheit. Die schöne, mit Palmen geschmückte Promenade wird von Restaurants und Läden gesäumt.

Tauchkurse für Anfänger und Fortgeschrittene sowie begleitete Tauchgänge bietet das Dive Center Aquanauts an (Tel. 92873 61 96, www.aquanauts-divecenter.com).

Puerto Rico 8 [O9]

Puerto Rico, der »reiche Hafen«, ist die kleinere, sportlichere Variante zum etwa 20 km entfernten Playa del Inlgés. Dennoch ist sie die zweitgrößte Ferienstadt von Gran Canaria. Apartmentanlagen ziehen sich die Hänge einer steilen Schlucht hinauf, die in einer halbrunden Bucht mit hellem Sand mündet. Molen bieten Schutz vor den rauen, hohen Wellen des Atlantiks.

Der Ort verfügt über zwei Häfen: der **Puerto Base** für Jachten und der **Puerto Escala** für Surfer, Taucher und Sportsegler. Letzterer genießt als Spaniens Leistungszentrum den Ruf einer Medaillenschmiede.

Der Stadtstrand ist meist – aber besonders zur Hochsaison – sehr gut besucht. Jeder Quadratmeter ist von Sonnenhungrigen belegt. Deshalb hat die Gemeinde im relativ neuen, sich

Gran Canaria
Puerto Rico

nordwestlich anschließenden Urlaubszentrum **Amadores** einen fast weißen Sandstrand angelegt, an dem auch Kinder sicher baden können. Eine 2,3 km lange Promenade verbindet die Playa Amadores mit Puerto Rico.

Verkehr
Schiffsverbindungen: Tgl. nach Puerto de Mogán, Arguineguín.

Hotels
Gloria Palace Amadores €€€
Aussichtsreiche Lage auf einer Klippe über der Playa Amadores, Spa.
Calle La Palma 2
Amadores
Tel. 928 12 85 05
www.gloriapalaceth.com

Servatur Puerto Azul €–€€
Weitläufige Apartmentanlage mit schöner Aussicht.
Avenida la Cornisa 13
Puerto Rico
Tel. 928 56 05 91
www.servaturhotels.com

Restaurant
Balcón Canario €
Preiswertes, rustikales Restaurant im Einkaufszentrum Puerto Rico (So geschl.).
Avenida Tomás Roca Bosch s/n
Puerto Rico
Tel. 928 15 90 17

Puerto de Mogán [O8]

Das einst abgeschiedene Fischernest im Südwesten gilt als ein Vorzeigeobjekt des kanarischen Tourismus. Der Ort liegt am Ende der teilweise abenteuerlichen Küstenstraße im Süden. Ganzer Stolz Puerto de Mogáns ist eine halb ins Wasser gebaute Feriensiedlung mit Jachthafen. Kleine Kanäle und Gassen werden von sanft geschwungenen Brücken überspannt. Sie haben dem Ort den Namen Klein-Venedig eingebracht. Schmiedeeiserne Veranden zieren die zweistöckigen Häuserblocks, in den autofreien Gassen blühen üppig Bougainvilleen – ein Idyll, das sich wohltuend von so manchem Betongetto abhebt.

Die vierstöckige Hafenmeisterei erhebt sich als Turm über dem stimmungsvollen Städtchen. Der neue Hafen schiebt sich weit ins Meer hinaus, sodass zahlreiche Liegeplätze für moderne Hochseejachten entstanden. Um ihn herum sind Apartments sowie zahlreiche Cafés und Restaurants angesiedelt. Viele Tagesausflügler schlendern durch die Gassen.

Klar, dass es sich hier nicht unbedingt billig urlaubt. Individualreisende finden jedoch im alten Ortskern preiswerte Unterkünfte.

Viele der Besucher wagen eine Fahrt mit der **Yellow Submarine.** In das knallgelbe U-Boot wurde ein Glasboden eingesetzt, durch den sich faszinierende Blicke auf Fische und Meerespflanzen eröffnen (Abfahrt 10–17 Uhr, etwa stdl., Puerto de Mogán, Tel. 928 56 51 08, www.atlantidasubmarine.com). Ansonsten steht Wassersport im Vordergrund. Auf der den Hafen schützenden großen Mole kann man sich bei den Anbietern über Angeltouren, Ausflugsfahrten und Tauchkurse informieren.

Hotels
Cordial Mogán Playa €€€
Die Nummer eins am Platz, 4-Sterne-Niveau mit gefälliger Architektur und schöner Poollandschaft.
Avenida de los Marrero 4
Puerto de Mogán | Tel. 928 72 41 00
www.cordialcanarias.com

Puerto de Mogán €€–€€€
Komfortables Hotel in bester Lage am Jachthafen, mit Restaurant und Apartmentvermietung.
Puerto de Mogán
Tel. 928 56 50 66
www.hotelpuertodemogan.com

Karte
S. 247

Gran Canaria
Puerto de Mogán

Gern mit Venedig verglichen wird der amphibische Ferienort Puerto de Mogán

La Venecia de Canarias
Apartmenthaus in Nähe des neuen Hafens mit Dachterrasse, auf der zwei Jacuzzis locken. Die Wohneinheiten sind im Landhausstil eingerichtet. Swimmingpool.
Avenida del Castillete
Puerto de Mogán
Tel. 928 56 56 00
www.laveneciadecanarias.net

Pensión Lumy €
Am Ortsausgang taleinwärts gelegene Pension mit Terrasse und Talblick; schlichte Zimmer mit Etagenbad.
Calle Las Manchas 5
Puerto de Mogán
 Tel. 928 56 53 18
www.pensionlumy.es

Restaurants
Tu Casa €€
In dem alten Strandhaus wird eine schmackhafte spanische Küche serviert.
Las Artes 18 | Puerto de Mogán
Tel. 928 56 50 78

Puerto Grill €€
Gutes Fischrestaurant am Fichereihafen.
Puerto de Mogán | Tel. 928 56 52 38
www.puertogrill.com

Cofradia de Pescadores €
Restaurant der Fischervereinigung am äußeren Hafendock.
Calle Explanada del Castillete
Puerto Mogán |Tel. 928 56 53 21
www.cofradiadepescadores.com

Gran Canaria
Agaete

Von Puerto de las Nieves fahren noch jeden Tag Fischer aus

Agaete 10 [O7]

Agaete ist am Eingang eines der schönsten Täler von Gran Canaria gelegen. Mit seinen kubischen, weißen Häusern mit verzierten Holzbalkonen zeigt sich der Ort als unverfälschte kanarische Kleinstadt. Vom Zentrum aus mit der Kirche Iglesia de la Concepción ziehen sich schmale Gassen hinauf in die grüne Schlucht. In dem ca. 10 km langen, wasserreichen Tal gedeihen exotische Früchte wie Mangos, Zitrusfrüchte und Avocados. Weiße Häuschen werden von lila und karminroten Bougainvilleen umrankt. Entlang dem Bachbett wachsen Bananenstauden, selbst Kaffeesträucher sind auf den oberen Hängen anzutreffen. Dazwischen ragen überall die auffallenden Wedel der Kanarischen Dattelpalme hervor. Die Höhen sind von einem Wald aus Kanarischer Kiefer bedeckt. Die Bäume vermögen mit ihren langen Nadeln die Feuchtigkeit aus den Wolken zu ziehen. Auf einem asphaltierten Sträßchen lässt sich der Barranco bis zu seinem Ende erkunden.

Besonders stolz ist man in Agaete auf den **Huerto de las Flores.** In dem botanischen Garten wachsen weniger Blumen, dafür gedeihen hier seltene Bäume, die angenehmen Schatten spenden (Calle Huertas, im Zentrum ausgeschildert, tgl. 10–18 Uhr, Eintritt frei, mit Cafeteria).

Hotels
Casa Luna €€
Typisches kanarisches Kleinstadthaus mit drei Doppelzimmern.
Calle Guayarmina 42
Agaete
Tel. 928 39 01 69
www.casaluna.grantural.es

Finca Las Longueras Hotel Rural €€
Wohnen in einem alten Landgut. Stilvolle Zimmer und Suiten.
El Valle s/n
Agaete
Tel. 928 89 81 45
www.laslongueras.com

Karte
S. 247

Gran Canaria
Puerto de las Nieves

Puerto de las Nieves 11 [O7]

Der kleine Hafenort zieht vor allem an Wochenenden viele Ausflügler an. Wildromantisch und dramatisch zeigt sich die umliegende Landschaft. Die Küste fällt hier mehrere Hundert Meter steil zum Meer ab. Der Aufbruch in die Neuzeit begann für den ehemals bescheidenen Fischerort mit der Eröffnung einer Fährverbindung nach Santa Cruz de Tenerife, der Hauptstadt der größeren Nachbarinsel, im Jahre 1995. Seiher wurde viel gebaut: eine neue Mole, größere Hafenanlagen und hinter der Kulisse der alten Fischerhäuser neue Wohnungen und Apartmentanlagen. Das alles jedoch im unaufdringlichen ortsüblichen Stil gestaltet, relativ niedrig und immer weiß verputzt mit blauen Schmuckelementen.

Eine Promenade verbindet den Hafen mit dem steinigen Ortsstrand. Hier haben sich zahlreiche urige Fischlokale angesiedelt. Besonders an Wochenenden zieht es die Stadtbewohner aus dem ca. 60 km entfernten Las Palmas zum Schlemmen hierher. Von Montag bis Freitag bestimmen hier jedoch Gemächlichkeit und Ruhe den Tagesablauf, von Urlaubern geschätzt, von den Einheimischen gefürchtet. Statt der Beschaulichkeit hätten die Ortsansässigen lieber mehr Arbeitsplätze – auch durch den Tourismus. Mit einem Hotel ist der Anfang bereits gemacht; außerdem werden Ferienwohnungen vermietet.

Zwar verkaufen die Fischerfrauen den Fang noch direkt auf der Straße in Zinkwannen, aber von den ehemals mehreren Hundert Fischern sind heute nur noch ca. 50 übrig geblieben. Aber auch für diesen kärglichen Rest ist das Gewerbe wenig erträglich.

Die namensgebende Kapelle Ermita de las Nieves nimmt sich gegen die kirchlichen Monumentalbauten in anderen Orten der Insel wie ein Spielzeug aus. Sie birgt allerdings ein Kleinod flämischer Malerei: ein Triptychon von Joos van Cleve aus dem 16. Jh. Das Hauptbild zeigt Maria mit dem Kind, die Seitenflügel die Franziskanermönche Franz von Assisi und Antonius von Padua. Aus dem 16. Jh. stammt auch der Chor, während das Kirchenschiff ca. 200 Jahre jünger ist – beide sind mit sehenswerten Arbeiten im Mudejarstil versehen. Beachtung verdienen auch die zahlreichen Votivgaben im Kirchenschiff und in der Sakristei. Sie stammen von Fischern und ihren Familien, denen die Virgen de las Nieves (Jungfrau vom Schnee, ein auf den Kanaren gar nicht so seltener Name) als Schutzpatronin gilt. Die Kirche hat keine festen Öffnungszeiten. Wer sie besichtigen möchte, erkundigt sich am besten in der Nachbarschaft.

Attraktion des Ortes war früher eine aus dem Meer ragende Felsnadel, genannt **Dedo de Dios** (Finger Gottes), bis 2005 der Herbststurm Delta die 6 m hohe Spitze des Basaltfelsens abbrach.

Berühmt ist das Fischerdorf für ein Fest, das von Einheimischen und Gästen ausgelassen gefeiert wird. Jedes Jahr am 4. August werden von den Einwohnern von Agaete und Puerto de las Nieves bei der **Bajada de la Rama** (Prozession des Zweiges) frische Zweige aus den Bergen geholt und, begleitet von traditionellen Tänzen, zum Hafen getragen. Dort peitscht man damit das Meerwasser. Dieses Ritual stammt noch aus heidnischen Zeiten, es soll Regen und Fruchtbarkeit bringen.

Info
Oficina de Turismo
Calle Nuestra Señora de las Nieves 1
Puerto de Las Nieves
Tel. 928 55 43 82 | www.agaete.es

Verkehr
Schiffsverbindungen: Mit der Schnellfähre von Fred. Olsen Express erreicht man Teneriffa in 80 Min. Da bleibt genügend Zeit, die Hauptstadt der Nachbarinsel an einem Tag zu erkunden. Die Fähre verkehrt etwa sechsmal täglich, Ticketverkauf ist am Hafen, der Fahrpreis hin und zurück beträgt ca. 80 €.
Tel. 902 10 01 07
www.fredolsen.es

Gran Canaria
Puerto de las Nieves/Gáldar/Cenobio de Valerón

Hotel
Puerto de las Nieves €€
Ein elegantes 4-Sterne-Haus mit 18 Suiten und 12 Zimmern. Es bietet ein umfangreiches Spa- und Wellnessprogramm mit Massagen und diversen Anwendungen.
Avenida Alcalde José de Armas
Puerto de las Nieves
Tel. 928 88 62 56
www.hotelpuertodelasnieves.es

Restaurant
El Dedo de Dios €€
Beliebtes Lokal am Lavastrand; Fisch und kanarische Spezialitäten (Di geschl.).
Carretera Puerto de las Nieves 10
Puerto de las Nieves
Tel. 928 89 80 00

Gáldar 12 [O6]

Gáldar war die erste spanische Hauptstadt der Insel und zuvor das Zentrum eines der prähispanischen Reiche der Altkanarier. Auf den ersten Blick wirkt die Stadt heute nicht sehr einladend. Hat man jedoch einmal die ruhige **Plaza Santiago de los Caballeros** vor der Kirche erreicht, zeigt Gáldar eine sympathischere Seite. In dem glänzend grün glasierten Taufbecken, das die Iglesia Santiago de los Caballeros ziert, empfingen ab 1485 zahlreiche Ureinwohner das Taufsakrament. An der Plaza erhebt sich auch das klassizistische Rathaus. Die Krone des den Innenhof dominierenden Drachenbaums, angeblich einer der ältesten der Kanarischen Inseln, überragt sogar das Gebäudedach.

An der östlichen Ortseinfahrt steht eine Skulptur, die drei altkanarische Prinzessinnen darstellt. In der Stadt gibt es ein weiteres Standbild: der letzte Fürst Guanarteme, der sich taufen ließ und mit den Spaniern kollaborierte. Im Innenhof des Rathauses hat die Stadt dem letzten Herrscher der Ureinwohner **Tenesor Semidan** unter einem Drachenbaum ein Denkmal gesetzt. Nahezu alle Namen von Straßen und Plätzen weisen auf die vorspanische Vergangenheit hin.

Vom Kunstschaffen der präspanischen Vorfahren zeugt die **Cueva Pintada**, deren Wände mit mehrfarbigen geometrischen Mustern ausgemalt sind. Das hier beheimatete Museo y Parque Arqueológico Cueva Pintada gliedert sich in vier Bereiche: das Museum mit Ausstellungen von Fundstücken und zwei Kinosälen, in denen Besucher durch eine dreidimensionale Zeitreise in den Alltag der Altkanarier entführt werden, den Außenbereich, wo Teile des ausgegrabenen Agáldar zu sehen sind, und schließlich den Höhlenkomplex selbst sowie die rekonstruierten Häuser und Gehöfte (Tel. 928 89 57 46, www.cuevapintada.org, Mitte Sept.–Mitte Juni Di–Sa 10–18, So 11–18, sonst Di–Sa 10.30–19.30, So 11–19 Uhr, Eintritt 6 €).

Info
Plaza de Santiago de los Caballeros 1 (im Rathaus)
Gáldar | Tel. 928 89 58 55 | www.galdar.es

Ausflug: Cenobio de Valerón 16 [P6]

Der Cenobio de Valerón östlich von Gáldar ist eine der wichtigsten archäologischen Fundstätten der Insel. In einer Steilwand unter einem Basaltbogen sind rund 300 Höhlen in den Tuffstein gegraben. Sie wurden lange Zeit für eine Klosteranlage der Harimaguadas, altkanarischen Ehrenjungfrauen, gehalten (*cenobio* bedeutet Kloster).

Im Besucherzentrum wird erläutert, warum die Wissenschaft inzwischen davon ausgeht, dass die Höhlen als Getreidespeicher dienten. Die Anlage ist über eine Treppe zu erreichen. Oberhalb des Höhlenkomplexes befindet sich ein *tagoror,* ein runder Versammlungsplatz der Altkanarier (an der GC-291, km 21, Di–So 10 bis 17, April–Sept. bis 18 Uhr, Eintritt 2,50 €, www.cenobiodevaleron.com).

Karte
S. 247

Gran Canaria
Teror

Teror 13 ★ [P7]

Schmuckstück im Norden Gran Canarias ist das herausgeputzte Landstädtchen Teror. Die geschlossene Front der stattlichen Bürgerhäuser aus dem 16. und 17. Jh. in der Fußgängerzone glänzt mit schönen Erkern und Holzbalkonen. Die Altstadt ist für den Autoverkehr gesperrt.

Teror beherbergt Gran Canarias Schutzpatronin, die **Virgen del Pino.** Die »Kiefernjungfrau« gilt als wundertätig. Dem Städtchen bescherte sie über Jahrhunderte hinweg den Sitz des Bischofs. Der frühere Bischofspalast steht direkt am Ortseingang, an der mit Drachenbäumen und Palmen gesäumten Plaza de Pio II. Heute beherbergt das Gebäude das Kulturzentrum und die Stadtbibliothek.

Am zentralen Platz der Altstadt, der Plaza de Nuestra Señora del Pino, steht die Heimstatt der Schutzheiligen. Die klar gegliederte, sehr schön geschwungene Barockfassade der **Basílica de Nuestra Señora del Pino** wurde 1767 fertiggestellt. Optisch und stilistisch fällt der gelb gemauerte achteckige Turm heraus. Im Inneren ist die Statue der Madonna nur noch an hohen Feiertagen zu bewundern; die meiste Zeit verbringt sie, den Blicken der Öffentlichkeit entzogen, in einer eigenen Kapelle an der Rückseite der Basilika. Aber jedes Jahr am 8. September steht sie im Mittelpunkt der größten Wallfahrt der Insel (Mo–Fr 11–15, So 11–14, 15.30–17.45 Uhr, www.basilicadelpino.es).

Schräg gegenüber der Basilika stellt die **Casa Museo de los Patronos de la Virgen** im einstigen Sommersitz der Manrique de Lara, einer der ältesten Adelsfamilien der Kanaren und Stifterin der Madonnenfigur, die prunkvolle Lebenswelt des Clans zur Schau. Schon das restaurierte Herrenhaus mit dem schönen Innenhof lohnt den Eintritt (Mo–Fr 11–16, So 10–14 Uhr).

Nur wenige Schritte nach Süden sind es zur hübschen **Plaza Teresa de Bolívar.** Der Name erinnert an die Frau des südamerikanischen Freiheitshelden Simón Bolívar, deren Vorfahren von Teror nach Venezuela ausgewandert waren – wie viele Kanarier vor und nach ihnen.

Über 1000 m hoch liegt das schöne Bergdorf Tejeda

Gran Canaria
Teror

Vom Cruz de Tejeda bietet sich der beste Blick über den gleichnamigen Ort

Info
Oficina de Turismo
Calle Padre Cueto 1
Teror
Tel. 928 61 38 08
www.teror.es

Restaurant
El Rincón de Magüi
Traditionslokal mit solider kanarischer Küche (Mo geschl.).
Calle Diputación 6 | Teror
Tel. 928 63 04 54

Shopping
Auf dem Kirchplatz Plaza de Nuestra Señora del Pino wird an jedem Sonntagvormittag (9 bis 15 Uhr) ein Wochenmarkt abgehalten, auf dem man z. B. die Wurstspezialität Chorizo de Teror probieren kann.

Außerdem gibt es Korbflechtereien und Stickereien, süße Kuchen und Marzipan, Heiligenbildchen und Antiquitäten, Kleidung, Käse, eingelegte Oliven, Gemüse und Obst, aber auch das übliche Flohmarktangebot.

Während der Marktzeit öffnen auch die Geschäfte in der Altstadt.

Karte
S. 247

Gran Canaria
Tejeda

Tejeda 14 [O7]

Der nicht unverdient als schönstes Bergdorf der Insel gepriesene Ort liegt mitten im zentralen Bergland in eine fruchtbare Talsenke eingebettet auf ca. 1050 m über dem Meeresspiegel.

Die Hauptstraße verläuft wie eine Promenade durch das Zentrum. An der zentralen Plaza stehen das Rathaus und die Kirche. Ein Stückchen weiter gibt es einige Restaurants und Grünanlagen. Unterhalb der Plaza liegt der älteste Ortsteil mit seinen verwinkelten, engen Gassen. In dem hübsch herausgeputzten Ortskern geben drei kleine Museen einen Einblick in die ländliche Kultur von anno dazumal: Das **Museo de las Tradiciones** informiert über das vergangene Leben in Tejeda (Calle Párroco Rodríguez Vega 6, Di bis Sa 11–16, So 11–15.30 Uhr, 3€). Das **Centro de Plantas Medicinales** zeigt Beete mit Heilpflanzen. Im Haus ist eine frühere Apotheke nachgebildet und auf Videos kann man Naturheilern bei ihrer Tätigkeit zuschauen (Calle Párroco Rodríguez Vega 10). Das **Museo de las Cruzes** ist privat geführt. Der Sammler Paco Suarez stellt alte Werkzeuge aus (Calle Heraclio Sánchez). Außerdem macht im Gebäude der Touristeninformation eine Ausstellung mit dem grancanarischen Bildhauer **Abraham Cárdenes Guerra** (1907–1971) bekannt. Im Februar verwandelt die Mandelbaumblüte die Gegend in eine besondere Augenweide. Überragt wird Tejeda vom **Roque Bentaiga** (1412 m), einem weithin sichtbaren, gewaltigen Basaltblock. An seinem Fuß liegt das **Centro de Interpretación,** von dem aus man den Felsen in 15 bis 20 Min. erklimmen kann. Der Berg war den Ureinwohnern der Insel heilig; ein in den felsigen Boden eingelassener Altar weist auf Opferrituale hin, und in den umliegenden Höhlen wurden an die 2000 Jahre alte Siedlungsspuren gefunden. Hinreißend schön ist der Ausblick vor allem im Abendlicht, wenn die weichen Konturen der hintereinander gestaffelten Tafelberge und Schluchten wie bei einem noch feuchten Aquarellbild ineinander fließen.

Info
Oficina de Turismo
Calle Leocadio Cabrera 2
Tejeda
Tel. 928 66 61 89
www.tejedaturistica.com

Hotel
Fonda de la Tea €€
Die elf im Landhausstil eingerichteten Zimmer in einem ehemaligen Gasthof im Ortszentrum öffnen sich auf Galerien um einen Innenhof.
Calle Ezequiel Sánchez 22
Tejeda
Tel. 928 66 64 22
www.hotelfondadelatea.com

Restaurants
El Labrador €
Neben der Plaza kann man auf einer Aussichtsterrasse sitzen. Auf den Tisch kommt deftige Hausmannskost.
Calle Ezequiel Sánchez 6
Tejeda
Tel. 928 66 65 45

Ensaladería Tejeda €
Trendige Salat- und Saftbar mit Lounge und schöner Terrasse (Mi–So 13–21 Uhr).
Dr. Domingo Hernández Guerra 25
Tejeda
Tel. 928 66 62 81
www.letmetakeu.com

Shopping
Dulcería Nublo
Berühmte Landkonditorei, die traditionell Mandelgebäck, Marzipan und Marmeladen herstellt.
Dr. Domingo Hernández Guerra 15
Tejeda

Gran Canaria
Artenara

Ausflug: Artenara 15 ★ [O7]

Unterhalb vom Cruz de Tedeja zweigt eine reizvolle Nebenstraße ab, auf der man zum Höhlendorf Artenara (1250 m) gelangt. In der höchstgelegenen Siedlung Gran Canarias sind fast alle Häuser in den Fels gebaut. Erkennen lässt sich das meist erst auf den zweiten Blick, denn die Fronten der Wohnhöhlen sind gemauert, verputzt und gestrichen. Viele Bewohner haben den Eingangsbereich mit Blumenkästen verschönert.

Ein Holzturm mit Glocke markiert etwas außerhalb die, ebenfalls in einer Höhle untergebrachte, Kapelle **Nuestra Señora de la Cuevita**. Die Jungfrau der kleinen Höhle ist u. a. die Schutzheilige der Radfahrer. Die Hauptkirche des Ortes ist allerdings ein »normaler« Bau in der Dorfmitte.

Empfehlenswert ist ein kleiner Rundgang entlang des Calderarandes ausgehend vom **Mirador Esquina**. Linker Hand eröffnet sich ein fantastischer Weitblick, rechts liegen Höhlenwohnungen. Gleich hinter dem **Mirador Unamuno** mit einer Skulptur des Dichters Miguel de Unamuno geht es durch ein Tor zu einer Höhle, in der die Touristeninformation untergebracht ist.

Artenaras Ortsteil **Acusa** (ausgeschildert) liegt in den Steilwänden unterhalb der Hochebene. Diese sind von noch bewohnten Höhlen geradezu perforiert. Im oberen Teil weisen Schilder nach Acusa Seca, einer Mischung aus archäologischem Komplex und Wohnungen. Im unteren Teil liegt die Höhlensiedlung **La Candelaria**. Von hier aus führt die Straße an den großen Stauseen vorbei in Richtung San Nicolás zur Steilküste im Westen.

Info
Oficina de Turismo
Camino de la Cilla 11 | Artenara
Tel. 928 66 61 17 | www.artenara.es

Restaurants
La Casa del Correo €€
Kleines, familiäres Restaurant in der alten Post von 1895, mit kanarischer Küche und ein paar Tischen vor der Tür.
La Plaza San Matías 5
Artenara | Tel. 685 11 54 06

Die Höhlenkapelle von Artenara wurde in den Fels hineingebaut

Karte
S. 247

Gran Canaria
Pinar de Tamadaba

In Acusa sind zahlreiche Höhlenhäuser noch bewohnt

La Cilla €€
In spektakulärer Lage in einer Felshöhle, Außenterrasse und Innenraum mit fantastischer Aussicht. Kanarische Küche, Spezialitäten kommen vom Grill.
Camino de la Cilla 9
Artenara
Tel. 609 16 39 44

Ausflug: Pinar de Tamadaba 17 [O7]

Artenara liegt im Naturpark Tamadaba, einem Waldschutzgebiet mit guten Wandermöglichkeiten. Große Teile des Pinar de Tamadaba, des einzigen Waldes im Zentralmassiv Gran Canarias, wurden mit der Kanarischen Kiefer aufgeforstet. Angekohlte Stämme zeigen, dass es hier regelmäßig brennt, aber auch, dass die Kiefer durch ihre dicke Borke relativ feuerresistent ist. In vielen Bäumen hängen Flechten wie Bärte.

Sie sind ein Zeichen für die saubere Luft hier oben. Der Wald wird von einer Ringstraße erschlossen; an vielen Stellen genießt man hervorragende Ausblicke. Wer die Runde nach Westen (an der Gabelung nach links) beginnt, schaut zunächst in menschenleere Schluchten, bald darauf auf das Meer und – bei guter Sicht – auf Teneriffa.

Nach etwa einer halben Umrundung des Waldes biegt von der Ringstraße in Richtung Meer die Schotterpiste zu einem Picknickplatz *(zona recreativa)* ab. Wer seinem Wagen die buckelige Wegstrecke nicht zumuten mag, nimmt die 300 m zu Fuß in Angriff. Nach 200 m geht es an der Gabelung nach rechts, gleich darauf ist der schöne Platz mitten im Wald erreicht. Es sind Grillstellen, Tische sowie Bänke und dazu Tafeln mit Informationen über die Natur der Umgebung vorhanden. Eine herrliche Aussicht gibt es sowieso. Am Wochenende ist es voll, an den anderen Tagen hat man den Platz wahrscheinlich für sich.

Riesige Wattflächen bilden sich bei Ebbe an der Playa Barca

Karte S. 281

Fuerteventura

FUERTEVENTURA

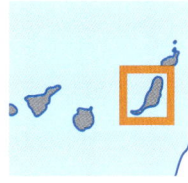

Der raue Charakter des Inselinneren reizt den typischen Urlauber kaum, denn er kommt aus einem ganz anderen Grund: Fuerteventura ist eine ausgesprochene Bade- und Surfinsel – mit kilometerlangen goldgelben Sandstränden, die teils von wie aus der Sahara importierten Dünenkämmen eingefasst sind. Hauptstrände auf der Halbinsel Jandía im Süden sind die Playas de Sotavento mit dem Badeort Costa Calma und der riesigen Lagune an der Playa Barca, wo sich dank der günstigen Windverhältnisse zwei riesige Surferstationen eingerichtet haben, die von weitläufigen Hotelanlagen gesäumte Playa de Esquinzo und die Playa del Matorral, die sich von der Retortensiedlung Jandía bis zum noch recht ursprünglichen Hafenort Morro Jable erstreckt. Völlig unverbaut sind die weitläufigen, zum Baden allerdings wegen starker Strömungen und oft hoher Brandung ungeeigneten Strände bei Cofete an der Nordküste der Halbinsel. Mit La Pared konnte sich weiter östlich allerdings ein kleiner Bade- und Surferort etablieren. Die durch einen schmalen Isthmus mit dem Hauptteil verbundene Halbinsel wird von einem mächtigen Bergzug ausgefüllt, dessen Flanken zum Meer hin schroff abfallen. Höchste Erhebung und ein beliebtes Ziel für Wanderer ist der Pico de la Zarza (812 m).

Im Norden Fuerteventuras ist Corralejo die größte Ferienstadt, die vor allem mit den nahe gelegenen, völlig naturbelassenen Dünenstränden punkten kann. Westlich vom umtriebigen Corralejo ist El Cotillo eine gute Ausweichmöglichkeit für mehr auf Ruhe bedachte Urlauber.

Südlich des Flughafens konzentriert sich der Tourismus in Caleta de Fuste, einer Retortenstadt ohne großes Flair. Golfer wissen hier zwei 18-Loch-Parcours zu schätzen. Auch der malerische Küstenort Las Playitas und Jandía Playa verfügen über interessante Golfplätze.

TOUREN IN DER REGION

⑭ Auf der Windmühlenroute

ROUTE: Corralejo › Lajares › La Oliva › Tefía › Antigua › Tiscamanita › Pájara › Ajuy › Vega de Río de las Palmas › Betancuria › Mirador de Morro Velosa › Corralejo

KARTE: rechts
DAUER: 1 Tag
FAHRSTRECKE: 115 km
PRAKTISCHE HINWEISE:
» Für eine Tour durch das ländliche Fuerteventura empfehlen sich die Tage Di–Sa, dann sind alle Museen offen.

TOUR-START

Die Windmühlenroute beginnt in **Corralejo** 1 › S. 284 und führt zuerst nach **Lajares**, wo am südwestlichen Ortsrand zwei historische Windmühlen stehen, mit denen früher Getreide gemahlen wurde. Eine davon entspricht dem Typus des *molino*, der klassischen Mühle, wie sie auch in Kastilien üblich war. Bei der anderen handelt es sich um eine *molina*, ein filigranes Windrad, das dem Haus des Müllers aufsitzt – eine Erfindung des 19. Jhs., die von La Palma nach Fuerteventura gelangte.

6 km weiter nach Süden, in der alten Hauptstadt **La Oliva** 4 › S. 287, macht das **Museo del Grano La Cilla** mit der einstigen bäuerlichen Kultur bekannt (Di 10–15 und 16–18, Fr 10–15, Sa 10–14 Uhr). Hier lohnt auch ein Blick auf die **Casa de los Coroneles**, das größte Gutshaus der Kanarischen Inseln, in dem heute Ausstellungen präsentiert werden (Di–Sa 10–18 Uhr). Ein Highlight der Tour ist das der traditionellen Bauernarchitektur gewidmete Freilichtmuseum **Ecomuseo de la Alcogida** südlich von Tefía. Hier wurden mehrere alte Bruchsteinhäuser restauriert, die nun besichtigt werden können. Außerdem wird traditionelles Handwerk vorgeführt (Di–Sa 10–18 Uhr).

Am nördlichen Rand von **Antigua** befindet sich der Museumskomplex **Molino de Antigua**. Die halb verfallene Windmühle eines alten Bauernhofs wurde hier wieder instandgesetzt und ist heute auch von Innen zu besichtigen. Ein Neubau, dessen Architektur sich an die der traditionellen Gutshäuser anlehnt, beherbergt das **Museo del Queso Majoreros**. Dieses widmet sich sehr anschaulich der Geschichte und Herstellung des für Fuerteventura typischen Ziegenkäses. Natürlich wird der Käse hier auch verkauft, ebenso wie allerlei Kunsthandwerk von der Insel. In dem sehr ansprechend gestalteten Außenbereich gibt es einen kleinen botanischen Garten mit Kakteen und endemischer Inselflora (Di–Sa 10–18 Uhr).

Im benachbarten **Tiscamanita** befasst sich ein Mühlen-Informationszentrum, das passenderweise in einer noch funktionierenden Getreidemühle untergebracht ist, über das Müllerhandwerk. Der hier gemahlene Gofio wird zu Konfekt verarbeitet, das auch verkostet werden kann (Di–Sa 10–18 Uhr).

Auch in **Pájara** kann man das Auto parken und sich die Beine vertreten. Der Ort ist vor allem durch die auf das 17. Jh. zurückgehende Pfarrkirche **Nuestra Señora de Regla** bekannt. Über dem Hauptportal verblüffen Steinmetzarbeiten mit aztekischen Stilelementen.

In **Ajuy** an der Westküste beginnt ein reizvoller Spazierweg zu den imposanten Höhlen in der **Caleta Negra**. Auf dem viel genutzten Weg steigt man zunächst die bizarren Kalkklippen hinauf, etwa 10 Min. später kann man auf einer Treppe in die Höhle am Meer absteigen.

Nach einer möglichen Rast im Restaurant **Jaula de Oro** geht es von Ajuy zurück nach Pájara. Von dort windet sich die Straße in die schrof-

Fuerteventura
Touren

TOUREN AUF FUERTEVENTURA

14 Auf der Windmühlenroute

CORRALEJO › LAJARES › LA OLIVA › TEFIA › ANTIGUA › TISCAMANITA › PÁJARA › AJUY › VEGA DE RÍO DE LAS PALMAS › BETANCURIA › MIRADOR MORRO DE VELOSA › CORRALEJO

15 Strandwandern auf der Halbinsel Jandía

FARO DE JANDÍA › ESQUINZO › PLAYA BARCA › COSTA CALMA

16 Mountainbiketour nach El Cotillo

CORRALEJO › MAJANICHO › PUNTA DE TOSTÓN › PLAYA DE LOS LAGOS › EL COTILLO › LAJARES › CORRALEJO

---

fe Bergwelt des Zentralmassivs und hinab in ein von einem Palmenhain durchzogenes Tal, nach dem der Ort **Vega de Río de las Palmas** benannt wurde. Über die alte Hauptstadt **Betancuria 8** › S. 290 mit weiterer guter Einkehrmöglichkeit und den **Mirador de Morro Velosa** geht es zurück.

Strandwandern auf der Halbinsel Jandía

ROUTE: Faro de Jandía › Esquinzo › Playa Barca › Costa Calm

KARTE: Seite 281
DAUER: 1 Tag
PRAKTISCHE HINWEISE:
» Für die ca. 22 km lange Wanderung sind 5–6 Std. Gehzeit einzuplanen.
» Will man die Wanderung verkürzen, hat man Busanschlüsse in Esquinzo und Playa Barca.
» Der Bus in Costa Calma hält am Kreisverkehr vor dem Hotel Fuerteventura Playa.

TOUR-START

Nirgendwo sonst auf den Kanaren kann man eine so lange Strandwanderung unternehmen wie auf der Halbinsel Jandía – je nach Belieben sogar nur mit Badedress und Sonnenhut bekleidet; bis auf einige kurze, steinige Abschnitte ist die ganze Strecke von **Morro Jable 12** › S. 296 bis **Costa Calma 9** › S. 293 problemlos barfuß zurückzulegen. Ein sehr beliebter Einstieg für die Wanderung ist der **Faro de Jandía**, der Leuchtturm an der **Playa del Matorral** vor dem Ferienort Jandía. Wenn man sich dort nach Nordosten wendet, wogen rechter Hand die Atlantikwellen und links erstreckt sich der **Saladar de Jandía** – eine unter Naturschutz gestellte Salzwiese, die hin und wieder vom Meer überflutet wird. Man passiert schließlich die Landspitze mit dem Ferienklub Aldiana Fuerteventura, vor der sich Windsurfer und Katamaransegler ein Stelldichein geben. Bald darauf erreicht man die **Playa de Esquinzo**. Steile Klippen trennen den Naturstrand von den oberhalb der Felskante gelegenen Hotels. Hier bietet sich ein Strandpavillon zur Einkehr an. Das nächste Ziel sind dann die hohen Dünen von **Risco del Paso**. Nun befindet man sich im Naturpark Jandía. Lediglich ein Hotel steht an der **Playa Barca** › **S. 294**, außerdem gibt es hier zwei große Surfstationen. Am besten setzt man seinen Weg auf der inneren Seite der dortigen Lagune fort, denn die äußere Sandbank wird oft überspült. Und schon bald ist der belebte Strand von **Costa Calma** erreicht. Hier kann man die Wanderung mit einer Abkühlung im Wasser abschließen.

Karte
S. 281

Fuerteventura
Touren

Mountainbiketour nach El Cotillo

ROUTE: Corralejo › Majanicho › Punta de Tostón › Playa de los Lagos › El Cotillo › Lajares › Corralejo

KARTE: Seite 281
DAUER: 1 Tag
FAHRSTRECKE: 50 km
PRAKTISCHE HINWEISE:
» Auf der teils sandigen Piste zwischen Corralejo und dem Leuchtturm Faro de El Tostón muss man an einigen Stellen eventuell schieben.

TOUR-START

Von **Corralejo** nach **El Cotillo** führt an der weitgehend unverbauten Nordküste eine raue Piste entlang. Sie beginnt an der Avenida Juan Carlos I in **Corralejo** **1** › S. 284, ca. 150 m unterhalb vom Busbahnhof, und läuft zunächst an einer Meerwasserentsalzungsanlage vorbei. Erstes Etappenziel ist die Sommersiedlung **Majanicho,** wo ein geschützter kleiner Strand zum Baden verlockt. Vorbei an einigen Lavabuchten hält der Weg direkt auf die beiden Leuchttürme an der **Punta de Tostón** zu. Der neuere wurde 1986 errichtet und arbeitet automatisch. Neben dem älteren Turm steht das ehemalige Haus des Leuchtturmwächters, in dem heute das **Museo de la Pesca Tradicional** untergebracht ist. Es befasst sich mit der traditionellen, handwerklichen Fischerei Fuerteventuras. Auch der **Faro Viejo** kann bestiegen werden, was wegen der großartigen Rundumsicht die Mühen auf jeden Fall lohnt. Bei dem Museum gelangt man auf die Straße nach El Cotillo.

Unterwegs bietet sich ein Badestopp in einer der feinsandigen Lagunen der Caletillas an, etwa an der von Apartmentanlagen gesäumten **Playa de Los Lagos.** In **El Cotillo** **3** › S. 286 angekommen, laden am alten Schiffsanleger einige Fischlokale zur Rast ein.

Zurück geht es auf der Straße zunächst nach Lajares. Man passiert den Ort, an dessen Hauptstraße sich der bekannte Kunsthandwerksladen Artesanía Lajares mit Stickereiwaren und Keramik befindet, und biegt nach etwa 5 km links in die FV-101 nach Corralejo ein.

Lavazungen trennen die Badebuchten der Caletillas bei El Cotillo

Fuerteventura
Corralejo

Passatwinde lagerten den Sand an der Nordwestküste des Istmo de la Pared ab

UNTERWEGS AUF FUERTEVENTURA

Corralejo 1 [W5]

Der Ort an der Nordküste mutierte dank seiner pulverfeinen hellen Sandstrände vom kleinen Fischerdorf zur Ferienstadt, in der sich vor allem ein junges sportliches Publikum wohlfühlt. Die **Avenida Nuestra Señora del Carmen** ist Corralejos Flaniermeile mit Restaurants, Boutiquen und Surfshops. In ihrem Umfeld spielt sich auch das recht lebendige Nachtleben ab. Nach Lanzarote, das in Sichtweite liegt, besteht eine gute Anbindung mit Autofähren. Die kleine Nachbarinsel Lobos ist mit kleinen Personenfähren zu erreichen.

Südöstlich von Corralejo türmen sich imposante haushohe Wanderdünen auf. Das ausgedehnte und völlig naturbelassene Dünenfeld **El Jable** ★ steht als Naturpark unter Schutz und läuft in die kilometerlange, von flachen Felsnasen durchbrochene Strandzone **Grandes Playas** aus, an der, nachdem zwei Hotels errichtet worden waren, ein Baustopp erlassen wurde. So blieb es bei den beiden Hotels in Bestlage.

Die Grandes Playas gelten unter Surfern als eines der besten Starkwindreviere Europas. Eine Surfschule mit Brettverleih liegt nordwestlich des Hotels Riu Palace Tres Islas (Flag Beach Windsurf & Kitesurf Center, Tel. 928 86 63 89, www.flagbeach.com).

Info
Oficina de Turismo
Avenida Marítima 2
Corralejo | Tel. 928 86 62 35
www.visitcorralejo.com

Verkehr
Schiffsverbindungen: Nach Playa Blanca/Lanzarote mit Auto-Expressfähre von Fred. Olsen (www.fredolsen.es) und Autofähre von Naviera Armas (www.navieraarmas.com) tgl. insgesamt 10–13 Mal; mit Personenfähren der Grupo Lobos (www.excursionesmaritimaslobos.com) tgl. 5–7 Mal nach Lobos.
Busverbindungen: Puerto del Rosario, La Oliva, Lajares und El Cotillo.

Karte
S. 281

Fuerteventura
Islote de Lobos

Hotels

Gran Hotel Atlantis Bahía Real €€€
Das luxuriöseste Haus am Platz, mit tollem Spa-Center.
Avenida Grandes Playas s/n
Corralejo
Tel. 928 53 64 44
www.atlantisbahiareal.com

Riu Palace Tres Islas €€€
Alleinlage in den Dünen, 372 komfortable Zimmer, 3 km vom Zentrum.
Grandes Playas
Corralejo
Tel. 928 53 57 00
www.riu.com

Atlantis Dunapark €€
Hotelanlage mit schönem Garten, Tennisplätzen, Pool, Sauna und Jacuzzi.
Calle La Red 1
Corralejo
Tel. 928 53 52 51
www.atlantishotels.com

Surf Riders Fuerteventura €
Im Hostelstil für ein sportliches, kontaktfreudiges Publikum. Man wohnt im Schlafsaal, in Doppelzimmern mit Etagenbad oder auch in der Suite.
Calle El Médano 14
Corralejo
Tel. 928 53 62 09
www.surfridersfuerteventura.com

Restaurants

Tío Bernabé €€€
Das gehobene Traditionslokal in der »Fressgasse« von Corralejo serviert kanarische Spezialitäten aus frischen einheimischen Zutaten, dazu gibt es Wein von Lanzarote und Teneriffa.
Calle La Iglesia 9
Corralejo
Tel. 928 53 58 95
www.restaurantetiobernabe.com

El Sombrero €€
Beliebte Gastronomie mit eidgenössischen Wurzeln. Mi geschl.
Avenida Marítima, 4
Corralejo
Tel. 928 86 75 31
www.restaurante-elsombrero.com

La Marea €€
Zauberhafter Meerblick von der Terrasse, die großzügig mit Sofas bestückt ist. Zeitgemäße Küche, auch schön für einen Drink.
Avenida Marítima s/n
Corralejo
Tel. 928 53 73 96

Nightlife

Wer die Nacht zum Tag machen will, kann in den Bars im Centro Comercial Atlántico und im Waikiki Beach Club (Calle Dr. A. Hernández Morán 11, www.waikikibeachclub.es) in die quirlige Szene eintauchen.

Islote de Lobos ❷ [W5]

Vom Hafen von Corralejo setzen mehrmals täglich Ausflugsboote in etwa 30 Min. zur kleinen, nicht mehr ständig bewohnten Nachbarinsel Lobos über, die von Fuerteventura durch den 2 km breiten Meeresarm El Río getrennt ist. Das als Naturpark ausgewiesene, nur 6 km^2 große Eiland lässt sich auf einem dreistündigen Rundweg erwandern. Ausgangspunkt ist die Wochenendsiedlung El Puertito, in der sich auch das einzige Restaurant der Insel befindet (Essen unbedingt vor Beginn der Wanderung vorbestellen). Winzige Lagunen im Südosten und wie von Hand aufgeschüttete *hornitos* (Öfchen, d. h. kleine Schlote, aus denen während der vulkanisch aktiven Phase Wasserdampf entwich) erwecken auf Lobos den Eindruck einer Miniaturlandschaft. Der Rundweg berührt ganz im Norden den Leuchtturm an der Punta Martiño, bevor er sich wieder nach Süden wendet.

Fuerteventura
Islote de Lobos/El Cotillo

Ein runder Wehrturm verteidigte früher den Hafen von El Cotillo

Die Insel ist Lebensraum zahlreicher Seevogelarten. Hingegen wurden die namensgebenden Mönchsrobben (*lobo marino* = span. Meerwolf) schon im 19. Jh. ausgerottet, da sie den Fischern als Konkurrenz galten und überdies wertvollen Speck lieferten, der zur Ölgewinnung diente. Ein Besucherzentrum westlich von El Puertito dokumentiert mit großformatigen, künstlerisch gestalteten Tafeln des Illustrators Jaime Avilés Campos Tiere und Natur der Insel (tgl. 10.30–15.30 Uhr). Nebenan lädt der schöne, halbmondförmige Strand Playa de La Concha zu einem erfrischenden Bad ein, bevor es mit der Fähre zurück nach Corralejo geht.

El Cotillo 3 [V6]

Das ehemalige Fischerdorf an der Nordwestküste ist längst kein Geheimtipp mehr. Trotzdem fühlt sich hier noch wohl, wer auf den Rummel eines umtriebigen Ferienortes bewusst verzichten möchte. Wahrzeichen des Dorfes ist der **Torre de El Tostón**, ein alter Piratenausguck aus dem 18. Jh., in dem heute ein kleines Informationsbüro Platz gefunden hat. Die Playa del Aljibe de la Cueva südlich davon ist ein Hotspot der Windsurfer. Um den Puerto Antiguo, den alten Naturhafen im Ortszentrum, reihen sich mehrere beliebte Fischrestaurants.

An der sonst so wellengepeitschten Nordwestküste nehmen sich die **Caletillas**, hellsandige Badebuchten im Norden von El Cotillo, die durch dunkle Lavazungen voneinander getrennt sind, meist ausgesprochen kinderfreundlich aus. Auch wenn die touristische Erschließung dieser Küstenzone von Umweltschützern bekämpft wird, sind an den Strandbuchten in Ortsnähe, der Playa de la Concha und der Playa de Los Lagos, einige Apartmentanlagen in Flachbauweise entstanden. Im Leuchtturm in der nördlichsten Inselecke, dem **Faro de El Tostón**, ist das Museo de la Pesca Tradicional untergebracht. Das Museum befasst sich mit dem handwerklichen Fischfang auf Fuerteventura, wie er seit vielen Generationen praktiziert wird. Im Eintrittspreis eingeschlossen ist die Besteigung des 37 m hohen Turms, der einen großartigen Panoramablick bietet (Di–Sa 10 bis 18 Uhr).

Unterkünfte
Cotillo Sunset €€
34 geräumige Studios und Apartments direkt am Strand, ideal für Familien. Man sollte nach einem etwas teureren Apartment mit Meerblick fragen.
Avenida de los Lagos
El Cotillo
Tel. 928 17 50 65
www.cotillosunset.com

Apartamentos Juan Benítez €–€€
Gut ausgestattete Ferienwohnungen am südlichen Ortsrand, wahlweise mit und ohne Meerblick.
Calle La Caleta 4
El Cotillo
Tel. 928 53 85 03
www.apartamentosjuanbenitez.es

Karte
S. 281

Fuerteventura
La Oliva

Maravilla €
Hübsche, geräumige Reihenhäuser, Apartments und Studios direkt an den Caletillas. Gute Ausstattung.
Avenida de los Lagos s/n
El Cotillo
Tel. 609 54 54 26
www.maravilla.at

Restaurants
La Vaca Azul €€
Gutes, nicht allzu teures Seafood-Lokal mit schöner Terrasse.
Calle Requeña 9 (Muelle Viejo)
El Cotillo
Tel. 928 53 86 85
www.vacaazul.es

El Roque de los Pescadores €
In dem Lokal am neuen Hafen wird der frische Fang der Fischer zu schmackhaften Gerichten verarbeitet.
Calle Mallorquín 2
El Cotillo
Tel. 928 53 87 13

La Oliva 4 [V6]

Das Verwaltungszentrum des Inselnordens war früher (1708–1859) Sitz des Militärregiments von Fuerteventura. Von der einstigen Bedeutung zeugt die **Casa de los Coroneles,** die Ende des 18. Jhs. im spanischen Kolonialstil als Residenz der Obersten erbaut wurde, die faktisch auch die zivile Macht über die Insel innehatten, da ihnen vom Lehnsherren das Recht, die Bürgermeister der Gemeinden zu bestimmen, übertragen worden war. Das Gebäude gilt als größtes Landhaus der Kanarischen Inseln. Die Einheimischen behaupten, die Casa de los Coroneles habe so viele Fenster wie das Jahr Tage, tatsächlich sind es aber nur etwa 100. Daran knüpft ein Bonmot aus der Franco-Ära an, als die damalige Militärverwaltung hier Büros unterhielt. Es hieß, für jeden Tag des Jahres sei ein Fenster zum Ausruhen da. Heute fungiert die Casa als Kulturzentrum und beherbergt die Dauerausstellung »Arte, sociedad y poder«, die sich mit der historischen Bedeutung des Hauses auseinandersetzt, sowie interessante Wechselausstellungen (www.lacasadeloscoroneles.org, Di–So 10–18 Uhr, Eintritt 3 €).

Unweit von der Casa de los Coroneles beherbergt die Casa Mané, ein restauriertes Herrenhaus mit hübschem Garten, in dem früher der Arzt von La Oliva residierte, das **Centro de Arte Canario.** In dem Privatmuseum, das der Kunstliebhaber Manuel Delgada Camino (»Mané«) 1991 eröffnete und das heute seine Tochter leitet, werden zeitgenössische Malereien und Plastiken moderner kanarischer Künstler ausgestellt (www.centrodeartecanario.com; Mo–Fr 10–17, Sa 10–14 Uhr).

Aus dem beginnenden 18. Jh. stammt die dreischiffige Pfarrkirche **Nuestra Señora de Candelaria,** die mit ihrem aus Lavaquadern erbauten Glockenturm das Ortsbild beherrscht (Mariä-Lichtmess-Kirche; nur zur Messe meist Mi 18, So 12.30 Uhr geöffnet). Nicht weit von ihr beherbergt der alte Kornspeicher *(cilla)* von La Oliva heute das **Museo del Grano La Cilla,** das Kornmuseum, das die Geschichte des Getreideanbaus auf der Insel dokumentiert, der bis vor wenigen Jahrzehnten eine besonders große Bedeutung hatte (www.artesaniaymuseosdefuerteventura.org, Di 10–15 und 16–18, Fr 10–15, Sa 10–14 Uhr).

4 km nördlich von La Oliva, am Nordrand von Villa Verde befindet sich die **Cueva del Llano.** Den vorderen Teil der Höhle kann man eigentlich vom Informationszentrum aus, das in die Erde eingelassen ist, ein Stück weit erkunden. Im hinteren Bereich lebt u. a. eine vom Aussterben bedrohte Spinnenart, die vermutlich nirgends sonst auf der Welt vorkommt. Informationszentrum und Höhle sind allerdings derzeit wegen Erdrutschgefahr im Eingangsbereich geschlossen (Stand bei Redaktionsschluss, aktuelle Infos unter www.artesaniaymuseosdefuerteventura.org).

Fuerteventura
Puerto del Rosario

Puerto del Rosario 5 [W7]

Die Inselhauptstadt (37 000 Einw.) an der Ostküste verdankt ihre Existenz dem geschützten Naturhafen, der als Puerto de Cabras schon im 15. Jh. auf den Inselkarten eingetragen war. Bis in die 1950er-Jahre hinein war dieser Name gebräuchlich, dann empfand ihn die Stadtverwaltung als nicht mehr fein genug und änderte ihn in Puerto del Rosario (Rosenkranzhafen), nach der Ortspatronin, der Rosenkranzmadonna. Fremde verirren sich kaum in die Stadt mit dem Charme einer schläfrigen Verwaltungsmetropole. Hier lässt sich außerhalb der Touristenzentren das durchaus urbane Leben unter Einheimischen genießen.

Auch wer sich für Kunst interessiert, wird in der Stadt seine Freude haben. Ein modernes Gebäude mit auffälliger Fassade etwas nördlich der Innenstadt beherbergt das **Centro de Arte Juan Ismael,** das in wechselnden Ausstellungen das Schaffen vornehmlich kanarischer, aber auch internationaler zeitgenössischer Künstler vorstellt. Juan Ismael (1907–1981), nach dem die Kunsthalle benannt ist, war ein aus La Oliva stammender Surrealist (Calle Almirante Lallermand 30, Di–Sa 9–13 und 17–21 Uhr).

Über die ganze Stadt verteilt sich ein viel beachteter Skulpturenpark mit rund 100 Arbeiten, die aus einem Bildhauersymposium, das zwischen 2001 und 2006 jedes Jahr in Puerto del Rosario abgehalten wurde, hervorgegangen sind. Die Plastiken stehen vornehmlich an der Hafenpromenade und in den zentralen Straßen und können bei einem Spaziergang bewundert werden (Standorte im Flyer eingetragen, erhältlich im Touristenbüro oder unter www.turismo-puertodelrosario.org).

Einen Besuch wert ist die gegenüber der Pfarrkirche Nuestra Señora del Rosario gelegene **Casa Museo Unamuno.** Das Museum in einem liebevoll hergerichteten Stadthaus, der ehemaligen Pension Fuerteventura, ist dem spanischen Philosophen und Schriftsteller Miguel de Unamuno (1864 bis 1936) gewidmet, der hier 1924 vier Monate lebte. Er war wegen seiner kritischen Einstellung zum Militärregime von Primo de Rivera kurzerhand seines Amtes als Rektor der Universität von Salamanca enthoben und auf die damals zivilisationsferne Insel Fuerteventura verbannt worden. In den

Moderne Skulpturen zieren die Hafenpromenade von Puerto del Rosario

Karte
S. 281

Fuerteventura
Ampuyenta/Caleta de Fuste

Räumlichkeiten sind das von Unamuno benutzte Originalmobiliar sowie Fotografien und Dokumente zu seinem Leben zu sehen (Tel. 928 86 23 76, Mo–Fr 9–14 Uhr, Eintritt frei).

Info
Patronato de Turismo
Calle Almirante Lallermand 1
Puerto del Rosario
Tel. 928 52 08 44
www.visitfuerteventura.es

Oficina de Turismo Municipal
Rotonda de la Explanada
Puerto del Rosario
Tel. 618 52 76 68
www.turismo-puertodelrosario.org

Verkehr
Schiffsverbindungen: Autofähre nach Las Palmas de Gran Canaria 5 x pro Woche (www.navieraarmas.com).
Busverbindungen: Mehrmals tgl. in alle größeren Orte ab Busbahnhof Avenida de la Constitución/Ecke Calle León y Castillo.

Hotel
JM Puerto del Rosario €€
Zehnstöckiges 3-Sterne-Stadthotel gegenüber der Anlegestelle für Kreuzfahrtschiffe mit überzeugendem Preis-Leistungs-Verhältnis. Mit Cafeteria, aber ohne Restaurant.
Avenida Ruperto G. Negrín 9
Puerto del Rosario
Tel. 928 85 94 64
www.jmhoteles.com

Restaurant
El Cangrejo Colorao €€
Fischlokal direkt am Meer nahe des Centro de Arte Juan Ismael.
Calle Juan Ramón Jimenez 2
Puerto del Rosario
Tel. 928 85 84 77

Ausflug:
Ampuyenta 6 [V7]

Rund um das 15 km westlich der Hauptstadt gelegene Dorf wurde früher Getreide angebaut, heute pendeln viele Bewohner zur Arbeit in die Küstenorte. Im Rahmen einer kostenlosen Führung können mehrere schön restaurierte, historisch bedeutsame Gebäude besichtigt werden. An der Hauptstraße steht das Hospital, ein kleines Krankenhaus von 1891, das nie in Betrieb ging. Den an eine Kirche erinnernden Bau stiftete Dr. Tomás Mena y Mesa, ein aus Ampuyenta stammender Arzt, der sich in Kuba als Tropenmediziner einen Namen gemacht hatte. Schräg gegenüber gibt das einstige Domizil des Arztes als Casa Museo Dr. Mena interessante Einblicke in die früher Wohnkultur wohlhabender Kreise auf dem Land. In der benachbarten, sehr schlichten Casa del Fray Andresito wuchs der 1800 als Andrés García Acosta geborene Franziskanermönch auf, der 1833 nach Südamerika emigrierte und sich dort karitativen Aufgaben widmete. Demnächst soll er selig gesprochen werden. Die Casa wurde für die Bewohner Fuerteventuras zu einer Wallfahrtsstätte. Schließlich kann man die Ermita San Pedro de Alcántara besuchen, eine der hübschesten Inselkirchen. Den Kirchhof umschließt eine weiße Mauer mit Zinnen. Die wertvolle Gemäldesammlung (vermutlich 18. Jh.) im Inneren zeigt Szenen aus dem Leben des Franziskanerheiligen Petrus von Alcántara. Die Fresken an den Wänden spielen eine Scheinarchitektur aus Altären und Gewölben vor (www.artesaniay museosdefuerteventa.org, Führungen Di–Sa 10.30, 12.30, 14.30 und 16.30 Uhr, Treffpunkt am Informationszentrum mitten im Dorf).

Caleta de Fuste 7 [W8]

Das drittgrößte Ferienzentrum der Insel, in Veranstalterkatalogen auch als El Castillo oder Costa Caleta bezeichnet, liegt nur ca. 7 km südlich

Fuerteventura
Caleta de Fuste

vom Airport und ist vom Fluglärm nicht ganz unbehelligt. Bis auf den inzwischen in eine Ferienanlage integrierten alten Festungsturm Castillo de Fuste, der 1741 errichtet wurde, um englische Korsaren von dem damals wichtigen Exporthafen abzuwehren, entstand die heutige Hotelstadt samt zwei zugehörigen 18-Loch-Golfplätzen am Reißbrett. Atmosphäre hat lediglich der Hafen, der **Puerto del Castillo**. Heute wird er vorwiegend von Jachten genutzt. Sein kuppelbekrönter Hafenturm ist das Wahrzeichen von Caleta de Fuste. Im Hafenbecken schwimmen die Käfige des Oceanarium Explorer, in denen sich Meerestiere aus den Gewässern Fuerteventuras tummeln. Es werden Ausfahrten mit einem Glasbodenboot veranstaltet.

Die durch eine Mole geschützte hellsandige **Playa del Castillo** bietet sich besonders für einen erholsamen Familienurlaub an, da sie im Gegensatz zu den meisten Stränden auf Fuerteventura auch für kleinere Kinder geeignet ist. Surf- und Tauchstation sind vorhanden, auch Schnorcheln ist im Angebot. Weiter südlich entstand bei einem neueren Hotelkomplex die künstlich aufgeschüttete Playa de La Guirra.

Verkehr
Busverbindungen: Nach Morro Jable und Puerto del Rosario (halbstdl. bis stdl.).

Hotels
Elba Palace Golf €€€
Komforthotel im kanarischen Stil, nur für Erwachsene, auf dem Gelände des Fuerteventura Golf Club.
Fuerteventura Golf Resort
Caleta de Fuste
Tel. 928 16 39 22
www.hoteleselba.com

Barceló Castillo Beach Resort €€
Gelungene Bungalowanlage am Jachthafen mit komplettem Unterhaltungs-, Sport- und Wellnessangebot.
Caleta de Fuste | Tel. 928 16 31 00
www.barcelo.com

Restaurant
Frasquita €€
Bekanntes Fischlokal, direkt am Strand.
Playa del Castillo | Caleta de Fuste
Tel. 928 58 69 98

Nightlife
Gran Casino Antigua Fuerteventura
Spielkasino im Hotel Elba Carlota Beach (tgl. 21–5, im Winter 20–4 Uhr).
Caleta de Fuste
www.casinofuerteventura.es

Betancuria 8 ⭐ [V8]

Die alte Hauptstadt (200 Einw.) ist die vielleicht größte Attraktion, die Fuerteventura abseits der Strände zu bieten hat. Der 1405 vom Eroberer Jean de Béthencourt gegründete Ort wirkt, als ob die Zeit nach der Conquista stehen geblieben wäre. Betancuria ist malerisch in ein fruchtbares Tal eingebettet, in dem die wenigen, strahlend weißen Häuser von Palmen und Tamarisken umstanden sind.

Die **Iglesia Santa Maria de Betancuria,** in der derzeit auch das Museo de Arte Sacro (Museum für Sakralkunst) untergebracht ist, bildet den Mittelpunkt. Mit ihrem mächtigen Mauerwerk diente der Bau in früheren Jahrhunderten als Wehrkirche, in die sich die Bevölkerung bei Piratenangriffen zurückzog. In ihrer heutigen, dreischiffigen Form wurde sie im Verlauf des 17. Jhs. im Mudejarstil errichtet, der seinen Ursprung in Andalusien hat. In ihrem Inneren birgt sie einen barocken Hochaltar von 1684 aus Teneriffa mit einer Statue der Mondsichelmadonna (Mo–Sa 10–12.30, 13–15.50 Uhr).

Gegenüber ist in der sorgfältig restaurierten **Casa Santa María,** einem herrschaftlichen Haus mit schmuckem Garten, ein »lebendiges Museum« untergebracht, in dem man Kunsthandwerkern bei ihrer Arbeit über die Schulter schauen kann. Eine Ausstellung präsentiert landestypische Trachten und alte landwirtschaftli-

Fuerteventura
Betancuria

che Geräte. Im Erdgeschoss gibt es einen frei zugänglichen Kunsthandwerksladen, angeschlossen ist außerdem ein Restaurant (Mo–Sa 10–15.30 Uhr, Eintritt 5 €).

Das **Museo Arqueológico de Fuerteventura** an der Hauptstraße besitzt eine beachtliche Sammlung präspanischer Fundstücke, darunter die berühmten Idole (Fruchtbarkeitsstatuetten) aus der Cueva de los Idolos bei La Oliva. Es wird demnächst in einem Neubau mit einer modern konzipierten Ausstellung wiedereröffnen (zzt. geschl., in Zukunft voraussichtlich Di–Sa 10–18 Uhr, aktuelle Infos unter www.artesaniaymuseosdefuerteventura.org).

Nördlich von Betancuria steigt die Straße an den romantischen Ruinen eines ehemaligen Franziskanerkonvents vorbei in engen Serpentinen zur Passhöhe Morro de la Cruz (676 m) an, wo sich am **Mirador de Betancuria** die zwei gewaltigen Bronzestatuen der beiden Stammesfürsten Ayose und Guise erheben, die Fuerteventura vor der europäischen Eroberung regiert haben sollen. Eine kurze Stichstraße führt vom Pass zum **Mirador de Morro Velosa**. Der von Blanca Cabrera, einer Nichte des berühmten Künstlers von Lanzarote César Manrique, gestaltete und dezent in die Landschaft eingefügte Aussichtspunkt gestattet einen grandiosen Rundblick über die Insel (Di–Sa 10–18 Uhr, Eintritt frei, mit Cafeteria und Kunsthandwerksladen).

Restaurant
Casa Santa María €€€
Unbestritten schönstes Insellokal mit lauschigem Ambiente im blumengeschmückten Patio und typischer Küche, etwa Kaninchen oder Zicklein.
Plaza Santa María 1
Betancuria
Tel. 928 87 82 82
www.casasantamaria.net

Shopping
Finca Pepe
Die Ziegenfarm nördlich des Ortes lädt zum Probieren und Kauf ihres Käses »El Convento« sowie anderer lokaler Produkte ein (tgl. 8–20 Uhr).
Granja Las Alcaravaneras
Betancuria
www.fincapepe.com

Betancuria, die alte Hauptstadt, besitzt einen ruhigen Kirchplatz

Costa Calma ist ein Ferienort mit viel Grün

Karte S. 281

Fuerteventura
Costa Calma

Costa Calma ❾ [U9]

Die »stille Küste« ist eine künstlich aus dem Boden gestampfte Siedlung ohne gewachsenes Zentrum. Sie wirkt auch nach Jahrzehnten immer noch etwas unfertig; zwischen den weit auseinandergezogenen Resorts und Einkaufszentren liegt so manches Stück Ödland. Allerdings sorgten strenge Bauschriften dafür, dass sich die Bungalow- und Hotelanlagen harmonisch in die Landschaft einfügen. Als planerischer Glücksgriff erwies sich die beiderseits der Hauptstraße mit geklärtem Nutzwasser der Hotels aufgeforstete Zone, die üppig grünt und die Ferienanlagen vom Durchgangsverkehr abschirmt. Ein ausgeprägtes Nachtleben sucht man vergeblich. Einkaufen kann man in ein paar zwischen den Hotels verteilten **Centros Comerciales**, wo es auch Restaurants und Kneipen gibt. Costa Calma liegt am Rand der 16 km langen Strandzone **Playas de Sotavento**.

Lohnend ist ein Abstecher über die karge, unbesiedelte, von Dünen übersäte Landenge **Istmo de La Pared** hinweg zum kleinen Ferienort La Pared mit der 500 m langen **Playa del Viejo Rey**. Der Traumstrand ist wegen der starken Brandung allerdings meist Wellenreitern vorbehalten. Unweit nördlich liegen – von La Pared über eine Piste zu erreichen – die beiden winzigen, von Felsen gesäumten **Playas de La Pared**, wo man wegen unberechenbarer Strömungen auf keinen Fall baden sollte.

Verkehr
Busverbindungen: Costa Calma–Puerto del Rosario bzw. Morro Jable alle 30–60 Min.

Hotels
Fuerteventura Playa €€€
Familienfreundliches All-inclusive-Resort am Strand, 300 Zimmer auf drei Etagen.
Avenida Jahn Reisen 1
Costa Calma
Tel. 928 54 73 44
www.sunandbeachhotels.com

Risco del Gato €€€
Extravagantes Bungalowhotel in großer Gartenanlage mit Feinschmeckerlokal.
Calle Sicasumbre 2
Costa Calma
Tel. 928 54 71 75
www.vikhotels.com

Bahia Calma & Las Pardelas €€
Ruhige Bungalowanlage mit gepflegten Vorgärten, zum Strand geht man nur wenige Minuten.
Calle Angostura s/n
Costa Calma
Tel. 928 87 51 58

Restaurants
Tapas de la Abuela €€
Gemütliches Lokal mit gediegener spanischer Küche und gut bestücktem Weinkeller.
Calle Valle de los Mosquitos, 2
Costa Calma
Tel. 928 87 51 58

Fuerte Action €
Szenetreff, beliebt wegen seiner Burger und Cocktails, dazu Surfvideos.
Centro Comercial El Palmeral
Costa Calma
Tel. 928 87 51 26
www.fuerte-action-bar.com

Fuerteventura
Playas de Sotavento

Playas de Sotavento
10 ★ [U10]

Die insgesamt 16 km langen, hellen Sandstrände der Playas de Sotavento säumen beinahe die gesamte Ostküste der Halbinsel Jandía. Einer der schönsten Strandabschnitte beginnt an der imposanten haushohen Wanderdüne **Risco del Paso**, an die sich die Salzwiesen des **Barranco del Salmo** anschließen. Von hier verläuft eine 4 km lange, teils nur wenige Meter breite Nehrung bis zur **Playa Barca** und lädt zu einer herrlichen Strandwanderung ein. Von Costa Calma ist dieser Strandabschnitt am Meer entlang in rund 1 Std. zu erreichen. Die abgetrennte Flachwasserlagune bildet bei Flut ein überdimensionales Planschbecken für Groß und Klein, bei Ebbe hinterlässt sie ein nur knietiefes, wattähnliches Biotop.

Die **Playa Barca** ist ein Toprevier für Windsurfer, ein einsames Hotel › **unten** sowie zwei renommierte Surfstationen bieten die nötige Infrastruktur (René Egli, www.rene-egli.com; Ion Club, www.ion-club.net).

Hotel
Meliá Gorriones €€
In Alleinlage direkt am Strand, üppiger subtropischer Garten, Animationsprogramm, viele Surfer.
Playa Barca
Tel. 928 54 70 25
www.solmelia.com

Jandía 11 [T10]

Der Ferienort auf der Halbinsel gleichen Namens ist das urbane Zentrum eines der besten Strandreviere in ganz Europa. Gewachsene Strukturen dürfen allerdings nicht erwartet werden. Hinter der großzügig angelegten Küstenstraße machen sich teils monströse Hotelkomplexe und Shoppingzentren breit. Deren meerwärtige Seite blieb allerdings größtenteils unbebaut. Hier erstreckt sich die schmale Salzebene **El Saladar**, die heute unter Naturschutz steht. Ihr vorgelagert ist die Playa del Matorral, die an der Ostküste der Halbinsel nahtlos in die Playa de Butihondo und die Playa de Esquinzo vor den gleichnamigen Feriensiedlungen übergeht. Im weiteren Verlauf gelangt man zu den Playas de Sotavento › **oben**. Die Strandzone erstreckt sich vom Leuchtturm Faro de Jandía insgesamt auf einer Länge von gut 20 km bis zur Costa Calma – für Strandwanderer also beste Bedingungen.

Info
Oficina de Turismo
Avenida del Saladar s/n (im Cosmo Shopping Center) | Jandía
Tel. 928 54 07 76

Hotels
Riu Palace Jandía €€€
Futuristischer Bau mit 200 eleganten Zimmern, Gesundheits- und Schönheitszentrum, Themenrestaurant und Showcooking.
Playa de Jandía
Tel. 928 54 03 70
www.riu.com

Robinson Club Jandía Playa €€€
Tourismuspionier in bester Strandlage, mit großem Sport- und Freizeitprogramm. Sehr beliebt!
Avda. del Saladar, 6 | Jandía
Tel. in Deutschland 0511 56 78 01 04
www.robinson.com

Coronado €€
Sehr individuelle Ferienwohnungen, ruhig und mit privaten Terrassen zum Meer.
Calle El Sol 14
Jandía
Tel. 928 54 11 74
www.solitour.com

Karte
S. 281

Fuerteventura
Jandía

IFA Altamarena €€
Eines der wenigen direkt am Strand gelegenen Hotels, mit familiärem Flair. Gepflegter tropischer Garten mit Poollandschaft.
Avenida del Saladar 28
Jandía
Tel. 928 54 04 30
www.lopesan.com

Ocean World €€
Kleines, bei Tauchern beliebtes Aparthotel mit 17 Studios für max. drei Personen.
Calle Flamenco 2
Jandía
Tel. 928 54 03 24
www.oceanworld.de

Restaurants
Coronado €€€
Gepflegtes Abendlokal im gleichnamigen Resort › **oben**, feine spanisch-internationale Küche, auf einheimischen Zutaten basierend.
Calle El Sol 14
Jandía
Tel. 928 54 11 74
www.restaurantecoronado.com

Marabú €€€
Auf der Gartenterrasse genießt man zartes Milchlamm oder Schwertfischsteak in Pfefferkruste (So geschl.).
Fuente de Hija s/n
Esquinzo Playa
Tel. 928 54 40 98
www.e-marabu.com

La Isla €
Gepflegtes Lokal an der Küstenstraße, schöne Terrasse, kanarische und internationale Gerichte, gute Pizza.
Avenida del Saladar s/n
Jandía
Tel. 928 16 70 83

Shopping
Mercadillo
Vor dem Cosmo Shopping Center findet jeden Donnerstag (9–14 Uhr) dieser Souvenir- und Textilmarkt statt, mit vielen Händlern aus Afrika.

Riesige Dünen türmen sich bei Risco del Paso auf

Fuerteventura
Morro Jable

Morro Jable 12 [T10]

Vor seiner touristischen Entdeckung war Morro Jable ein verschlafenes Fischerdorf, das bis in die 1970er-Jahre hinein nur über eine staubige Piste zu erreichen war. Ende des 19. Jhs. hatten sich hier einige Familien niedergelassen, die Getreide auf andere Inseln verschifften.

Heute staut sich in den engen Gassen der Verkehr mitunter zu langen Schlangen, und an der Promenade am Wasser, die an den Klippen entlang, über denen einige Hotels thronen, bis zum Ferienort Jandía führt, reiht sich ein Fischlokal ans andere. Wer südländisches Flair sucht, ist hier gut bedient.

Im Ort selbst gibt es nur wenige, kleinere Unterkünfte für Touristen. Ansonsten wohnen hier die Arbeitskräfte, die in den Hotels von Jandía beschäftigt sind. Im modernen Hafen westlich von Morro Jable legen Fährschiffe, Jachten und Ausflugsboote an. Die Szenerie belebt sich am frühen Nachmittag, wenn die Fischer mit ihrem Fang zurückkehren. In der Halle der Fischereigenossenschaft werden die Fische sofort ausgenommen, sortiert und mit Kühltransportern weggefahren.

Verkehr
Schiffsverbindungen:
Autofähren nach Las Palmas de Gran Canaria (mehrmals tgl. www.fredolsen.es, www.naviera armas.com).
Busverbindungen:
Nach Puerto del Rosario über Costa Calma (alle 30–60 Min.).

Hotels
Alberto €€
Die kleine Apartmentanlage am Westrand von Morro Jable fungiert als Surfcamp der Wellenreiterschule Otro Modo (www.otro-modo-surf school.de).
Calle Mafasca 16
Morro Jable
Tel. 928 54 51 09
www.aptosalberto.com

In Morro Jable starten Fährschiffe nach Gran Canaria

Karte
S. 281

Fuerteventura
Cofete

Casablanca €€
Geschmackvoll eingerichtete Apartments in aussichtsreicher Hanglage. Besonders schön: das Duplex-Penthouse mit Platz für bis zu vier Personen.
Avenida del Faro 6 | Morro Jable
Tel. 928 54 17 44
www.apartamentos-casablanca.com

Restaurants
Charly €€
Hier im Ortskern von Morro Jable essen auch viele Canarios.
Plazoleta Cirilo López 3 | Morro Jable
Tel. 928 16 60 80

La Farola del Mar €€
Fischlokal am Westende der Promenade, mit Terrasse am Meer, auch vegetarisch.
Peatonal La Chalana
Morro Jable
Tel. 928 16 71 66
www.lafaroladelmar.net

Cofete 13 [T10]

Der Weiler Cofete an der Nordküste der Halbinsel Jandía erscheint wie der letzte Außenposten der Zivilisation und ist nur über eine holprige Staubpiste erreichbar.

Überwältigend ist der Panoramablick auf den traumhaften Strand Playa de Cofete – kein einziges Hotel verschandelt den unter Naturschutz gestellten Küstenstrich. Der hohe Wellengang verhindert zwar gefahrloses Baden, aber Strandwanderer und Naturfreunde können dafür eines der letzten unberührten Paradiese auf Fuerteventura genießen.

Weithin sichtbar erhebt sich außerhalb des Ortes die sogenannte Villa Winter, ein großes Anwesen im Stil eines spanischen Gutshofes. Errichtet wurde sie von dem deutschen Ingenieur Gustav Winter, der die Halbinsel Jandía 1937 pachtete. Unter seiner Leitung entwickelte

Die Fischrestaurants der Insel werden frisch aus dem Hafen von Morro Jable beliefert

sich der halbkreisförmige Talkessel El Golfo, in den Cofete eingebettet ist, zu einem wichtigen Weidegebiet für Ziegen. Allerdings gab es auch immer wieder Gerüchte, Winter hätte nach Beendigung des Zweiten Weltkriegs Deutsche mit Nazivergangenheit über Fuerteventura nach Südamerika geschleust. Tagtäglich pilgern zahllose Touristen zur Villa Winter, um einen Blick hinter die Kulissen zu werfen. Das Haus gehört heute einer Hotelgesellschaft und ist gegen ein Trinkgeld für die Verwalter öffentlich zugänglich. Über seine künftige Nutzung wurde noch nicht entschieden.

Restaurant
Cofete €
Einziges Lokal des Ortes, daher stets gut besucht; einfache deftige Landküche, windgeschützte Terrasse.
Cofete
Tel. 928 17 42 43

Die Playa del Papagayo, Lanzarotes wohl schönster Strand

Karte S. 300

LANZAROTE

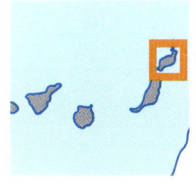

Die »Feuerinsel« kann ihren vulkanischen Ursprung nicht verleugnen – durch eine Serie von Eruptionen versanken im 18. Jh. weite Teile der Insel in Schutt und Asche, noch heute ähnelt sie insbesondere im Westen, wo sich der Nationalpark Timanfaya erstreckt, einer Mondlandschaft. Doch der Vulkanismus ist nur ein Aspekt, dem Lanzarote die Popularität verdankt. Daneben machte César Manrique (1919–1992) seine Heimatinsel durch zahlreiche architektonische und künstlerische Werke zu einer faszinierenden Symbiose aus Kunst und Natur.

Natürlich ziehen auch die feinen Sandstrände Touristen aus halb Europa an. An der Ost- und Südküste entstanden drei große Badeorte. Am quirligsten geht es in Puerto del Carmen zu, das sich für einen Familienurlaub bestens eignet, aber auch das aufregendste Nachtleben der Insel bietet. Costa Teguise mit seinem gutem Sportangebot für Surfer, Taucher und Golfer erweist sich als etwas ruhiger. Auch Playa Blanca an der sonnensicheren Südküste, die mit den Papagayo-Stränden einen der schönsten Küstenabschnitte der Kanaren zu bieten hat, ist mit seinen weitläufigen, von großen Gärten und Poolbereichen umgebenen Ferienanlagen eine feste Größe in den Katalogen der internationalen Reiseveranstalter.

Auf Lanzarote lassen sich Badeferien auf angenehme Art mit Naturerlebnis und Kulturgenuss verbinden. Auch das kulinarische Angebot kann sich sehen lassen und an Ästhetik ist das Landschaftsbild dank strenger Bauvorschriften kaum zu überbieten. All dies macht die Anziehungskraft der 1994 von der UNESCO zum Biosphärenreservat erklärten Insel aus. Außerdem werden sportliche Aktivitäten bei den Urlaubern hier großgeschrieben – wie Windsurfen und Tauchen, Rennradfahren und Mountainbiken. Auch Wanderungen durch die Vulkanlandschaft und zu aufgerissenen Kratern erfreuen sich großer Beliebtheit.

TOUREN IN DER REGION

 ## Auf den Spuren von César Manrique

ROUTE: Monumento al Campesino › Tahiche › Guatiza › Arrieta › Jameos del Agua › Mirador del Río › Haría › Teguise

KARTE: links
DAUER: 1 Tag
FAHRSTRECKE: 55 km
PRAKTISCHE HINWEISE:
» Angesichts der hochkarätigen Sehenswürdigkeiten empfiehlt es sich, die Tour auf 2 Tage zu verteilen. Ein Standort genügt, da die Entfernungen relativ kurz sind.

TOUR-START

César Manrique (1919–1992) hinterließ Lanzarote viele herausragende Sehenswürdigkeiten. Die Spurensuche zu seinen wichtigsten Werken startet im Zentrum der Insel, das vom **Monumento al Campesino** 7 › S. 313 überragt wird. Bei **Tahiche** ist das extravagante ehemalige Privathaus des Künstlers zu besichtigen, in dem die **Fundación César Manrique** 8 › S. 314 untergebracht ist.

In **Guatiza** legte Manrique in einem von Feigenkakteen vereinnahmten ehemaligen Steinbruch den **Jardín de Cactus** an. Eine pittoreske Windmühle überragt den Kakteengarten, in dem über 1400 verschiedene Arten der stachligen Gewächse bestaunt werden können (tgl. 10–17.45 Uhr, Juli–Sept. ab 9 Uhr).

Über das wegen seiner guten Fischlokale bekannte **Arrieta** erreicht man die spektakulär ausgestalteten Lavagrotten **Jameos del Agua** 11 › S. 317. Von dort windet sich ein Bergsträßchen zum **Mirador del Río** hinauf. Von dem früheren Militärposten bietet sich ein spektakulärer Ausblick auf die vorgelagerten Inseln La Graciosa, Montaña Clara und Alegranza. Der am Rande des **Famarakliffs** klebende Aussichtspunkt gilt als Meisterwerk des Künstlers (tgl. 10–17.45, Sommer bis 18.45 Uhr; mit Cafeteria).

Die Rundfahrt klingt mit einem Spaziergang durch das Palmenstädtchen **Haría** 12 › S. 319 aus. Hier verbrachte César Manrique seine letzten Lebensjahre, auf dem örtlichen Friedhof wurde er beigesetzt. Über die alte Hauptstadt **Teguise** 9 › S. 314 kehrt man schließlich zum Ausgangspunkt zurück

---

TOUREN AUF LANZAROTE

17 Auf den Spuren von César Manrique

    MONUMENTO AL CAMPESINO › TAHICHE › GUATIZA › ARRIETA › JAMEOS DEL AGUA › MIRADOR DEL RÍO › HARÍA › TEGUISE

18 Durch die Feuerberge

    MANCHA BLANCA › ISLOTE DE HILARIO › ECHADERO DE LOS CAMELLOS › YAIZA

19 Auf die Nachbarinsel La Graciosa

    ÓRZOLA › CALETA DEL SEBO › PLAYA DE LAS CONCHAS

 Durch die Feuerberge

ROUTE: Mancha Blanca › Islote de Hilario › Echadero de los Camellos › Yaiza

KARTE: Seite 300
DAUER: 1/2 Tag
FAHRSTRECKE: 55 km
PRAKTISCHE HINWEISE:
» Die Montañas del Fuego zeigen sich morgens und am späten Nachmittag im besten (Foto-)Licht. Dann hüllen sich die Berge in einen rötlichen Schimmer, der wie die Glut eines Feuers erscheint. Der Zugang zum Nationalpark ist gebührenpflichtig (9 €).

TOUR-START

Die Tour in den **Nationalpark Timanfaya** 6 › S. 312 macht mit der wohl faszinierendsten Vulkanlandschaft im Archipel bekannt. Vom Centro de Visitantes (Besucherzentrum) bei Mancha Blanca, das die Simulation eines Vulkanausbruchs und einen Film über die Entstehung der Feuerberge zeigt (tgl. 9–16.30 Uhr, Eintritt frei), erreicht man auf der LZ-67 das Kassenhaus des Parque Nacional. Am **Islote de Hilario** endet der private Verkehr. Hier finden Demonstrationen statt, die eindrucksvoll die Erdwärme in den **Montañas del Fuego** vor Augen führen. Eine 45-minütige, im Eintrittspreis enthaltene und mehrsprachig kommentierte Bustour erschließt die ausgebrannte Vulkanlandschaft der Feuerberge, aufgerissene Vulkankegel, Lavaseen und eingestürzte Lavatunnel erinnern an eine Mondlandschaft. Höhepunkt ist der Panoramablick von der **Montaña Timanfaya**. Nach der Runde kann man im von César Manrique gestalteten Restaurante **El Diablo** › S. 313 essen. Am Samstag wird Hähnchen über einem Naturgrill, der mit Erdwärme angeheizt wird, gegrillt.

Zurück auf der LZ-67 besteht in Richtung Yaiza am **Echadero de los Camellos** die Möglichkeit für einen Dromedarausritt durch die Feuerberge (ca. 20 Min., 9-17 Uhr). Nebenan zeigt ein winziges, im Lavafels verstecktes Museum Gerätschaften, die früher bei der Feldarbeit mit Kamelen benutzt wurden. Gute Einkehrmöglichkeiten bietet **Yaiza** 4 › S. 308 mit mehreren Landgasthöfen.

Rötlich schimmern die Vulkane im Timanfaya-Nationalpark

Karte
S. 300

Lanzarote
Touren

Die kleine Insel Graciosa ist nur einen Katzensprung entfernt

Auf die Nachbarinsel La Graciosa

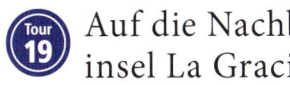

ROUTE: Órzola › Caleta del Sebo › Playa de las Conchas

KARTE: Seite 300
DAUER: 1 Tag
PRAKTISCHE HINWEISE:
» Sofern eine Wanderung zu einem der Strände geplant ist, empfiehlt es sich, in Órzola ein frühes Boot zu nehmen. In Caleta del Sebo legt das letzte Boot um 18, im Sommer um 19 Uhr ab.
» Schiffsfahrpläne/-preise:
www.biosferaexpress.com
www.lineasromero.com
www.navieraarmas.com

TOUR-START

Von **Órzola** im äußersten Norden von Lanzarote setzen mehrmals täglich Personenfähren nach La Graciosa über; die Überfahrt zur kleinen Nachbarinsel dauert 20-30 Min.

Die einzige ständig bewohnte Siedlung auf dem Eiland ist **Caleta del Sebo** (ca. 700 Einw.), deren Name »Talgbucht« sich wohl auf den Speck der Pottwale bezieht, die früher von hier aus gejagt wurden. Kubische Häuserwürfel und versandete Straßen verleihen dem Hafenort ein fast afrikanisches Flair. In dem geräumigen Hafen liegen neben der Fischereiflotte, der zweitgrößten Lanzarotes, auch immer einige Segeljachten. Das Hafenbecken wird schön von einer Promenade gesäumt, an der man gemütlich sitzen und den ruhigen Gang der Dinge beobachten kann.

An den Hafen grenzt die **Punta Corales,** eine Landzunge aus Lavagestein, wo sich in Gezeitentümpeln filigrane, rötlich weiße Korallenbruchstücke finden. Dort beginnt die **Playa de El Salado,** die sich westwärts in den kleineren Stränden **Playa Francesca** und **Playa de la Cocina** fortsetzt.

Richtung Norden kommt man von Caleta del Sebo auf sandigen Pisten per pedes oder Mountainbike (kann vor Ort ausgeliehen werden) quer über die Insel zur einsamen **Playa de las Conchas** (Muschelstrand). Wegen der starken, oft ablandigen Strömungen ist das Baden hier sehr gefährlich. Dafür entschädigen allerdings die Schönheit des Strandes und der Blick auf die Nachbarinsel Montaña Clara und den Roque del Oeste.

UNTERWEGS AUF LANZAROTE

Arrecife 1 [Y4]

Die wichtigsten Anlaufpunkte in der Inselhauptstadt (55 000 Einw.) sind zwei zum Schutz vor Piratenangriffen errichtete Festungen. Das **Castillo de San Gabriel** thront auf einem Inselchen, das dem Stadtzentrum vorgelagert ist. Das Kastell ersetzte 1572 eine hölzerne Schanze zum Schutz gegen Piratenangriffe. 1586 wurde die neue Burg von algerischen Piraten zerstört. Doch König Felipe II. ließ sie 1590–99 durch den italienischen Festungsbaumeister Leonardo Torriani wiedererrichten und verstärken. Inzwischen logiert in dem altehrwürdigen Gemäuer das **Museo de Historia de Arrecife** mit einer Ausstellung zur Stadtgeschichte (Mo–Fr 10–17, Sa 10–14 Uhr).

Ein Damm und die pittoreske Zugbrücke **Puente de las Bolas** (Kugelbrücke) – das Wahrzeichen von Arrecife – verbinden das Kastell mit dem Festland.

Die Küstenstraße führt zum 70 m oberhalb des Hafens auf einem Küstenvorsprung gelegenen **Castillo de San José,** das die Hafeneinfahrt seit seiner Errichtung unter König Carlos III. im 18. Jh. sicherte. Der beeindruckende Festungsbau wird auch Fortaleza del Hambre (Hungerfestung) genannt, da seinerzeit eine Dürrekatastrophe die Insel heimsuchte und der König durch den Bauauftrag Arbeitsplätze schaffen wollte, um Unruhen zu vermeiden.

Heute beherbergt das Castillo im Gewölbe des ehemaligen Munitionslagers das **Museo Internacional de Arte Contemporáneo.** Das Forum für zeitgenössische Kunst zeigt wichtige Stilrichtungen abstrakter Kunst anhand von Arbeiten renommierter spanischer und internationaler Maler und Bildhauer, darunter Miró, Tàpies und Cárdena. Das Museum wurde auf Anregung von César Manrique eingerichtet und präsentiert auch einige seiner eigenen Werke (tgl. 10 bis 20 Uhr, Eintritt 4 €).

Info
Patronato de Turismo de Lanzarote
Calle Triana 38
Arrecife
Tel. 928 81 17 62
www.turismolanzarote.com

Hotels
Arrecife Gran Hotel & Spa €€€
Erstes Haus am Platz mit viel Luxus. Zu den Gästen zählen sowohl Touristen als auch Geschäftsleute. Super-Ausblick von den oberen Stockwerken, vor allem vom Panorama-Restaurant in der 17. Etage.
Parque Islas Canarias
Arrecife
Tel. 928 80 00 00
www.aghotelspa.com

Lancelot €€
Modernes Hotel direkt an der gepflegten Playa del Reducto, alle Zimmer mit Blick aufs Meer. Viele Geschäftsreisende.
Avenida Mancomunidad 9
Arrecife
Tel. 928 89 50 99
www.hotellancelot.com

Miramar €
Gegenüber vom Kastell San Gabriel, mit hübschem Dachgarten und Meerblick.
Avenida Coll 2
Arrecife
Tel. 928 81 26 00
www.hmiramar.com

Restaurants
Castillo de San José €€€
Spanische und internationale Küche in einem von Manrique konzipierten Nobellokal in exponierter Lage (So/Mo geschl.).

Karte
S. 300

Lanzarote
Arrecife

Der Charco de San Ginés ist die Domäne der Fischer

Castillo de San José | Arrecife
Tel. 928 81 23 21
www.centrosturisticos.com

Lilium €€€
Feine Adresse. Die kreative Autorenküche fußt auf kanarischen Rezepten und Zutaten. Ausgesuchte Weine von Lanzarote (So geschl.).
Calle José Antonio 103
Arrecife
Tel. 928 52 49 78
www.restaurantelilium.com

Cofradía de Pescadores San Ginés €
Das lebhafte Restaurant der örtlichen Fischereigenossenschaft serviert – wie könnte es anders sein – fangfrischen Fisch (So geschl.).

Avenida de Naos 20
Arrecife
Tel. 608 22 33 34

Shopping
Mercado Turístico y Artesanal
Jeden Samstag (9–14 Uhr) findet der Kunsthandwerkermarkt, auf dem auch kulinarische Spezialitäten von Lanzarote, Blumen, Bücher und vieles mehr angeboten werden, in der zentralen Calle José Antonio statt. Tanzgruppen bieten ein fröhliches Rahmenprogramm.

Puerto del Carmen 2 [X4]

Puerto del Carmen (11 000 Einw.) ist eine typische Touristenstadt, die größte der Insel. Sie lebt vom Bonus ihrer feinsandigen, goldgelben Strände **Playa de los Pocillos** und **Playa Grande**. An der 8 km langen **Avenida de Las Playas** stehen Unterkünfte für mehr als 30 000 Gäste bereit. Dutzende von Restaurants und Einkaufszentren machen die Infrastruktur perfekt. An der quirligen Küstenstraße wetteifern Discos, Spielsalons und Karaokebars um Kundschaft. Alle Bauten sind in dem von César Manrique geprägten Stil gehalten und maximal zwei Stockwerke hoch. Doch wirklich idyllisch ist lediglich der alte Ortskern **La Tiñosa** um den kleinen Fischerhafen.

Nicht weit entfernt, im Jachthafen **Puerto Calero** westlich von Puerto del Carmen, kann man, auf der Mole bummelnd, schicke Boote bestaunen und in eines der Terrassenlokale einkehren. Von La Tiñosa führt ein nicht allzu schwieriger Wanderweg oberhalb der Felsküste nach Puerto Calero und weiter bis zum urigen Fischerdorf **Playa Quemada,** das nach 2 Std. erreicht ist. Unterwegs gibt es immer wieder Gelegenheit, auf Pfaden oder Treppen zu verschwiegenen kleinen Buchten abzusteigen.

Info
Oficina de Turismo
Avenida de Las Playas s/n
Puerto del Carmen | Tel. 928 51 33 51
www.puertodelcarmen.com

Fischrestaurant mit Aussichtsterrasse am Hafen von Puerto del Carmen

Karte S. 300

Lanzarote
Puerto del Carmen

Unterkünfte

Los Fariones €€€
Großes Aparthotel in ruhiger Lage, gemütliche Zimmer, exotischer Garten.
Calle Roque del Este 1
Puerto del Carmen
Tel. 928 51 01 75
www.farioneshotels.com

Los Jameos Playa €€€
Fantasievolle Architektur, dem kanarischen Stil nachempfunden, mit Wellnesscenter.
Playa de los Pocillos (2 km außerhalb)
Puerto del Carmen
Tel. 928 51 17 17
www.los-jameos-playa.es

Magec €
Bei Travellern überaus beliebte Pension im alten Ortskern.
Calle El Hierro 11
Puerto del Carmen
Tel. 928 51 51 20
www.pensionmagec.com

Playamar €
Beliebte Apartments mit einem oder zwei Schlafräumen in Strandnähe, unter deutscher Leitung, viele Stammgäste.
Calle Doramas 13
Puerto del Carmen
Tel. 928 51 00 70
www.apartamentosplayamar.com

Restaurants

La Casa del Parmigiano €€€
Guter Italiener mit leckerer Holzofenpizza und großer Auswahl an Pastagerichten.
Calle Alegranza 1
Puerto del Carmen
Tel. 928 51 27 31
www.lacasadelparmigiano.es

La Lonja €€
Stimmungsvolles Hafenlokal mit Tapasbar und Fischrestaurant.
Calle Varadero
Puerto del Carmen
Tel. 928 51 13 77

Tamarindos €€
Gut und gesund: vegetarische Vollwertkost im anthroposophischen Zentrum. Reservierung erbeten.
Salinas 12
Puerto del Carmen
Tel. 928 51 28 42
www.centro-lanzarote.de

La Chalana €
Oberhalb des Hafens wird Einheimischen aufgetischt. Mittags Treffpunkt der Fischer, dann gibt es eine gute Auswahl an Tapas (Mo geschl.).
Calle Teide 38
Puerto del Carmen
Tel. 928 51 39 92

Nightlife

Hotspots sind die Klubs und Diskotheken im Centro Atlántico und Centro Columbus (beide Avenida de Las Playas). Ein weiterer beliebter Treff auf ein Bier und Tapas ist La Lonja, die alte Fischhalle am Hafen › **oben**.

Gran Casino de Lanzarote
Hier kann man im Spielsalon (tgl. 19–4 Uhr) oder im Spielautomatensaal (tgl. 10–4 Uhr) sein Glück versuchen.
Avenida de Las Playas 12
Puerto del Carmen
Tel. 928 51 50 00
www.grancasinolanzarote.com

Lanzarote
La Gería

Weinbaulandschaft als grafisches Kunstwerk: La Gería

Ausflug: La Gería 3 [X4]

Auf der Weinstraße **La Gería** › S. 58 zwischen Mozaga und Uga bezaubert die faszinierende Mischung aus Kulturlandschaft und Natur. Durch die Timanfaya-Ausbrüche des 18. Jhs. wurde das weite Tal vollständig verändert. Zehntausende trichterförmiger, durch kleine Steinwälle vor dem Wind geschützter Mulden, die in die Vulkanasche gegraben wurden, prägen heute das Landschaftsbild. Hier reifen auf pechschwarzer Lavaerde die Trauben heran. Gelegentlich steht an Stelle eines Weinstocks ein knorriger Feigenbaum im Trichter.

Marktführer unter den exzellenten Inselweinen sind die der **Bodegas El Grifo** in Masdache. In dieser ältesten Weinkellerei Lanzarotes wird ein Drittel der Gesamternte verarbeitet, Angeschlossen ist ein kleines Weinmuseum (LZ-30, km 11, Tel. 928 52 40 36, www.elgrifo.com, tgl. 10.30–18 Uhr). Zur **Bodega La Gería** kommen ganze Busgesellschaften zum Verkosten, dennoch lohnt sich auch für Individualreisende ein Besuch wegen des herrlichen Panoramablicks über das Tal von La Gería. Werktags werden vormittags Besichtigungen auf Anmeldung durchgeführt (LZ-20, km 19, Tel. 928 17 31 78, www.lageria.com).

Yaiza 4 [W4]

Der Sage nach verdankt Yaiza (700 Einw.) seinen Namen einer altkanarischen Prinzessin. Die Zufahrtsstraßen sind mit Baumaloen bepflanzt. Um die Weihnachtszeit, wenn die Aloe ihre feuerroten Blütenstände treibt, bietet sich daher ein schöner Anblick.

Der schmucke Ort kann mit einer besonderen Auszeichnung aufwarten: Er wurde schon mehrfach zum schönsten Dorf Spaniens gekürt. Die Häuser sind im Stil der traditionellen Landarchitektur gehalten, herrliche Bougainvilleen, Hibisken und Palmen unterstreichen den gepflegten Eindruck.

Karte S. 300

Lanzarote
Yaiza

Die Pfarrkirche **Nuestra Señora de los Remedios** wurde im 18. Jh. nach den verheerenden Vulkanausbrüchen im Timanfaya-Gebiet, bei denen auch Yaiza mehrfach von Ascheregen verschüttet wurde, wieder aufgebaut. Ihre Hauptfassade mit dem kleinen Glockenturm besitzt ein schönes Portal mit einer aus dunklem Holz geschnitzten Tür. Im Inneren fällt die kunstvoll gearbeitete und im Barockstil bemalte Holzdecke auf.

Gegenüber in der **Casa de la Cultura,** einem ehemaligen Herrenhaus, in dem der aus Yaiza stammende Schriftsteller und Politiker Benito Pérez Armas 1871–1937 lebte, widmen sich heute Ausstellungen den bedeutendsten Malern der Insel (Mo–Fr 8–15.30, 16–19 Uhr).

Westlich von Yaiza liegt bei dem Fischerdorf El Golfo zu Füßen eines Halbkraters der **Charco de los Clicos,** eine smaragdgrüne Lagune, die vor den von Tuffsträngen durchzogenen Kraterwand wie eine Filmkulisse erscheint. Baden ist hier übrigens wegen der großen Menge an Besuchern verboten. In den beliebten Fischlokalen des Ortes sitzt man direkt am Meer, besonders stimmungsvoll ist es hier am Abend, wenn allmählich die Sonne untergeht.

Hotel
El Hotelito del Golfo €€
Nette kleine Familienpension mit nur fünf Doppelzimmern und einem Minipool.
Avenida Marítima 6
El Golfo
Tel. 928 17 32 72
www.hotelitodelgolfo.com

Restaurants
La Era €€€
Etwas versteckt am Ortsrand von Yaiza stehen die zwei Bauernhäuser, die César Manrique in ein Restaurant verwandelte. Einzigartige kanarische Atmosphäre und typische Gerichte auf hohem Niveau.
Calle Barranco 3
Yaiza
Tel. 928 83 00 16
www.laera.com

Costa Azul €€
Hier sitzt man direkt am Meer. Versuchen Sie die Gerichte mit Meeresfrüchten, etwa gegrillte *lapas* (Napfschnecken).
Avenida Marítima 8
El Golfo
Tel. 928 17 30 58

La Gamba Loca €€
Das Restaurant verfügt über eine großartige Ozeanterrasse, die vor allem zum Sundowner ein beliebter Treffpunkt ist. Serviert werden u. a. Fischtapas und Paella.
Avenida Marítima 39
El Golfo
Tel. 928 17 33 02

El Campo €
Der große Landgasthof am südlichen Ortsausgang ist auf Gerichte vom Grill spezialisiert.
Vista de Yaiza 104
Yaiza
Tel. 928 83 03 44

Shopping
Galería Yaiza
In der von Deutschen geführten Kunstgalerie am Ortsausgang Richtung Playa Blanca können Gemälde, Schmuck und Keramik erstanden werden (Mo–Sa 17–19 Uhr).
Vista de Yaiza 10
Yaiza
Tel. 928 83 04 83

Playa Blanca 5 [W5]

Der weitläufige Badeort Playa Blanca (11 000 Einw.) an der Südküste verdankt seine Beliebtheit den sonnensicheren Stränden. Derzeit gibt es rund 11 000 Gästebetten. Zum alten Ortskern gehört die schlichte, turmlose **Kirche Nuestra Señora del Carmen**. Auf der Fußgängerzone **Calle Limones** kann man sich bestens dem Shopping widmen. Eine lange, vor dem Ort von Fischlokalen und Cafés gesäumte Promenade führt vom Fährhafen gen Osten zum hübsch gestalteten Viertel um die **Marina Rubicón** (www.marinarubicon.com). Unweit vom Jachthafen erhebt sich auf der Landspitze **Punta del Águila** das kreisrunde, wuchtige Castillo de las Coloradas. Der Küstenwachturm entstand 1741–1748.

Die hellsandigen **Playas del Papagayo** 7 km östlich von Playa Blanca wurden mitsamt des angrenzenden Küstengebirges als Naturpark ausgewiesen und somit vor Bebauung bewahrt. Sie gelten als die schönsten Strände der ganzen Insel. Ihre Sandbuchten sind ideal zum Baden für Kinder (Zufahrt kostenpflichtig). Am meisten besucht ist der mit ca. 500 m Länge größte der »Papageienstrände«, die **Playa de las Mujeres**. Sie ist vom Straßenende an der **Playa de Afe** in ca. 15 Min. zu Fuß erreichbar, wenn man die Anfahrt auf der Piste scheut. Im Sommer steht hier ein Imbisswagen. Fußwege führen weiter zu mehreren kleinen Badesträndchen. Der letzte Strand vor Erreichen der Punta del Papagayo – der Südspitze Lanzarotes –, die Playa del Papagayo, ist wiederum auf einer Piste zu erreichen. Dahinter liegen, dem Wind stärker ausgesetzt, die **Playa Caleta del Congrio** und die **Playa de Puerto Muelas**. Beide werden gern zum hüllenlosen Baden aufgesucht.

Verkehr

Schiffsverbindungen: Mehrmals tgl. mit Corralejo (Fuerteventura); Ausflugsboote nach Los Lobos.
Busverbindungen: Arrecife via Puerto del Carmen (ca. stdl.).

Hotels
Timanfaya Palace €€€
Großzügiges Strandresort 300 m von der Playa Flamingo entfernt, gestaltet im maurischen Stil, mit Sauna und Solarium.
Calle Gran Canaria s/n
Playa Blanca
Tel. 928 51 76 76
www.h10hotels.com

Sentido White Suites €€
Beliebte Klub-Apartmentanlage in einem üppig grünen Park samt kleinem Wasserfall. Nur für Erwachsene.
Calle Janubio 1
Playa Blanca
Tel. 928 51 70 37
www.h10hotels.com

Restaurants
Casa Pedro €€
Der Klassiker unter den Lokalen an der Uferpromenade. Natürlich kommen hier fangfrischer Fisch und Meeresfrüchte auf den Tisch (Mi geschl.).
Avenida Marítima 77
Playa Blanca
Tel. 928 51 79 65
www.casapedroplayablanca.com

Casa Roja €€
Das rote Haus nahe dem Jachthafen weiß durch die ins Wasser gebaute Terrasse zu gefallen.
Marina Rubicón
Playa Blanca
Tel. 928 51 96 44
www.lacasaroja-lanzarote.com

Nightlife
Café del Puerto
Szenetreff am Jachthafen, oft Livemusik. Tgl. 10–2 Uhr.
Marina Rubicón
Playa Blanca
Tel. 928 51 93 50

Karte
S. 300

Lanzarote
Playa Blanca

Bei Playa Blanca liegen die attraktiven Papageienstrände

Lanzarote
Parque Nacional de Timanfaya

Die vor fast 300 Jahren entstandenen Vulkane von Timanfaya zeigen sich bis heute wüstenhaft

Parque Nacional de Timanfaya 6 ☆ [W3/4]

Glanzpunkt einer Lanzarotereise ist der Besuch des Nationalparks Timanfaya. Nach den verheerenden Vukanausbrüchen im 18. Jh. bildeten sich etwa hundert neue Vulkankegel – die **Montañas del Fuego** (Feuerberge); der für den Nationalpark namensgebende Krater aber ist die 478 m hohe **Montaña de Timanfaya** (tgl. 9–17.45, Sommer bis 18.45 Uhr, Eintritt 9 €).

Der Zutritt zum Park ist streng reglementiert. Zum Schutz der empfindlichen Natur darf der zentrale Teil nicht zu Fuß betreten werden. Die mit dem Mietwagen befahrbare Stichstraße (ab LZ-67, km 6,5) endet am **Islote de Hilario**, einem flachen Vulkanhügel, auf dem der Legende nach einst ein Einsiedler namens Hilario 50 Jahre allein mit seinem Kamel gelebt hat.

Hier finden Demonstrationen statt, die eindrucksvoll die Erdwärme in den Feuerbergen vor Augen führen. Wasser, das in eine Röhre gekippt wird, schießt als Dampffontäne wieder heraus. Wenige Zentimeter unter der Erdoberfläche werden etwa 100 °C erreicht, im Inneren der Feuerberge sollen die Temperaturen auf 400–600 °C steigen.

Vom Parkplatz am Islote de Hilario wird eine Bustour auf der **Ruta de los Volcanes** (Vulkanroute) angeboten, auf der die Entstehungsgeschichte und die Besonderheiten der Region in mehreren Sprachen erklärt werden. Die Route berührt den Miniaturvulkan **Manto de la Virgen**, quert den eingestürzten Vulkantunnel **Barranco de Fuego** und den Krater **Caldera Quemada**. Berühmt ist das leblose **Valle de la Tranquilidad** (Tal der Stille). Zuletzt genießt man einen Panoramablick von der Montaña Timanfaya (ab Parkplatz Islote de Hilario, letzter Bus um 17, im Sommer um 18 Uhr).

Wanderer können die bizarre Landschaft bei den von Nationalpark-Rangern geführten Touren auf dem vulkanologischen Lehrpfad zur **Montaña de Tremesana** (329 m) erkunden (Anmeldungen sind ausschließlich online möglich unter www.reservasparquesnacionales.es; in der Hochsaison sind die kostenlosen Touren mitunter schon Wochen im Voraus ausgebucht).

Lanzarote
Monumento al Campesino

César Manrique schuf das Monumento al Campesino aus alten Wasserkanistern

Info

Centro de Visitantes
Carretera Yaiza–Mancha Blanca, km 11,5
Tel. 928 11 80 42
Tgl. 9–16.30 Uhr

Restaurant

El Diablo €€
Spezialität in dem von César Manrique entworfenen Ausflugslokal sind Hähnchen vom Vulkangrill, die jeden Samstag zubereitet werden.
Islote de Hilario
Tel. 928 84 00 57

Monumento al Campesino [X3]

Im geografischen Zentrum von Lanzarote, bei dem kleinen Weinbauerndorf Mozaga, setzt das abstrakte, etwa 20 m hohe Monumento al Campesino Bauern und Fischern ein weithin sichtbares Denkmal. César Manrique ließ es aus den weiß angestrichenen Trinkwasserkanistern eines ausgedienten Fischtrawlers zusammenschweißen. Er wollte damit eine ideelle Verbindung zwischen der Landwirtschaft und der Fischerei herstellen, den beiden traditionellen Standbeinen der Inselwirtschaft.

Im Stil eines alten Bauerngehöfts errichtet, vereint die benachbarte Casa-Museo del Campesino ein heimatkundliches Museum, in dem Handwerker ihre Künste demonstrieren, und einen Landgasthof (tgl. 11–17.45, Juli–Sept. bis 18.30 Uhr, www.centrosturisticos.com, Eintritt frei).

Restaurant

Campesino €€
In zwei Kellergewölben, in die Licht durch Glasluken fällt, untergebracht, ganz im Stil Manriques. Hier werden inseltypische Speisen nach alten Rezepten zubereitet.
Casa-Museo del Campesino
Monumento al Campesino
Tel. 928 52 01 36

Lanzarote
Fundacíon César Manrique

Fundación César Manrique 8 ★ [Y4]

Im ehemaligen Wohnhaus César Manriques bei **Tahiche** ist heute die nach ihm benannte Stiftung untergebracht. Der Künstler erbaute es 1968, nachdem er einige Jahre in Amerika verbracht hatte. Ihm gelang damit die perfekte Verbindung von Architektur und Natur, indem er in und auf einem jungen Lavastrom lebte. Natürliche Hohlräume im Gestein verband er durch Gänge und versah sie mit Mobiliar und Dekor. Die extravagant gestalteten, unterirdischen Wohnblasen wurden zu einer Wallfahrtsstätte für Architekten aus aller Welt. Des großen Andrangs überdrüssig, entschloss sich Manrique 1987 zum Umzug nach Haría in ein weniger spektakuläres Haus. Das Anwesen in Tahiche machte er der Öffentlichkeit zugänglich. Außer den Räumlichkeiten ist auch Manriques private Kunstsammlung zu besichtigen, die neben diversen eigenen Arbeiten u. a. Werke von Picasso und Miró umfasst (Calle Jorge Luis Borges 10, Tahiche, www.fcmanrique.org; tgl. 10 bis 18 Uhr, Eintritt 8 €).

Teguise 9 [X3]

Die im Binnenland gelegene alte Hauptstadt Teguise (1600 Einw.) wurde der Legende nach einer Prinzessin, der Tochter des letzten Guanchenherrschers Guadarfía, benannt, die mit Jean de Béthencourts Neffen Maciot verheiratet gewesen sein soll. Dieser war es vermutlich auch, der Teguise um das Jahr 1418 als erste Stadt der Kanarischen Inseln gründete und als *villa real* (königliche Stadt) zu seiner Residenz machte.

Wegen der ständigen Piratengefahr hatte man Teguise im Inselinneren angelegt. Außerdem wachte hoch über der Stadt die Festung **Castillo de Guanapay** (auch Castillo de Santa Barbara). Trotzdem konnte nicht verhindert

Kanarische Musikanten spielen am Sonntagsmarkt von Teguise auf

Karte
S. 300

Lanzarote
Teguise

werden, dass Teguise wiederholt von Piraten heimgesucht wurde. Vor allem die ehemalige Kathedrale **Nuestra Señora de Guadalupe** – Teguise war bis 1485 Bischofssitz der Kanaren – fiel mehrfach Flammen zum Opfer. So blieb von dem ehemals gotischen Bau nicht viel erhalten. Auch die dreischiffige Kirche von 1680 brannte 1909 nochmals aus. Neoklassizistische und neogotische Stilelemente verraten den Zeitpunkt ihres letzten Wiederaufbaus. Im Inneren wird die Statue der Jungfrau von Guadalupe aufbewahrt, die auf der ganzen Insel große Verehrung genießt.

Die Altstadt prunkt darüber hinaus mit alten Bürgerpalästen und Klöstern. Unter den sehenswerten Herrenhäusern ragt gegenüber der Pfarrkirche der **Palacio de Spínola** hervor. Ursprünglich als Residenz der Generalkapitäne der Insel erbaut, spiegelt der Bürgerpalast das Repräsentationsbedürfnis der späteren Besitzer, einer genuesischen Kaufmannsdynastie wider. Auf seine strenge Fassade blicken von der Plaza de la Constitución aus zwei mächtige Löwen. Heute fungiert der in den 1970er-Jahren nach Plänen von César Manrique renovierte Palast als **Casa-Museo del Timple.** Ausgestellt ist die umfangreiche Sammlung des einheimischen Musikers Benito Cabrera, die sowohl historische Exemplare der traditionellen kanarischen Laute als auch Instrumente aus aller Welt, die dem Timple ähneln, umfasst (www.casadeltimple.org, Mo–Sa 9–16.30, So 9–15.30 Uhr).

Berühmt ist Teguise wegen des bunten Mercadillo ★, der die historische Altstadt jeden Sonntagvormittag in einen Rummelplatz verwandelt (9–14 Uhr). Hauptsächlich spielt sich das Geschehen im **Parque la Mareta** ab, einem riesigen Platz am Ostrand des Innenstadtbereichs. Hier drängen sich Händler, Gaukler, Imbissbuden und Folkloregruppen. Neben Lebensmitteln und Kleidung werden Schmuck, Lederwaren, Holzschnitzereien und allerlei Souvenirs angeboten. Auch Ziegenkäse, Lanzarote-Wein und einheimisches Kunsthandwerk gehören zum vielfältigen Angebot.

Außerdem hat sich im Ort eine alternative Kulturszene etabliert: Viele Künstler und ausländische Einwanderer richteten in den rustikalen Stadthäusern ausgefallene Ateliers, schicke Boutiquen und gemütliche Restaurants ein.

Info

Oficina de Información Turística
Plaza de la Constitución s/n
Teguise
Tel. 928 84 53 98
www.turismoteguise.com

Restaurants

Acatife €€€
Das Lokal bietet ambitionierte kanarische Küche, die Weinkarte kann sich sehen lassen.
Calle San Miguel 4
Teguise
Tel. 928 84 50 37

LagOmar €€€
Schickeria-Designlokal vor der imposanten Kulisse eines ehemaligen Steinbruchs im Nachbarort (Mo geschl.).
Calle los Loros 2
Oasis de Nazaret
Tel. 928 84 56 65
www.lag-o-mar.com

La Bodeguita del Medio €
Das charmante kleine Lokal serviert ausgezeichnete Tapas und gefällt auch durch den familiären Service.
Plaza Clavijo y Fajardo 5
Teguise
Tel. 928 84 56 80

Lanzarote
Costa Teguise

In den Jameos del Agua hat sich ein natürlicher See gebildet

Costa Teguise 10 [Y4]

Die weitläufige Ferienstadt nordöstlich von **Arrecife**, die heute rund 14 000 Gästebetten bietet, entstand in den 1970er-Jahren an einem bis zu diesem Zeitpunkt unberührten Küstenstrich. Am Meer reihen sich nun auf 8 km Länge Apartmentkomplexe und Hotels in lockerer Bebauung aneinander. Das von César Manrique geschaffene **Pueblo Marinero** nahe der Playa de las Cucharas galt lange als Vorbild für eine der lokalen Tradition verpflichtete Bauweise. Der Architekt Alfonso Galán entwarf diesen kombinierten Wohn- und Ladenkomplex. Er wollte ein inseltypisches Fischerdorf nachempfinden. Die Höhe der Palmen sollte als Maßstab für die Höhe der Gebäude gelten. Um eine zentrale Plaza gruppieren sich weiß gestrichene Häuser mit grünen Fensterläden und Holzbalkonen.

Mehrere kleine Badebuchten und ein gutes Sportangebot mit Tauch- und Surfstationen sowie einem 18-Loch-Golfplatz machen den trotz seiner Größe relativ ruhigen Badeort zu einem bevorzugten Domizil für einen sportlich-aktiven Familienurlaub.

Hotels

Be Live Family Lanzarote Resort €€€
Elegantes Großhotel mit direktem Strandzugang, Spa, Poollandschaft und Miniklub. Es gibt auch Familienzimmer.
Avenida del Mar 6
Costa Teguise
Tel. 928 59 04 10
www.belivehotels.com

Meliá Salinas €€€
Eines der Spitzenhotels Lanzarotes mit extravaganter Gartenanlage, fast alle Zimmer bieten Meerblick.
Avenida Islas Canarias s/n
Costa Teguise
Tel. 928 59 00 40
www.solmelia.com

Karte
S. 300

Lanzarote
Jameos del Agua

Mansion Nazaret €€
Geschmackvolle Apartmentanlage um netten Innenhof, zentral, 200 m vom Strand entfernt.
Avenida Islas Canarias 1
Costa Teguise
Tel. 928 59 04 16
www.mansionnazaret.com

El Guarapo €
Die einfach ausgestatteten Apartments ohne Meerblick liegen ein paar Gehminuten vom Strand entfernt, sind dafür sehr günstig.
Tabaibas, 10
Costa Teguise
Tel. 928 59 00 57
www.elguarapo.com

Restaurants
Isla Bonita €€
Für absolut fangfrischen Fisch und Meeresfrüchte bekannt, die ohne Schnörkel auf kanarische Art serviert werden.
Avenida del Mar (Höhe Playa Bastián)
Costa Teguise
Tel. 928 59 15 26

Portobello €–€€
Der beliebteste Italiener am Platz.
Centro Comercial Las Cucharas
Costa Teguise
Tel. 928 59 02 41

Jameos del Agua 11 ☆ [Y3]

Die Lavagrotten Jameos del Agua ziehen jährlich Hunderttausende Besucher in ihren Bann und sind die meistbesuchte Sehenswürdigkeit der Insel. Sie gehören zu einem 7 km langen Lavatunnelsystem, das vom erloschenen Vulkan **Monte Corona,** dem beherrschenden Gipfel im Norden Lanzarotes (609 m), ausgeht. Jameos del Agua entstand in unmittelbarer Küstennähe, als die heiße Lava mit dem kalten Meerwasser in Kontakt kam und dieses geradezu explodierte. Die gut 200 m lange Grotte wird nur im Mittelteil von Gesteinsschichten abgedeckt. An beiden Seiten befinden sich Einsturzöffnungen, die der Höhle ihren Namen gaben (*jameos* ist ein Wort arabischer Herkunft und bedeutet Kamine). Lange wurde die Grotte von den Bewohnern der Umgebung als Müllkippe genutzt. Dann transformierte César Manrique sie in ein kunstvolles Ensemble, mit von Palmen umstandenem Pool, in den Lavawänden platzierten Bars und einem wegen seiner besonders guten Akustik gerühmten Auditorium. Unter der gewölbten Höhlendecke liegt eine unterirdische Lagune, in der sich Myriaden von nur fingernagelgroßen, blinden Albinokrebsen tummeln (So–Fr 10–18.30, Sa bis 22, Juli–Sept. Sa bis 0.30 Uhr, Eintritt 9 €).

Zum selben Höhlensystem gehört die **Cueva de los Verdes.** Hier versteckten sich schon die Altkanarier bei Piratenüberfällen. Nachweislich taten dies auch die Siedler des 15.–17. Jhs. So wurden zahlreiche Schmuckstücke, Münzen und Knochen aus dieser Zeit in der Höhle gefunden. Heute ist sie auf 2 km Länge für Besucher erschlossen. Enge Gänge weiten sich unmittelbar zu riesigen unterirdischen Hallen, die mehr als Tausend Menschen fassen. In einem kleinen See spiegelt sich gestochen scharf das Deckengewölbe und täuscht einen tiefen Abgrund vor (tgl. 10–18, Juli–Sept. bis 19 Uhr, Eintritt 9 €).

Als grünstes Tal von Lanzarote gilt das Valle de Temisa bei Haría

Karte
S. 300

Lanzarote
Haría

Haría 12 [Y3]

Ein außerordentlich liebliches, wasserreiches Tal, das auch als »Tal der tausend Palmen« bekannt ist, bildet die Kulisse von Haría (1100 Einw.). In Wirklichkeit sollen es sogar etwa 3000 Exemplare dieser majestätischen Bäume sein, die der Ortschaft die Atmosphäre einer nordafrikanischen Oase verleihen. Einer Legende nach wächst jedes Mal, wenn im Ort ein Mädchen geboren wird, eine Palme.

Das Zentrum des Inselnordens war jahrhundertelang nach Teguise die zweitgrößte Stadt Lanzarotes. Verwinkelte Gassen und die weiße, schlichte Dorfarchitektur, geruhsame Plazas und blühende Vorgärten geben dem Dorf einen beschaulichen Charakter. Um den Ort herum werden auf schön terrassierten Feldern Kartoffeln und Zwiebeln kultiviert – für die ansonsten trockene Vulkaninsel eine kleine Sensation.

Auf der lang gestreckten, schattigen **Plaza León y Castillo** findet auch der kleine Bauern- und Kunsthandwerkermarkt **Haría Artesana**l statt, auf dem die Erzeuger ihre Ware selbst vermarkten. Neben traditionellen Produkten gibt es auch modernes Kunsthandwerk (Sa 10 bis 14.30 Uhr).

Am Platz erhebt sich die Pfarrkirche **Nuestra Señora de la Encarnación.** 1956 durch ein Unwetter zerstört, wurde sie anschließend in der heutigen Form wiederaufgebaut. In dem vornehmen Stadthaus **La Tegala** neben der Kirche logiert das **Museo de Arte Sacro.** Das Museum für sakrale Kunst zeigt Einrichtungsgegenstände aus der alten Kirche, darunter mehrere Monstranzen, ein Retabel des kanarischen Bildhauers Luján Pérez (18. Jh.) und die Figurt eines liegenden Christus von 1760 (Mo–Sa 9–15 Uhr).

Vor wenigen Jahren eingerichtet wurde die **Casa-Museo César Manrique.** In dem ehemaligen Bauernhaus, das inmitten eines hübschen Palmenhains steht, verbrachte der Künstler seine letzten Lebensjahre. Er richtete es im traditionellen Stil und mit viel Geschmack ein. Die Wohnräume sind im Originalzustand erhalten, ebenso wie das angeschlossene Atelier, in dem Manrique jeden Tag arbeitete (Tel. 928 84 31 38, www.fcmanrique.org; tgl. 10.30–14.30 Uhr, Eintritt 10 €).

Restaurant
Dos Hermanos €€
Im Schatten mächtiger Bäume stehen die Tische des Lokals auf der Plaza. Die Spezialität der Küche ist im Tontopf geschmortes Zicklein. Empfehlenswert sind aber auch die leckeren Kuchen und Desserts.
Plaza León y Castill s/n
Haría
Tel. 928 83 54 09
www.restaurantedoshermanos.es

Der Kanaren sind ein beliebtes Ziel für Kreuzfahrten

BESONDERE TOUREN: KANAREN-KREUZFAHRT

Unter den Kreuzfahrtregionen der Welt können die Kanarischen Inseln auf eine besonders lange Tradition zurückblicken, denn Bereits Ende des 19. Jhs. legten auf Teneriffa Vergnügungsschiffe auf dem Weg von Europa nach Südamerika an. Die Insel zeichnete sich in einer Zeit, als es noch keine Kühlschränke gab, dadurch aus, dass dank der hohen Berge ganzjährig Eis zum Kühlen von Speisen und Getränken zur Verfügung stand – ein Luxus, den die betuchten Reisenden an Bord erwarteten. Selbstverständlich spielte auch die üppige, abwechslungsreiche Natur Teneriffas eine Rolle, die seit den Vorträgen Alexander von Humboldts über seinen legendären Aufenthalt 1799 auf der Insel auch in Deutschland einem breiten Publikum bekannt war.

Heute werden Kreuzfahrten angeboten, bei denen fast ausschließlich die verschiedenen Inseln des Archipels angesteuert werden. Zusätzlich wird fast immer die portugiesische Insel Madeira angelaufen, ein weiteres klassisches Kreuzfahrtziel, sowie oft auch Häfen in Marokko, Portugal oder Südspanien. So oder so beträgt die übliche Dauer einer Rundfahrt zwischen einer Woche und zehn Tagen, wobei die Anreise per Flugzeug nach Teneriffa oder Gran Canaria oder auch ins südspanische Málaga erfolgen kann. Oft bieten die Reedereien Gruppenflüge in Kombination mit dem Transfer zum Hafen an, in dem die Reise startet. Bei selbst organisierter Anreise ist auf genügend zeitlichen Spielraum zu achten, um das Schiff nicht zu verpassen. Das Einschiffen beginnt ungefähr drei Stunden vor dem Ablegen.

Rundfahrten durch den kanarischen Archipel bietet vor allem AIDA Cruises (www.aida.de) an. Es stehen verschiedene Routen unterschiedlicher Dauer auf dem Programm. Durch die hippen »Clubschiffe« fühlt sich ein jüngeres Publikum angesprochen, darunter viele Stammkunden, die das lockere Konzept mit viel Sport und Spaß schätzen. Ein klassischeres Image hat die Flotte »Mein Schiff« von TUI Cruises (www.tuicruises.com). Sie steht für eine stilvolle Atmosphäre mit einem gewissen Luxus an Bord, zu dem auch eine anspruchsvolle Abendunterhaltung gehört. Die Schiffe der italienischen Reederei Costa (www.costakreuzfahrten.de) drehen etwas größere Runden durch den Ostatlantik mit verschiedenen Abstechern. Darüber hinaus gibt es weitere Anbieter, deren Routen die Kanaren oft auf Streckenfahrten von und nach Südamerika streifen. Ein besonderes Erlebnis verspricht Sea Cloud Cruises (www.seacloud.com) mit seinen beiden Windjammern, die in der Herbstsaison oft eine Zeitlang bei den Kanaren kreuzen, bevor sie dann in die Karibik übersetzen.

Kanarenfähre vor der Skyline von Santa Cruz de Tenerife

Bei Kanarenkreuzfahrten ist dank der geringen Entfernungen zwischen den Inseln die Zeit auf See eher kurz bemessen. Da man sich ohnehin kaum unter Deck aufhalten wird, reicht im Grunde eine der (preiswerteren) Innenkabinen aus. Schöner sind natürlich Außenkabinen mit Fenster oder – im Idealfall – sogar einem privaten Balkon. Dank guter Stabilisatoren besteht kaum die Gefahr, seekrank zu werden. Im Winter wird das Meer in den kanarischen Gewässern allerdings schon manchmal recht unruhig, sodass man dann mit einer Kabine in der Schiffsmitte und möglichst weit unten am besten bedient ist.

Meist wird über Nacht gefahren, tagsüber liegt das Schiff in einem Hafen. So besteht reichlich Gelegenheit für Landausflüge, die entweder an Bord gebucht oder auf eigene Faust unternommen werden können. Organisierte Ausflüge umfassen klassische Inselrundfahrten ebenso wie thematische Touren, Jeepsafaris, geführte Wanderungen oder Bootsausflüge und Whalewatching-Touren. Wer sich sportlich betätigen möchte, kann Tauchgänge und Wellenreiter-Schnupperkurse buchen oder einen Tag auf einem der zahlreichen Golfplätze der Kanaren verbringen, über die alle Inseln außer La Palma und El Hierro verfügen.

Ein besonderer Reiz liegt natürlich darin, Inselerkundungen in eigener Regie durchzuführen. Entweder bereits an Bord oder dann an Land, meist bei Anbietern unmittelbar am Hafen, können Sie Mietwagen oder Fahrräder buchen, um individuell mobil zu sein. Abgesehen von dem selten angelaufenen Puerto de la Estaca (El Hierro) befinden sich die Häfen durchweg in Hauptstädten oder anderen wichtigen Orten der jeweiligen Inseln. Dort sind die Wege so kurz, dass Sie sogar zu Fuß eine Menge erleben und erkunden können. Mit öffentlichen Verkehrsmitteln oder per Taxi sind weitere interessante Ziele in der Umgebung leicht zu erreichen. Denken Sie aber immer an die rechtzeitige Rückkehr zum Schiff. In der Regel wird planmäßig ausgelaufen. Wer sich dann nicht an Bord befindet, muss versuchen, mit Flugzeug oder Fähre auf eigene Kosten den nächsten Hafen zu erreichen, der auf dem Programm steht. Für diesen Notfall empfiehlt es sich, Ausweis und Kreditkarte auf den Landausflug mitzunehmen.

Santa Cruz de Tenerife

Teneriffa wird nach wie vor am häufigsten im Rahmen von Kreuzfahrten angelaufen. Wer sich der Insel von Norden nähert, schaut oft auf einen Wolkenkranz, der die hier üppig grünen Berghänge einhüllt. Kommt man hingegen von Süden, ist der Blick auf den Pico del Teide (3717 m), den höchsten Berg Spaniens, meist unverstellt. In Ausnahmefällen wird der Fährhafen Los Cristianos im Südwesten der Insel angelaufen, die meisten Kreuzfahrtschiffe wählen jedoch den Hafen der Hauptstadt **Santa Cruz de Tenerife** › **S. 164** als Station (www.puertosdetenerife.org). Vom Meer her bietet sich eine reizvolle Kulisse mit weißen Häusern vor dem zackigen Gebirge der Anaga-Halbinsel im Hintergrund. Der Passagierkai liegt in bequemer Fußgängerentfernung vom zentralen Platz, der Plaza de España, entfernt. Dort beginnt die landeinwärts führende Einkaufsstraße Calle del Castillo, die von zahlreichen Geschäften und Cafés gesäumt wird.

Auch alle weiteren wichtigen Sehenswürdigkeiten sind zu Fuß erreichbar, etwa das spektakuläre Auditorio de Tenerife des Stararchitekten Santiago Calatrava, der von Lanzarotes großem Künstler César Manrique gestaltete Parque Marítimo, eine fantastische Mischung aus Palmenpark und Meeresschwimmbad oder die barocke Iglesia de Nuestra Señora de la Concepción, deren schlanker Turm das klassische Wahrzeichen der Stadt ist. Das Museo de la Naturaleza y el Hombre befasst sich mit Naturgeschichte, Archäologie und Anthropologie der Kanaren. Nicht versäumen sollten Sie auch einen Besuch im Mercado Nuestra Señora de África »La Recova«, der lebhaften Markthalle von Santa Cruz mit einem exotischen Angebot an Obst und Gewürzen.

Wer das Strandvergnügen sucht, besteigt den Stadtbus Linie 910, der alle 10 bis 15 Min. zur Playa de Las Teresitas im Nordosten der Stadt verkehrt. Der von einer gepflegten Promenade und von beliebten Fischrestaurants gesäumte, 1500 m lange Strand wurde in den 1970er-Jahren mit hellweißem Sand aus Marokko angelegt. In die etwas landeinwärts gelegene alte Hauptstadt **La Laguna** › **S. 192** mit ihren ehrwürdigen Adelspalästen aus der Barockzeit und der lebhaften, von Studenten geprägten Kneipenszene fährt ab Santa Cruz eine Straßenbahn.

Gut mit dem Linienbus zu organisieren ist ein Ausflug in den bei deutschen Touristen besonders beliebten Ferienort **Puerto de la Cruz** › **S. 185** an der Nordküste mit seinem legendären Botanischen Garten und dem Loro Parque, einem anspruchsvollen Zoo mit artgerechten Landschaftsgehegen für Tiger und Gorillas, großem Pinguinarium und spektakulärem Haitunnel. Die Altstadt von Puerto de la Cruz lädt zum Bummeln ein, das von César Manrique gestaltete Strandbad Lago Martíanez zum Relaxen.

Weitere Ausflüge können mit dem Mietwagen dank der kurzen Entfernungen und guten Straßenverbindungen im Prinzip zu jedem Ort der Insel führen, das nötige Zeitbudget vorausgesetzt. Im Norden liegt in dem fruchtbaren, von Bananenplantagen geprägten gleichnamigen Tal die vornehme Landstadt **La Orotava** › **S. 183** mit dem einzigartigen Kunsthandwerkerkomplex La Casa de los Balcones. Wer möchte, fährt anschließend weiter an der Küste entlang ins beschauliche Hafenstädtchen Garachico und besichtigt im Weinbauernort Icod de los Vinos den berühmten Drago Milenario, den tausendjährigen Drachenbaum.

Eine etwas umständlichere Alternative für alle, die sich für die vulkanische Natur der Kanarischen Inseln begeistern, ist die Auffahrt auf kurvenreicher Strecke ins zentrale Gebirge Teneriffas. Dort befindet sich in über 2000 m Höhe **Las Cañadas** › **S. 182**, ein mondähnlicher, von erstarrten Lavaströmen bedeckter Riesenkrater, den der majestätische Pico del Teide überragt.

Für einen kürzeren Ausflug eignet sich der **Parque Etnográfico Pirámides de Güímar** › **S. 172**, in dem neben rätselhaften prähistorischen Pyramiden der Altkanarier ein Nachbau des Papyrusbootes »Ra II« von Thor Heyerdahl zu bewundern ist, mit dem er von Marokko zu den Kanaren driftete.

Las Palmas de Gran Canaria

Gern wird Gran Canaria wegen seiner abwechslungsreichen Landschaft als Miniaturkontinent bezeichnet. Schroffe Gegensätze bestehen zwischen dem beinahe wüstenhaften Süden mit seinen langen, hellsandigen Ferienstränden und dem grünen, bäuerlich geprägten Norden der Insel. An der Nordostecke liegt die größte Stadt der Kanaren, **Las Palmas de Gran Canaria** › S. 250, mit ihrem riesigen Hafen (www.palmasport.es). Kreuzfahrtschiffe wählen in der Regel die Muelle Santa Catalina vor dem gleichnamigen Stadtteil. Von hier aus fahren Stadtbusse zum unbedingt sehenswerten Altstadtviertel Vegueta mit der Casa de Colón, in der Christoph Kolumbus 1492 vor seiner Atlantiküberquerung gewohnt haben soll, der imposanten Catedral de Santa Ana, dem Museo Canario, in dem altkanarische Mumien, Fruchtbarkeitsstatuetten und eine Nachbildung der Höhlengemälde der Cueva Pintada bei Gáldar gezeigt werden, und der quirligen Markthalle Mercado de Vegueta. An die Altstadt grenzt das schicke Einkaufsviertel Triana mit einem großen Kaufhaus der noblen Kette El Corte Inglés.

Zu Fuß vom Hafen in 10 Min. zu erreichen ist die Playa de Las Canteras, der wohl berühmteste Strand der Kanaren. Von Hotels und Apartmenthäusern gesäumt, liegt er an der Nordküste der Stadt. Durch ein natürliches Felsriff ist er vor hohen Wellen gut geschützt und eignet sich auch für Kinder zum Baden.

Ausflüge in die nähere Umgebung per Taxi oder Mietwagen führen etwa zum **Jardín Botánico Viera y Clavijo** › S. 262, wo die kanarische Flora mit ihren typischen Biotopen nachgestellt ist, zum Bilderbuchkrater **Caldera de Bandama** › S. 263 mit seiner großartigen Aussicht vom Kraterrand oder in die Stadt **Arucas** › S. 248 mit ihrer berühmten Rumdestillerie.

Wer einen etwas weiteren Weg nicht scheut, kann entweder in den Süden zu den an Afrika erinnernden **Dunas de Maspalomas** › S. 266 fahren und dort einen Badetag einlegen (gute Linienbusanbindung) oder mit dem Mietwagen das gebirgige Inselinnere mit dem Höhlendorf **Artenara** › S. 276, den Vulkanfelsen **Roque Bentaiga** › S. 275 und Roque Nublo sowie Gran Canarias höchsten Gipfel, dem im Winter schon einmal schneebedeckten **Pico de las Nieves** (1949 m) › S. 249, erkunden.

Puerto del Rosario

Die flache Insel Fuerteventura hebt sich erst kurz vor Erreichen der Küste vom Horizont ab. Nur wer sich von Westen nähert, sieht im Vorbeifahren die Berge der lang gestreckten Halbinsel Jandía sowie der Region um Betancuria. Ocker- und Brauntöne prägen das Landschaftsbild, dazwischen leuchten weiße Dörfer und kleine Palmenoasen auf. Fuerteventuras Hauptstadt **Puerto del Rosario** › S. 288 bietet zwar keine herausragenden Sehenswürdigkeiten, aber dafür eine authentische Atmosphäre. Zu Fuß ist die Innenstadt vom Hafen (www.palmasport.es) aus mit wenigen Schritten zu erreichen. Zunächst trifft man auf die kleine, von einigen Lokalen gesäumte Plaza de España. An der Uferpromenade stehen hier einige Skulpturen, die zu Beginn des 20. Jh. auf einem mehrere Jahre lang abgehaltenen internationalen Bildhauersymposium entstanden. Weitere verteilen sich über die Straßen der Stadt, etwa die Prachtmeile Calle León y Castillo oder die Fußgängerzone Calle Primero de Mayo. Am Schnittpunkt dieser beiden Straßen ragt die Rosenkranzkirche auf, der die Stadt ihren Namen verdankt. Links davon zeigt die Casa Museo Unamuno, wie der spanische Philosoph und Dichter hier 1924 sein Exil verbrachte, verbannt von der damaligen Militärregierung. Etwas abseits, aber immer noch in

Kanaren-Kreuzfahrt

Fischerboote im Hafen von Arrecife

Fußgängerentfernung lädt das Centro de Arte Juan Ismael zum Kunstgenuss ein.

Am Südrand des Hafens liegt die kleine, auch für Kinder gut geeignete Playa Chica. Mehr Stranderlebnis bietet aber die weiter südlich, schon außerhalb der Stadt gelegene Playa Blanca (Stadtbusanschluss).

Klassisches Ausflugsziel (organisiert oder per Mietwagen) ist die alte, heute gerade einmal rund 200 Einwohner zählende Inselhauptstadt **Betancuria** › S. 290 mit ihren ehrwürdigen Baudenkmälern und dem nahe gelegenen, von einer Nichte César Manriques großartig in die Landschaft eingepassten Aussichtspunkt Mirador de Morro Velosa. Wenn es Sie eher an einen der herrlichen Strände Fuerteventuras zieht, fahren Sie am besten Richtung Norden zu den praktisch völlig naturbelassenen Grandes Playas bei Corralejo. Oder Sie besuchen den urigen Fischerort **El Cotillo** › S. 288 im Nordwesten mit seinen Fischlokalen rund um den alten Hafen und den von Lavazungen umrahmten Badebuchten Caletillas.

Arrecife

Auch Lanzarote präsentiert sich dem von See Anreisenden eher flach, abgesehen von einigen Hügeln im Norden und Südosten. Von goldgelben Sandstränden gesäumt erinnert die ansonsten eher dunkle Vulkanlandschaft vielfach an eine Wüste. Die Hauptstadt **Arrecife** › S. 304 ist zwar nicht wirklich aufregend, verfügt aber über gepflegte Parks, Promenaden und Einkaufsstraßen und ein malerisches Fischerviertel rund um die Lagune Charco de San Ginés. Zwei in alten Festungen untergebrachte Museen, eines für Stadtgeschichte, das andere für Gegenwartskunst, bieten sich zur Besichtigung an. Wer sich

San Sebastián de La Gomera ist einer der kleineren Kanarenhäfen

etwas Besonderes gönnen möchte, fährt mit dem Lift zum obersten Stockwerk des einzigen Hochhaushotels an der Meeresfront hinauf, um in der dortigen Bar bei einem Drink die einzigartige Aussicht zu genießen. All das ist vom Hafen (www.palmasport.es) aus bequem zu Fuß zu erreichen. Zum Stadtstrand Playa del Reducto am Westrand des Zentrums sind es dann schon 3 km, die man eventuell per Taxi zurücklegen kann. An ihn grenzt ein frei zugänglicher Freizeitpark, der sich auch hervorragend zum Joggen und Walken eignet.

Ausflüge unternimmt man am besten mit dem Mietwagen. Im nahegelegenen Inselzentrum sind die **Fundación César Manrique** › S. 314, das in Vulkanblasen halb unterirdisch gebaute ehemalige Wohnhaus des Künstlers, sowie die alte Hauptstadt **Teguise** › S. 314 mit ihren vornehmen Adelspalästen und der lebendigen Künstlerszene Anlaufpunkte erster Wahl. Weiter südlich liegen die bizarre Weinbaulandschaft **La Gería** › S. 308 mit ihren Kellereien und Probierstuben sowie der unvergleichliche **Nationalpark Timanfaya** › S. 312 mit den erst im 18. Jh. entstandenen Feuerbergen. Aber auch der Norden der Insel hat einiges zu bieten, etwa Manriques Kaktuspark bei **Guatiza** › S. 301, die ebenfalls vom Inselkünstler gestaltete Vulkanhöhle **Jameos del Agua** › S. 317 – sein Hauptwerk – sowie den von ihm perfekt in die Küstenfelsen eingefügten Aussichtspunkt **Mirador del Río** › **S. 301**. Die Alternative für Strandfans sind ganz im Süden der Insel die Naturstrände **Playas del Papagayo** › S. 310.

San Sebastián de La Gomera

Egal, von welcher Seite man sich der Insel nähert, stets zeigt sie die gleiche Silhouette. Sanft steigen die Hänge vom Meer zum zentralen, dicht mit Lorbeerwald bewachsenen und oft wolkenverhangenen Gebirge mit der höchstem Erhebung, dem Alto de Garajonay (1487 m), auf. Strände gibt es kaum, die wenigen sind kurz und kiesig. Von engen Schluchten durchbrochene Steilküsten überwiegen rund um die Insel. Im Südosten, vis-à-vis zur großen Nachbarinsel Teneriffa, liegt die kleine, beschauliche Hauptstadt **San Sebastián de La Gomera** › S. 224. Kreuzfahrtschiffe legen an der langen Außenmole des Hafens an (www.puertosdetenerife.org). Von dort ist es zu Fuß nicht weit ins Stadtzentrum, das aus zwei geräumigen Plätzen, einem gepflegten Park mit dem alten Wehrturm Torre del Conde sowie zwei langen, schmalen Straßenzügen besteht. Einer davon, die Calle Real, wird von noblen Stadthäusern aus vergangenen Jahrhunderten gesäumt. Auch das alte Zollhaus mit einem Brunnen, aus

Kanaren-Kreuzfahrt

dem Christoph Kolumbus Wasser geschöpft haben soll, sowie die Stadtkirche Iglesia de la Asunción und das Archäologische Inselmuseum sind hier zu finden.

Beiderseits grenzen Strände unmittelbar an den Hafen. Geschützt liegt im Südwesten die Playa de San Sebastián. Schöner, aber auch der Brandung stärker ausgesetzt, ist die Playa de la Cueva im Nordosten unterhalb einer Steilwand.

Ein Ausflug mit dem Mietwagen kann in den grünen Norden der Insel führen, nach **Hermigua** › **S. 234**, das mit zwei interessanten ethnografischen Museen lockt, und weiter nach Agulo mit seiner eigenwilligen, kuppelgekrönten Kirche. Nicht weit von Agulo bietet der **Mirador de Abrantes** › **S. 231** mit einem Skywalk, der Hunderte von Metern über der Küste schwebt, einen atemberaubenden Ausblick. Oder man fährt hinauf in die Berge zum **Nationalpark Garajonay** › **S. 234**, um dort einen Spaziergang oder eine kurze Wanderung durch den Lorbeerwald zu unternehmen. Wer viel Zeit mitbringt, kann anschließend einen Abstecher ins kultige **Valle Gran Rey** › **S. 229** machen, wo noch etwas vom Flair der Hippie-Kultur früherer Jahrzehnte zu erahnen ist.

Santa Cruz de La Palma

Die zweithöchste der Kanareninseln gipfelt im Roque de los Muchachos (2426 m), der oft bei Annäherung aus Norden oder Osten mitsamt dem angrenzenden Höhenrücken aus einem Wolkenmeer herausragt. Die Passatbewölkung bringt dem nordöstlichen Teil der Insel reichlich Feuchtigkeit, die für üppiges Grün verantwortlich zeichnet. Richtung Süden wird La Palma schmaler, teilweise noch recht junge Vulkankegel prägen den zentralen Bergkamm dieser Inselgegend. Süden und Westen zeigen sich trockener und relativ sonnenverwöhnt.

Die Hauptstadt **Santa Cruz de La Palma** › **S. 203** schmiegt sich mit ihren weißen, kubischen Häusern malerisch an einen Steilhang an der Ostküste. Der Hafen (www.puertosdetenerife.org) grenzt direkt an das Stadtzentrum, die Fußwege sind daher kurz. Gleich jenseits einer schicken Ladenzeile im Jachthafenbereich beginnt die Calle O'Daly, gesäumt von historischen Adelspalästen, dem Renaissance-Rathaus sowie der Iglesia de El Salvador, die mit der schönsten Holzdecke der Kanarischen Inseln punktet. Etwas weiter gelangt man über den lauschigen Platz Placeta de Borrero, auf den Straßencafés ihre Tische stellen, zum ehrwürdigen Franziskanerkloster mit dem Inselmuseum. Schließlich darf ein Abstecher zu den berühmten Balkonhäusern an der Küstenstraße, vor der sich neuerdings ein attraktiver, künstlich angelegter Sandstrand erstreckt, nicht fehlen. Ein weiterer Badestrand, die Playa de Bajamar, grenzt südlich an den Hafen.

Ein wichtiges Ausflugsziel im Rahmen organisierter Ausflüge ist **La Cumbrecita** › **S. 200** ein Bergsattel mit Blick in den zentralen, menschenleeren Talkessel Caldera de Taburiente, der als Nationalpark unter Schutz gestellt wurde. Wer La Cumbrecita mit dem Mietwagen ansteuern möchte, muss zuvor online ein Zeitfenster reservieren (www.reservasparquesnacionales.es), denn die Zufahrt ist eingeschränkt.

Eine Rundfahrt durch den Süden La Palmas führt zunächst nach **Mazo** › **S. 207** mit der berühmten Keramikwerkstatt El Molino und weiter zu den prähistorischen Höhlenwohnungen von **Belmaco** › **S. 207**. Schließlich wird **Fuencaliente** › **S. 208** mit dem eindrucksvollen Vulkan San António erreicht. Der Kraterrand lohnt einen Spaziergang. An der Südwestküste von Fuencaliente gibt es mehrere schöne Badestrände.

Wer lieber den Lorbeerwald gründlich kennenlernen möchte, fährt Richtung Nordosten nach **Los Tilos** › **S. 219**. In der Nähe des Besucherzentrums führt ein Lehrpfad durch das Gebiet. Anschließend bietet sich ein Abstecher zum Küstenort **San Andrés** › **S. 170** an, um dort in ein uriges Lokal am zentralen Platz einzukehren oder ein erfrischendes Bad im Meeresschwimmbecken Charco Azul zu nehmen.

KLIMA & REISEZEIT

Nicht von ungefähr wird das Klima der Kanarischen Inseln als eines der angenehmsten der Welt gerühmt. Auch was die Zahl der Sonnenstunden angeht, liegen die Kanaren europaweit an der Spitze. Dank der ausgeglichenen, durchweg milden Temperaturen mit nicht allzu heißen Sommern und im Vergleich zu Mitteleuropa warmen Wintern sind die Kanaren ganzjährig als Reiseziel geeignet.

Wetterbestimmend ist der Nordostpassat, dem die Inseln nicht nur eine beständige frische Brise verdanken, sondern der auch feuchte Wolkenmassen mit sich führt. Auf den Ostinseln sind die Berge relativ niedrig, sodass die Wolken darüber hinwegziehen, ohne eine nennenswerte Menge von ihrem kostbaren Nass abzugeben. Entsprechend trocken und vegetationsarm präsentieren sich die Inseln Lanzarote und Fuerteventura, auf denen auch die Temperaturschwankungen wegen der Nähe zum afrikanischen Kontinent etwas größer ausfallen als auf den westlichen Kanareninseln. An den Nordhängen der Gebirgsmassive der Zentral- und Westinseln dagegen stauen sich die Wolken und bescheren zumindest dem Nordosten jeweils reichlich Niederschläge. Gerade in den Wintermonaten ist dann mancher Tag wolkenverhangen und regnerisch. Wem es auf Sonne total ankommt, der sollte sich im Winter besser auf den sonnensicheren Südseiten von Teneriffa und Gran Canaria, im Südwesten von La Palma oder eben auf Fuerteventura oder Lanzarote einmieten.

In den Küstengebieten sind die Tage auf den Kanaren in der Regel warm, mit rund 20 °C in den Wintermonaten und bis zu 30 °C im Sommer. Nachts werden im Januar und Februar allerdings mancherorts nur 12 °C gemessen, während in den vielen lauen Sommernächten die Temperatur wie in den Tropen kaum unter 20 °C sinkt. Bei der Quartierwahl ist zu bedenken, dass die Temperaturen mit der Höhe rasch abnehmen. Schon ab 300 m über dem Meer kann es im Winter nachts empfindlich kalt werden, eine Heizung sollte dann vorhanden und ein Pullover griffbereit sein. In der wärmeren Jahreszeit hingegen wohnt es sich in den höheren Lagen oft angenehmer als an der Küste.

Manchmal, vor allem im Sommer, weht mehrere Tage lang der Levante, ein heißer Südostwind aus der Sahara. Die Luft ist dann extrem trocken (unter 30 % Luftfeuchtigkeit), die Temperaturen können auf über 40 °C steigen. Der Himmel wird dann von rötlichem Staub verdunkelt. Auf den Levante, der sich vor allem auf Lanzarote und Fuerteventura bemerkbar macht, folgen mitunter starke Regenfälle. Dann füllen sich die ansonsten trockenen Flussbetten für kurze Zeit mit Wasser.

In den Höhenlagen oberhalb von etwa 2000 m, die allerdings nur auf Teneriffa und La Palma und ganz knapp auf Gran Canaria erreicht werden, kann es im Winter sogar schneien. Von Dezember bis März ziert vielfach ein Sahnehäubchen den Gipfel des 3718 m hohen Teide auf Teneriffa.

Klima & Reisezeit

Von Agulo (La Gomera) gesehen liegt Dunst vor Teneriffas Küste

Niederschlagsärmste Insel im langjährigen Vergleich ist Lanzarote (112 mm in Arrecife), dicht gefolgt von Fuerteventura (147 mm in Puerto del Rosario). Von Jahr zu Jahr schwankt hier die Regenmenge allerdings erheblich. Die Niederschläge fallen fast ausschließlich in den Monaten Oktober bis April und verteilen sich z.B. auf Lanzarote auf durchschnittlich nur 19 Regentage pro Jahr. Dennoch kann auch hier der Himmel – vor allem im Norden der Ostinseln – immer mal wieder bewölkt sein. Deutlich höhere Niederschlagswerte sind auf den übrigen Inseln zu verzeichnen, wobei dort die Unterschiede zwischen den verschiedenen Inselteilen größer ausfallen. Einheitliche Aussagen sind daher schwer zu treffen. Während etwa im Süden Teneriffas unter 100 mm Regen pro Jahr gemessen werden, sind es im Norden an der Küste um 500 mm und in mittleren Höhen gar 600 bis 800 mm.

Badesaison ist auf den Kanaren ganzjährig. Die Wassertemperatur des Atlantiks liegt rund um die Inseln in den kältesten Monaten (Februar/März) allerdings nur bei etwa 17 °C, im Sommer (August/September) erreicht sie rund 23 °C. Bei den Ostinseln werden dann aufgrund des kühlen Kanarenstroms, der von Norden kommend entlang der afrikanischen Küste zieht, lediglich 22 °C gemessen.

Als Reisezeit bevorzugen Mittel- und Nordeuropäer traditionell das Winterhalbjahr (Oktober bis April). Da es aber auf den Kanaren im Sommer längst nicht so heiß wird wie in manchen Mittelmeerregionen, verlagert sich das Geschehen immer mehr auch in die Monate Mai bis September.

Im Juli/August halten sich aus diesem Grund zahlreiche Feriengäste vom spanischen Festland auf den Kanarischen Inseln auf, die der hochsommerlichen Hitze in ihrer Heimat entfliehen. Dann sind die Bettenkapazitäten schnell ausgebucht, ebenso wie in den Weihnachts- und Osterferien. Beste Reisezeit für Aktivurlauber wie Wanderer und Biker sind die klimatisch ausgeglichenen Nebensaisonzeiten im Frühjahr und Herbst.

Völlig naturbelassen blieben die Papageienstrände auf Lanzarote

ANREISE

MIT DEM FLUGZEUG

Die Flughäfen Teneriffa-Süd, Gran Canaria, Fuerteventura und Lanzarote sind täglich von verschiedenen Flughäfen in Deutschland, Österreich und der Schweiz im Direktflug zu erreichen (meist nonstop, manchmal mit Zwischenstopp). La Palma wird mehrmals pro Woche angeflogen, ebenso gehen Flüge nach Teneriffa-Nord (für Urlauber, die nach Puerto de la Cruz wollen, günstiger gelegen als der Flughafen Teneriffa-Süd). In Frage kommende Fluggesellschaften sind etwa Airberlin (www.airberlin.com), Condor (www.condor.com), TUIfly (www.tuifly.com), Eurowings (www.eurowings.com) oder Ryanair (www.ryanair.com). Die spanischen Fluggesellschaften Iberia (www.iberia.com) und Vueling (www.vueling.com) bieten Flüge auf die Kanaren nur mit Umstieg in Madrid bzw. Barcelona an.

Die Flughäfen von La Gomera und El Hierro sind nicht für größere Flugzeuge ausgelegt. Sie werden nur ab Teneriffa-Nord, zum Teil aber auch von Gran Canaria aus mit Propellermaschinen des Unternehmens Binter Canarias (www.bintercanarias.com) angeflogen. Insbesondere die Anreise nach La Gomera erfolgt allerdings in der Regel ab Teneriffa (Los Cristianos) per Schiff › **rechts**.

MIT DEM SCHIFF

Von Südspanien verkehren Autofähren auf die Kanarischen Inseln: Ab Cádiz fährt Acciona Trasmediterránea (Tel. 902 45 46 45, www.trasmediterranea.es) einmal wöchentlich über Arrecife/Lanzarote (Fahrzeit 31 Std.), Las Palmas de Gran Canaria (40 Std.) und Santa Cruz de Tenerife (49 Std.) nach Santa Cruz de La Palma (64 Std.). Ab Huelva bietet die Reederei Naviera Armas (www.navieraarmas.com) einen Fährdienst über Arrecife/Lanzarote und Las Palmas de Gran Canaria nach Santa Cruz de Tenerife. Von dort gibt es Anschlüsse auf andere Kanareninseln › **S. 333**. Die Fahrt per Schiff ist teurer als ein Flug und lohnt sich nur für Langzeiturlauber bei Mitnahme des eigenen Pkw.

Fährverbindungen von den Kanarischen Inseln zum afrikanischen Kontinent oder nach Madeira gibt es derzeit nicht.

REISEN IN DER REGION

AUF DEN EINZELNEN INSELN

MIT DEM BUS

Die wichtigen Orte sind auf den Hauptinseln durch Linienbusse häufig miteinander verbunden. Auch auf den kleineren Inseln La Gomera und El Hierro ist das Liniennetz inzwischen recht gut entwickelt. Mit ein wenig Planung können Ausflüge und Wanderungen per Bus organisiert werden. In entlegenere Gebiete und in die Gebirgsregionen verkehren allerdings nur wenige oder auch gar keine Busse. Die Tarife sind relativ günstig. Oft wird es noch preiswerter mit einer Rückfahrkarte *(tarjeta ida y vuelta)*. Auf allen Inseln außer La Gomera werden für Vielfahrer Bonuskarten *(bono)* mit bis zu 30 % Preisersparnis angeboten. Gedruckte Fahrpläne werden immer seltener, also informiert man sich online bei den Busgesellschaften:
Teneriffa: Titsa (www.titsa.com)
La Palma: Tilp (www.transporteslapalma.com)
La Gomera: GuaguaGomera (www.guaguagomera.com)
El Hierro: TransHierro (www.transhierro.com)
Gran Canaria: Global (www.globalsu.net)
Fuerteventura: Tiadhe (www.tiadhe.com)
Lanzarote: Intercitybus Lanzarote (www.arrecifebus.com)

MIT DEM TAXI

Auf fast allen Inseln des Archipels werden die Fahrten per Taxameter abgerechnet. Pro gefahrenem Kilometer werden 0,64 € fällig. Bei Streckenfahrten außerhalb der Stadtgebiete wird auch die leere Rückfahrt berechnet. Hinzu kommen ein Grundpreis von 2,40 € sowie eventuelle Zuschläge für Nachtfahrten, Gepäck, Fahrten zum Flughafen usw. Auf El Hierro hingegen werden Festpreise verlangt. Diese werden vorher ausgemacht, für längere Überlandfahrten führen die Fahrer Preislisten mit.

MIT DEM MIETWAGEN

Auf allen Inseln sind internationale Autovermietungen präsent. Sie arbeiten oft mit lokalen Anbietern zusammen. Der Standard der vermieteten Fahrzeuge ist generell gut. Wer den Wagen nur für einen Tag benötigt, zahlt ab ca. 17 €. Bei längerer Mietdauer wird es noch günstiger, eine Woche kostet z. B. ab ca. 60 €. Die besten Preise erzielt man in der Regel über Internetportale, etwa www.mietwagen-check.de oder www.billiger-mietwagen.de.

Eine Vollkaskoversicherung mit Selbstbeteiligung und unbegrenzten Kilometern sind stets eingeschlossen. Etwas teurer wird es mit Vollkasko ohne Selbstbeteiligung oder der für den

Reisen in der Region

Kunden transparenteren Tankregelung voll/voll. Bei Vertragsabschluss im Büro der Mietwagenfirma ist fast immer eine Kreditkarte vorzulegen, manchmal genügt eine Kaution. Meist wird ein Mindestalter des Fahrers (normalerweise 21 Jahre) gefordert, manche Vermietungen akzeptieren aber inzwischen auch Fahrer ab 18 Jahren. Das Höchstalter liegt manchmal bei 75 Jahren.

Wichtige Verkehrsregeln: Das Tempolimit beträgt (wenn nicht anders beschildert) innerorts 50 km/h, außerorts 90 km/h, auf Schnellstraßen und Autobahnen 110 km/h. Weitere Einschränkungen sind geplant, daher bitte unbedingt bei der Mietwagenfirma den aktuellen Stand erfragen! Die Promillegrenze liegt bei 0,5, bei Führerscheinbesitz unter zwei Jahren bei 0,3. Es besteht Anschnallpflicht, Handyverbot am Steuer und Warnwestenpflicht beim Verlassen des Fahrzeugs außerorts am Straßenrand. Falschparken, Fahren ohne Gurt, Geschwindigkeits- und Alkoholverstöße werden mit empfindlich hohen Bußgeldern geahndet. Strafbescheide gehen auch an die Heimatadresse.

INSELHÜPFEN

MIT DEM FLUGZEUG

Die Fluggesellschaft Binter Canarias verbindet mit Propellermaschinen alle Inseln des Archipels miteinander. Zwischen den Hauptinseln gibt es täglich mehrere Flüge. Drehkreuz in der Westprovinz ist der Flughafen Teneriffa-Nord (Aeropuerto de Tenerife Norte), in der Ostprovinz der Flughafen Gran Canaria (Aeropuerto de Gran Canaria). Auskunft erhält man in den örtlichen Reisebüros bzw. im Internet unter www.bintercanarias.com.

MIT DEM SCHIFF

Touristen nutzen vor allem die Fährverbindung zwischen Los Cristianos (Teneriffa) und San Sebastián de La Gomera, da sie in Verbindung mit einem Flug nach Teneriffa-Süd (Linienbusverbindung mit Los Cristianos) die bequemste Anreise nach La Gomera ermöglicht. Hier verkehren mehrmals täglich Express-Autofähren von Fred Olsen und Autofähren von Naviera Armas (Dauer der Überfahrt 40 Min. bzw. 1 Std.).

Diese beiden Gesellschaften betreiben weitere Fähren, die alle Inseln miteinander verbinden. Inselhüpfen ist bequem und günstig und man kann auf diese Weise mehr als nur eine Kanareninsel während des Urlaubs kennenlernen. Beliebte Verbindungen bestehen z. B. zwischen Los Cristianos und La Palma bzw. El Hierro, Santa Cruz de Tenerife und Agaete (Gran Canaria), Las Palmas de Gran Canaria und Morro Jable (Fuerteventura) sowie Corralejo (Fuerteventura) und Playa Blanca (Lanzarote). Aktuelle Fahrpläne, Tarife und Buchung unter www.fredolsen.es und www.navieraarmas.com.

Kleinere Fährboote verkehren von Lanzarote (Órzola) zur Nachbarinsel La Graciosa › **S. 303** und von Fuerteventura (Corralejo) zur unbewohnten Insel Islote de Lobos › **S. 285**.

SPORT & AKTIVITÄTEN

Das Sportangebot auf den Kanaren könnte für Aktivurlauber nicht vielseitiger sein. Strände und sauberes Wasser laden zu allen möglichen Sportarten im, unter und über Wasser ein. Auch fern der Küste bietet sich ein weites Betätigungsfeld für fitnessbegeisterte Freizeitsportler.

TAUCHEN

Klares Wasser, bizarre Lavariffs und eine faszinierende Unterwasserwelt machen die atlantischen Gewässer zu einem guten Schnorchel- und Tauchrevier. Jede der sieben Hauptinseln verfügt über mindestens eine Tauchbasis, die ganzjährig geöffnet ist. Die Tauchzentren auf Teneriffa befinden sich im Südwesten in Los Gigantes und Playa de Las Américas. Auf La Palma gilt Los Cancajos als Anfängerrevier, während sich die lohnendsten Spots für Fortgeschrittene im Meeresreservat an der Südwestküste befinden. Schwarze Korallen und rote Gorgonien sind die Attraktionen des Tauchspots El Laberinto nördlich von Puerto Naos. La Gomera bietet zwar rund um die Insel eine artenreiche Meeresfauna, doch Tauchgänge werden derzeit nur ab San Sebastián angeboten. Zu den schönsten Tauchplätzen der Kanaren zählt die Südspitze von El Hierro bei La Restinga mit einer geradezu tropisch bunten Unterwasserwelt. Gran Canarias beste Tauchreviere liegen an der felsigen Küste im Südwesten, Ausfahrten dorthin werden ab Playa del Inglés und Puerto de Mogán angeboten. Als interessantestes Tauchrevier der Kanarischen Inseln gilt die Meerenge El Río zwischen Fuerteventura und dem Islote de Lobos. Auch andernorts an Fuerteventuras Küsten lohnt ein Blick unter Wasser, etwa am Großen Muränenriff vor der Halbinsel Jandía oder am Salinas-Riff vor der Ostküste. Tauchbasen gibt es in Corralejo, Caleta de Fuste, Las Playitas, Tarajalejo und in den Ferienorten der Halbinsel Jandía. Lanzarote bietet ebenfalls beste Voraussetzungen für den Tauchsport. Beliebte Spots liegen in der Meerenge zwischen Lanzarote und Fuerteventura, bei Puerto del Carmen, wo verschiedene Wracks unter Wasser liegen, und an den bizarren Felsformationen der nördlichen Ostküste. Basen mit Schulung existieren in Playa Blanca, Puerto del Carmen, Costa Teguise und Arrieta.

Wer sich nicht gleich einen Tauchkurs zumuten, aber dennoch einen Blick auf die Unterwasserwelt werfen möchte, kann in vielen Tauchschulen erst einmal einen Schnorchelkurs belegen oder an geführten Schnorchelexkursionen teilnehmen. Gerade auch für Familien eine interessante Option.

SEGELN

Ein renommiertes Segelzentrum, das Olympiasieger hervorgebracht hat, ist Puerto Rico auf Gran Canaria. Sehr beliebt sind außerdem die Jachthäfen Puerto Colón in Playa de Las Américas auf Teneriffa, Marina La Palma in Santa Cruz de La Palma, Marina La Gomera in San Sebastián de La Gomera, Puerto de Mogán auf Gran Canaria, Caleta de Fuste auf Fuerteventura und Puerto Calero auf Lanzarote, ein eigenes oder gechartertes Boot vorausgesetzt. Für Laien

Sport & Aktivitäten

Im Passatwind bereitet das Segeln Vergnügen

besteht z. B. ab Lanzarote oder Fuerteventura die Möglichkeit, an exklusiven Segeltörns auf dem Katamaran Catlanza (www.catlanza.com) teilzunehmen. Anfängerkurse im Jollensegeln bietet Sail & Surf Overschmidt in den grancanarischen Segelhochburgen Puerto Rico und Puerto de Mogán (www.segelschule-grancanaria.de). Auf Fuerteventura ist Katamaransegeln angesagt. In Las Playitas (www.catcompany.eu) werden Kurse veranstaltet und Katamarane vermietet. Die Ferienklubs der Halbinsel Jandía (www.robinson.com, www.aldiana.de) halten Katamarane für ihre Gäste bereit.

WIND- UND KITESURFEN

Der Passatwind sorgt vor allem auf den Ostinseln für erstklassige Bedingungen für Surfer. Als beste Surfzeit gelten hier die windreichen Sommermonate mit durchschnittlich 4–8 Beaufort. Mit Spots für alle Schwierigkeitsgrade ist Fuerteventura das Surfermekka. An der Playa Barca bieten das Pro Center René Egli (www.rene-egli.com) und der Ion Club (www.ionclubfuerte.com) Kurse unter erfahrener Leitung. Weitere Surfschulen gibt es in Corralejo, Caleta de Fuste (vorübergehend geschl.), Las Playitas, Tarajalejo und in den Ferienorten auf der Halbinsel Jandía. Auf Lanzarote finden sowohl Anfänger als auch Fortgeschrittene gute Bedingungen an der Playa de las Cucharas vor Costa Teguise (www.lanzarotewindsurf.com und www.windsurflanzarote.com) und bei den meisten Wetterlagen auch an der Playa de Matagorda bei Puerto del Carmen vor. Könner fahren an die Playas del Papagayo, nach El Golfo oder Jameos del Agua. An der windexponierten Playa de Famara wird im Sommerhalbjahr Kitesurfen betrieben (www.famarasurf.com). Bekannteste Surfschule auf Gran Canaria ist die BD Surf School (www.surfbd.com) in Playa del Inglés, die auf die dänische Surflegende Björn Dunkerbeck zurückgeht und als mobile Basis je nach Wetterlage die besten Spots aufsucht. Als Teneriffas bester Surfspot gilt El Médano (www.surfcenter.el-medano.

com). Kaum zum Surfen eignen sich die drei westlichen, weniger mit Sandstränden gesegneten Inseln.

Oft bieten die Surfbasen zugleich auch Seekajakvermietung und geführte Touren sowie den Trendsport Stand-Up-Paddling (SUP). Auf Letzteren spezialisiert ist die SUP School Fuerteventura in Corralejo (Tel. 633 56 25 38, www.supschoolfuerteventura.com).

WELLENREITEN

Das Surfen ohne Segel hat unter den Einheimischen genauso viele Anhänger wie das Windsurfen. Die dafür erforderliche lange Brandungswelle gibt es an verschiedenen Stränden. Insbesondere die Ostinseln gelten für Wellensurfer als Paradiese. Sie finden auf Lanzarote Reviere an der Playa de Famara, bei La Santa, an der Punta Mujeres und bei Órzola. Auf Fuerteventura schätzen Wellenreiter die starke Brandung an der Westküste in La Pared. Weitere beliebte Spots liegen im Norden bei Corralejo und im äußersten Westen der Halbinsel Jandía. Wellenreiter quartieren sich hier gerne in Surfcamps ein (www.waveguru.de, www.ineika.com, www.otro-modo-surfschool.de). Auf Gran Canaria steht bei der BD Surf School (www.surfbd.com) außer Wind- auch Wellenreiten auf dem Programm, auf Teneriffa bietet Ika Ika in Playa de Las Américas Schulung und ein Surfcamp (www.ikaikasurfcamp.com).

RADFAHREN

Auf den gebirgigen bis alpinen Westkanaren fühlen sich vor allem Mountainbiker in ihrem Element. Auch Fuerteventura und Lanzarote halten attraktive Offroadtrails bereit. Darüber hinaus sind dort aber auch Touren ohne große Höhenunterschiede möglich, etwa auf Fuerteventura um Corralejo und Caleta de Fuste oder auf Lanzarote bei Puerto del Carmen und Costa Teguise. Wer sein eigenes Rad nicht mitbringen will, kann sich bei einer der örtlichen Verleihfirmen eines mieten, wie etwa bei den folgenden Bikestationen auf Teneriffa (www.diga-sports.de), auf La Palma (www.bike-station.de), auf La Gomera (www.bike-station-gomera.com), Gran Canaria und Teneriffa (www.free-motion.com), Fuerteventura (www.volcano-bike.com) sowie Lanzarote (www.mountainbike-lanzarote.com).

GOLFEN

Die Zahl der Golfplätze auf den Kanaren kann sich durchaus sehen lassen. Ihr besonderes Plus ist neben der in der Regel höchst attraktiven landschaftlichen Lage die ganzjährige Bespielbarkeit. Einige Plätze sind Hotels oder Apartmentanlagen angeschlossen, sie akzeptieren jedoch stets auch Greenfee-Gäste, die nicht dort wohnen. Teneriffa ist mit neun Parcours größte Golfdestination im Archipel, Gran Canaria folgt mit sieben, Fuerteventura mit fünf Plätzen. Auch auf Lanzarote und La Gomera gibt es attraktive Golfplätze. Einen Überblick mit Adressen findet man auf der Website www.hallokanarischeinseln.com/golfplatze. Hier eine Auswahl:

Golf Las Américas [H7]
Dem attraktiven Platz ist eine eigene Golfschule angeschlossen.
Teneriffa | Tel. 922 75 20 05
www.golflasamericas.com

Golf Costa Adeje
Traumhafte Ausblicke über das Meer und in die Berge bietet dieser beliebte Platz.
Teneriffa
Tel. 922 71 00 00
www.golfcostaadeje.com

Maspalomas Golf [P9]
Im klimatisch begünstigten Inselsüden, grenzt direkt an die Dünen.
Gran Canaria | Tel. 928 76 25 81
www.maspalomasgolf.net

Real Club de Golf de Las Palmas
Der älteste Golfplatz Spaniens wurde schon 1891 spektakulär am Rand eines Vulkankraters angelegt.

Sport & Aktivitäten

Gran Canaria
Tel. 928 35 10 50
www.realclubdegolfdelaspalmas.com

Fuerteventura Golf Club
Südlich von Caleta de Fuste, mit Palmenoasen und künstlichen Seen inmitten karger, wüstenhafter Landschaft.
Fuerteventura
Tel. 928 16 00 34
www.fuerteventuragolfclub.com

Jandía Golf
Der lange verwaiste Platz in Barranco de Vinamar wurde in der Saison 2014/2015 wiedereröffnet. Er verfügt über einen 18-Loch-Parcour.
Fuerteventura
Tel. 928 87 10 79
www.jandiagolf.com

Costa Teguise Golf [Y4]
Einer der schönsten Plätze in Europa, am Fuße eines Vulkans gelegen.
Lanzarote
Tel. 928 59 05 12
www.lanzarote-golf.com

Tecina Golf [F7]
Der 18-Loch-Platz bei Playa de Santiago garantiert Meerblick an jedem Loch.
La Gomera
Tel. 922 14 59 50
www.tecinagolf.com

GLEITSCHIRMFLIEGEN

Der guten Thermik wegen zieht es viele Gleitschirm- und Drachenflieger auf die Kanarischen Inseln. Sehr gute Start- und Landeplätze gibt es auf Lanzarote: Spektakuläre Aussichten ermöglicht der Flug über die Steilküste Risco de Famara im Nordwesten. Mit interessanten Startplätzen vor allem im Norden der Insel lockt auch Teneriffa: Von Izaña (2300 m) kann man lange hinuntergleiten zu den Stränden an der Nordküste. Bei ungünstiger Wetterlage kann in den Süden ausgewichen werden. Auf La Palma wird an verschiedenen Stellen oberhalb des Badeortes Puerto Naos gestartet. Gleitschirmklubs, die auch Tandemflüge mit erfahrenen Piloten organisieren, existieren auf Teneriffa (www.ibrafly.net) und La Palma (www.palmaclub.com). Auf Lanzarote gibt es keine Gleitschirm- oder Drachenflugbasis, es werden aber ab Deutschland Lanzarote-Flugwochen angeboten (z. B. www.papillon.de, www.sail-fly.de).

REITEN

Mit seinen langen Stränden und wüstenhaften Landschaften bietet vor allem Fuerteventura hervorragende Möglichkeiten für den Reitsport. Aber auch auf Lanzarote und Gran Canaria kann man reiten. Hier eine Auswahl an Reitställen:

Rancho Barranco de los Caballos
Hier wird Spanisches Reiten gepflegt, u. a. sind Ausritte am Strand möglich. Einige Erfahrung sollte man aber mitbringen.
La Pared
Fuerteventura
Tel. 928 17 41 51
www.reiten-fuerte.de

Crines del Viento
Reitstunden und Ausflüge mit dem Pferdetherapeuten Carlos Rivero González.
Triquivijate
Fuerteventura
Tel. 678 21 31 08
www.crinesdelviento.com

Lanzarote a Caballo
Fast täglich werden mehrere ein- bis zweistündige geführte Ausritte für Anfänger und Fortgeschrittene angeboten. Kinder ab 7 Jahren können auf Ponys reiten.
LZ-2 Puerto Calero-Uga
Lanzarote
Tel. 928 83 00 38
www.lanzaroteacaballo.com

Happy Horse
Hier wird Deutsch gesprochen. Der Reitstall liegt etwas außerhalb, holt seine Gäste aber ab. Ein-, zwei- oder dreistündige Ausritte durch den Süden Gran Canarias.
Gran Canaria
Tel. 658 92 52 86
www.happy-horse.org

WANDERN

Die Kanaren präsentieren sich als kontrastreiche Wanderregion mit Touren für alle Ansprüche. Besonders schön wandert es sich auf den weitgehend ursprünglich gebliebenen »kleinen Kanaren« La Palma, La Gomera und El Hierro. Doch auch Teneriffa und Gran Canaria sind ein Dorado für Wanderer. Grandiose Hochgebirgstouren lassen sich etwa auf Teneriffa im Teide-Nationalpark unternehmen. Wer nicht selbst nach dem rechten Weg suchen möchte, kann sich einer von Parkrangern geführten Exkursion anschließen (Tel. 922 92 23 71, www.reservasparquesnacionales.es). Auf Lanzarote begeistern die bizarren Vulkanberge (Infos über geführte kostenlose Wanderungen im Nationalpark: Centro de Visitantes, Tel. 928 11 80 42). Fuerteventura lädt zu kilometerlangen Dünen- und Strandwanderungen ein, das Bergland hält ebenfalls viele lohnende Touren bereit. Geführte Wanderungen mit deutschsprachigen Teams können auf Fuerteventura unter www.timefornature.de oder www.caminosano.eu gebucht werden. Auf La Gomera veranstaltet u. a. Timah (www.timah.net) geführte Tagewanderungen mit Abholung auch in Playa de Santiago und San Sebastián de La Gomera. Ein bekannter ört-

Vulkanische Landschaften laden zum Wandern ein

licher Veranstalter auf La Palma ist Natour (www.natour.travel) mit Büros in Los Cancajos und Puerto Naos.

Wer auf eigene Faust wandern möchte, findet eine große Auswahl an deutschsprachiger Literatur mit ausführlichen Wegbeschreibungen für alle Inseln im Buchhandel. Zahlreiche Wege wurden als offizielle Wanderrouten ausgewiesen, mit Informationstafeln am Beginn versehen sowie durchgehend markiert und beschildert.

Spezialveranstalter für Wanderreisen ab Deutschland zu den Kanarischen Inseln sind:

Activida Tours
Auf der Langwies 1b
D-65510 Hünstetten
Tel. +49 6126 581818
www.activida.de

Alpinschule Innsbruck (ASI)
In der Stille 1
A-6161 Natters/Tirol
Tel. +43 51 254600
www.asi-reisen.de

Hauser Exkursionen
Spiegelstr. 9
D-81241 München
Tel. +49 89 2350060
www.hauser-exkursionen.de

Wikinger Reisen
Kölner Str. 20
D-58135 Hagen
Tel. +49 2331 9046
www.wikinger-reisen.de

WELLNESS

Ein Spa-Center ist inzwischen Standard in jedem neuen Hotel der 4- und 5-Sterne-Kategorie, aber auch viele der schon älteren Beherbergungsbetriebe haben ihr Angebot längst um Thalassotherapie, Fitnesscenter, Beautybehandlungen oder Anti-Stress-Kuren ergänzt. Die besten Wellnessadressen auf Teneriffa sind das Gran Hotel Bahía del Duque › **S. 176**, auf Gran Canaria das Hotel Gloria Palace San Agustín (Calle Margaritas, Tel. 928 12 85 00, www.gloria paraceth.com) und auf Fuerteventura das Gran Hotel Atlantis Bahía Real › **S. 285**.

Unabhängig von den großen Hotels bietet das Centro Mirak in Parque Holandés auf Fuerteventura (Tel. 928 17 53 38, www.centromirak.com) ein beachtliches Wellnessprogramm mit Spa-Bereich an. Und auf Wunsch kann man hier auch unterkommen – in einem von sieben Bungalows, die sich wunderschön im idyllischen Garten verteilen.

WORKSHOPS UND SPRACHKURSE

Entspannung mit Yoga, Pilates und Malkursen bietet die Finca El Cabrito, ein familienfreundliches Biohotel an der Südküste La Gomeras, an; das Hotel ist nur per Schiff zu erreichen (Tel. 922 14 16 14, www.elcabrito.es). Ebenfalls auf La Gomera, in Vueltas (Valle Gran Rey), führt die Finca Argayall Meditationen und Yoga in Gruppen durch, und man kann therapeutische Einzelsitzungen in Reiki, Rebalancing u. a. zusätzlich buchen (www.argayall.com).

Im Rootstyle Camp auf Fuerteventura (Tel. 608 28 64 49, www.rootstylecamp.com) werden Yogakurse mit Wellenreiten kombiniert.

Anthroposophisch orientiert ist das Centro de Terapia Antroposófica in Puerto del Carmen auf Lanzarote. Neben einem Kultur- und Kreativprogramm werden auch naturheilkundliche Therapien angeboten (Tel. 928 51 28 42, www.centro-lanzarote.de).

Spanischkurse bietet die seit vielen Jahren bestehende FU International Academy Tenerife in Puerto de la Cruz (Centro Comercial La Cúpula) und in Costa Adeje auf Teneriffa an (Tel. 922 38 93 03, www.fu-tenerife.com).

Weiße Eleganz in Puerto de Mogán

UNTERKUNFT

Die gut ausgebaute touristische Infrastruktur auf den Kanarischen Inseln hält Unterkünfte für alle Ansprüche bereit. Eine Pauschalreise, bei der Flug, Transfer und Zimmer im Paket angeboten werden, war in der Vergangenheit oft günstiger als die individuelle Buchung von Flug und Unterkunft. Mittlerweile gilt diese Regel allerdings nur noch mit Einschränkungen. Wer zeitlich flexibel ist, kann über sein Reisebüro oder die Websites der Fluggesellschaften sehr preiswerte Flüge ergattern. In Kombination mit einer reinen Hotelbuchung, die mittlerweile auch über Veranstalter, ansonsten über Internetportale (www.hrs.de, www.trivago.de u.a.) oder direkt bei der Unterkunft möglich ist, kommt dies unter Umständen günstiger.

In der Nebensaison (Mai/Juni und Okt./Nov.) sind die Unterkünfte oft erheblich preiswerter als in den Hauptreisezeiten von Weihnachten bis Ostern und in den Sommerferien. Für Individualreisende findet sich außerhalb der Hochsaison immer ein Platz.

HOTELS UND PENSIONEN

Auf den Hauptinseln steht in den Ferienorten an den Küsten eine fast unbegrenzte Auswahl an Hotellerie aller Kategorien zur Verfügung. Die spanische Hotelklassifizierung (ein bis fünf Sterne) orientiert sich an den Einrichtungen eines Hotels, nicht an Service- oder Küchenqualitäten. Deutsche Reiseveranstalter bieten lediglich Mittelklassehotels mit drei Sternen sowie komfortablere Häuser mit vier oder fünf Sternen an. Sehr häufig handelt es sich um große Anlagen, die auch mit Halbpension oder sogar all-inclusive (alle Mahlzeiten und Getränke im

Unterkunft

Preis inbegriffen) gebucht werden können. Solche Großhotels sind vor allem in den Ferienorten auf Teneriffa, Gran Canaria, Fuerteventura und Teneriffa üblich, es gibt sie vereinzelt aber auch auf La Palma und La Gomera. Alte, nicht wirklich schöne, aber funktionale Hotelbauten sind mittlerweile vielerorts durch gefälligere, architektonisch ansprechende Anlagen ersetzt worden. Dennoch herrscht im Restaurant und am Pool viel Betrieb. Wer dem entgehen und individueller wohnen möchte, findet auf allen Inseln entsprechende Angebote. Die klassische Pension für Traveller ist allerdings ein Auslaufmodell. Jüngere Individualreisende quartieren sich stattdessen gerne in einem der trendigen Hostels ein, die auf Teneriffa und Gran Canaria in den Hauptstädten und wichtigen Ferienorten geradezu aus dem Boden zu schießen scheinen, aber auch auf Fuerteventura und Lanzarote schon zu finden sind. Demgegenüber bevorzugt ein gesetzteres Publikum im Designerstil eingerichtete Boutiquehotels in den Städten oder kleine, ruhige Landhotels › **unten**.

FERIENKLUBS

Kluburlaub all-inclusive ist besonders auf Fuerteventura verbreitet. Die Klubdörfer von Robinson (www.robinson.com) sowie der Club Aldiana (www.aldiana.de) liegen direkt an den Sandstränden der Halbinsel Jandía.

APARTMENTS

Funktionale Ferienwohnungen für Selbstversorger mit Kitchenette sind bei spanischen Urlaubern sehr beliebt. Dementsprechend ist das Angebot auf allen Kanareninseln groß und hält sich preislich im Rahmen. Komfortabler, aber auch teurer sind die Aparthotels, wo man sich vom Hotelservice verwöhnen lassen kann und dennoch die Vorteile der eigenen Wohnung genießt. Bei der Buchung sollte man den Unterschied zwischen Studios (mit kombiniertem Wohn-/Essbereich) und Apartments (mit einem oder zwei separaten Schlafzimmern) beachten.

Die Mindestmietdauer beträgt in vielen Fällen eine Woche, in der Nebensaison manchmal auch nur drei oder vier Tage. Apartmenturlauber finden in den Ferienorten in der Regel einigermaßen gut sortierte kleine Supermärkte in fußläufiger Entfernung. Preisgünstiger kauft man in den großen Supermärkten an der Peripherie oder in den Städten ein, einen Mietwagen vorausgesetzt.

LÄNDLICHER TOURISMUS

Turismo Rural, Ferien auf dem Land, heißt das Modellprojekt, bei dem auf fast allen Kanareninseln Bauern- und Landhäuser *(fincas, granjas)* restauriert wurden. Das Ergebnis sind rustikale Quartiere mit modernem Wohnkomfort nach Prinzipien des sanften Tourismus. Wer den Strand nicht vor der Tür haben muss, findet hier ideale Voraussetzungen für einen ruhigen Urlaub. Größere ehemalige Gutshäuser werden oft hotelähnlich betrieben, teilweise auch mit eigenem Restaurant. Ein großer Garten mit Liegeflächen und Pool ist selbstverständlich. Solche Unterkünfte sind auch über die großen Reiseveranstalter buchbar.

Kleinere renovierte Bauernhäuser zur Alleinbenutzung, die in der Luxusvariante ebenfalls über einen Pool verfügen können, findet man eher bei Spezialveranstaltern oder über spezialisierte Portale. Das größte Angebot an Fincas hat La Palma, wo man etwa über Karin Pflieger fündig wird (www.turismorural.de). Ansprechpartner auf La Gomera sind Ecotural (www.ferienhausergomera.com) und Isla Rural (www.islaural.es), auf Teneriffa ATTUR (www.attur.es), auf Gran Canaria Grantural (www.grantural.com) und Gran Canaria Rural (www.grancanariarural.com). Auf Lanzarote vermitteln Lanzarote Fincas (www.lanzarote-fincas.de), Lanzarote.com (www.lanzarote.com) und Jonas & Jonas (www.lanzarote-arrieta.de). Alle Inseln im Programm haben Acantur (www.ecoturismocanarias.com) und Las Casas Canarias (www.lascasascanarias.com).

INFOS VON A–Z

ÄRZTLICHE VERSORGUNG

Alle größeren Orte besitzen Gesundheitszentren (Centro de Salud). Außerdem praktizieren in den wichtigen Ferienzentren viele deutschsprachige Ärzte, deren Adressen man an der Hotelrezeption oder aus den deutschsprachigen Inselzeitungen erfährt. Ernstere Fälle werden an das jeweilige Inselkrankenhaus *(hospital insular)* überwiesen. Auf La Gomera und El Hierro lässt die medizinische Versorgung noch zu wünschen übrig; bei komplizierteren Fällen empfiehlt sich daher die Überführung in die Universitätsklinik von La Laguna (Tel. 922 67 80 00) auf Teneriffa.

Mitglieder der gesetzlichen Krankenkassen in EU-Ländern und der Schweiz können sich in den Gesundheitszentren, Inselkrankenhäusern sowie bei staatlich zugelassenen Ärzten nach Vorlage der Europäischen Krankenversicherungskarte (EHIC) behandeln lassen. Allerdings ist der Leistungsumfang begrenzt. Viele privat außerhalb der öffentlichen Einrichtungen praktizierende Ärzte akzeptieren die Karte nicht. Empfehlenswert ist daher der Abschluss einer privaten Reisezusatzversicherung, die freie Arztwahl und den Rücktransport ins Heimatland bei medizinischer Notwendigkeit einschließt.

BARRIEREFREIES REISEN

In jüngerer Zeit ist auf den Kanaren das Angebot für Gäste mit Behinderungen und Mobilitätseinschränkungen in der Hotellerie, aber auch in der Gastronomie, an Stränden sowie bei öffentlichen Einrichtungen und Verkehrsmitteln deutlich erweitert worden – insbesondere auf Teneriffa und Gran Canaria. Hotels mit barrierefreiem Zugang können im Reisebüro erfragt werden. Allgemeine Informationen erteilt in Deutschland die Bundesarbeitsgemeinschaft SELBSTHILFE e.V. (40215 Düsseldorf, Kirchfeldstr. 149, Tel. 0211 310 06-0, www.bag-selbsthilfe.de).

DIPLOMATISCHE VERTRETUNGEN
Deutschland:
Konsulat Gran Canaria
Calle Albareda, 3 (2. Stock)
35007 Las Palmas de Gran Canaria
Tel. 928 49 18 80
Tel. 659 51 76 00 (nur Notfall)
Fax 918 26 27 31
www.las-palmas.diplo.de

Honorarkonsul auf Teneriffa
Ángel Hernández Hernández
Urb. Jardines La Quintana

Infos von A–Z

Calle Guillermo Rahn, 4
38400 Puerto de la Cruz
Tel. 922 24 88 20
Fax 922 15 15 55

Honorarkonsul auf La Palma
Juan Manuel Guillén Díaz
Avda. Marítima, 66
38700 Santa Cruz de La Palma
Tel. 922 42 06 89
Fax 922 41 32 78

Honorarkonsul auf Fuerteventura und Lanzarote
Dr. Roland Mager
Avda. de la Llegada, 30
35580 Playa Blanca (Lanzarote)
Tel. 928 51 92 31
Fax 928 51 92 32
Regelmäßige Konsularsprechtage auf Fuerteventura in Puerto del Rosario, Calle Dr. Fleming, 1 (Termine unter www.las-palmas.diplo.de)

Österreich:
Honorarkonsulat Teneriffa
Calle Pérez Zamora, 9
38400 Puerto de la Cruz
Tel. 922 37 63 64
Fax 922 38 02 89

Honorarkonsulat Gran Canaria
c/o Hotel Escorial
Avda. de Italia, 6
35100 Playa del Inglés
Tel. 928 76 13 50
Fax 928 76 13 54
consuladodeaustria@gmail.com

Schweiz:
Konsulat Gran Canaria
Urb. Bahía Feliz
Edificio de Oficinas, Local 1
35107 Tarajalillo – San Bartolomé de Tirajana
Tel. 928 15 79 79
Fax 928 15 79 00
laspalmasgc@honrep.ch

Alle konsularischen Dienstleistungen übernimmt das Regionale Konsularcenter Madrid c/o Schweizerische Botschaft in Madrid:
Calle de Núñez de Balboa, 35 A
28001 Madrid
Tel. 914 36 39 60
Fax 914 36 39 80
www.eda.admin.ch/madrid

EINREISEBESTIMMUNGEN

Bei Einreise aus den Schengen-Staaten (u.a. Deutschland, Österreich, Schweiz) finden keine Ausweiskontrollen statt. Die Fluggesellschaften, Hotels und Autovermietungen verlangen allerdings die Vorlage von Personalausweis bzw. Nationaler Identitätskarte. Kinder benötigen ein eigenes Reisedokument. Schweizer, die sich über drei Monate auf den Kanarischen Inseln aufhalten wollen, brauchen ein Visum.

ELEKTRIZITÄT

220 Volt Wechselstrom. Ein Adapter ist nicht erforderlich.

FEIERTAGE

In Spanien gibt es 12 gesetzliche Feiertage, die für jede Region alljährlich neu festgelegt werden. Auf den Kanaren sind dies in der Regel: 1. Jan. (Año Nuevo), 6. Jan. (Los Reyes), Gründonnerstag (Jueves Santo), Karfreitag (Viernes Santo), 1. Mai (Día del Trabajo), 30.Mai (Día de las Canarias), 15. August (La Asunción), 12. Oktober (Día de la Hispanidad), 1. Nov. (Todos los Santos), 6. Dez. (Día de la Constitución), 8. Dez. (Immaculada Concepción), 25. Dez. (Navidad). Fällt einer dieser Tage auf einen Sonntag, ist meist der folgende Montag arbeitsfrei. Dies kann auch bei Brückentagen zwischen Sonn- und Feiertag der Fall sein. Dazu kommen pro Gemeinde zwei weitere, lokale Feiertage, von denen einer z. B. auf den Karnevalsdienstag fallen kann.

FKK

Die Gesetzeslage ist hier nicht eindeutig, doch gilt abseits der Ortschaften hüllenloses Baden an den langen Sandstränden von Corralejo und Jandía auf Fuerteventura sowie zwischen Playa del Inglés und Maspalomas auf Gran Canaria schon fast als Norm. Auch auf La Gomera wird FKK an vielen außerhalb der Orte gelegenen Stränden praktiziert, etwa an der Playa del Inglés im Valle Gran Rey. Auf Lanzarote stellt die kleine Ferienanlage Charco del Palo an der Ostküste eine bekannte FKK-Enklave dar, auf La Palma wurde der südlichen Teil des Strands von Puerto de Tazacorte für FKK ausgewiesen.

Oben ohne ist sowohl an Hotelpools als auch an den vornehmlich von Touristen frequentierten Stränden der Inseln weitverbreitet, obwohl die Canarios eher auf züchtige Badekleidung Wert legen. An den von Einheimischen bevorzugten Stränden sollte man dies respektieren.

GELD

Auf den kanarischen Inseln gilt die spanische Landeswährung, der Euro (€). Mit Bankkarte (Maestro oder VPay) und Geheimzahl kann man Geld an Automaten bei Banken, in Einkaufszentren und oft auch in größeren Hotels abheben. Auch ist es in größeren Geschäften, an Tankstellen, in vielen Hotels und gehobenen Restaurants möglich, mit Bankkarte und PIN direkt zu zahlen. Ebenso werden dort meist Kreditkarten (vor allem Visa und Mastercard) akzeptiert.

HAUSTIERE

Für Hund oder Katze, die auf die Kanaren mitreisen, muss ein EU-Heimtierpass mit gültiger Tollwutimpfung vorgelegt werden. Um das Tier eindeutig identifizieren zu können, muss es mit einem Mikrochip gekennzeichnet sein. Bei Tieren, die vor dem 3. Juli 2011 markiert wurden, genügt eventuell eine (lesbare) Tätowierung. Am besten beim Tierarzt abklären lassen. Die meisten Hotels akzeptieren keine Haustiere, sodass man gegebenenfalls auf ein Ferienhaus ausweichen muss (unbedingt vorher klären, ob das Tier willkommen ist!). Auch Linienbusse und Taxis transportieren in der Regel keine Tiere.

INFORMATION

Die Büros der offiziellen spanischen Touristeninformation Turespaña erteilen Auskunft, gern per Mail.

Deutschland:
10707 Berlin
Lietzenburger Str. 99
berlin@tourspain.es

60323 Frankfurt am Main
Myliusstr. 14
frankfurt@tourspain.es

80051 München
Postfach 15 19 40
munich@tourspain.es

Österreich:
1010 Wien
Walfischgasse 8
viena@tourspain.es

Schweiz:
8008 Zürich
Seefeldstr. 19
zurich@tourspain.es

Im Internet:
Website von Turespaña: www.spain.info
Offizielle Tourismus-Website der Kanarischen Inseln: www.turismodecanarias.com

Adressen von örtlichen Informationsbüros finden sich bei den Infos im Reiseteil.

KLEIDUNG

Im Winterhalbjahr gehören auch bei einem Badeurlaub Jacke und Pullover sowie ein Regenschutz ins Gepäck. Für Wanderer, die in den Bergregionen unterwegs sind, gilt dies ganzjäh-

Infos von A–Z

rig. Die Kleiderordnung ist auf den Kanaren inzwischen recht locker. Nur wenn das Berufsleben es erfordert und zu besonderen Anlässen machen sich die Canarios fein. In Restaurants außerhalb des Strandbereichs sowie beim Abendessen im Hotel gelten allerdings kurze Hosen bei Männern oder gar Badekleidung nach wie vor als nicht angemessen.

NOTRUF

Zentraler Notruf: Tel. 112 (Polizei, Feuerwehr, Ambulanz)

Sperrnotruf (bei Verlust von Kredit- und Bankkarten): für Deutschland Tel. +49 116 116 (Liste der teilnehmenden Institute unter www.sperr-notruf.de), für Österreich Tel. +43 1 204 8800 (nur Maestro-Bankomatkarten)

ÖFFNUNGSZEITEN

Die Geschäfte öffnen im Allgemeinen Mo–Fr 9–13, 16–20 und Sa 9–13 Uhr, in großen Einkaufszentren Mo–Sa 10–22 Uhr. In den Ferienorten sind Supermärkte und manche andere Läden durchgehend und länger, z.T. auch am Sonntag, geöffnet. Banken sind Mo–Fr 9–14 und Sa 9–13 Uhr geöffnet; im Sommer haben viele Banken Sa geschlossen.

POST

In Spanien gibt es kein staatliches Postmonopol mehr. Mehrere private Anbieter konkurrieren mit der klassischen Post Correos, die nach wie vor die meisten Kunden vorweisen kann. Die Briefmarken *(sellos)* erhält man in den Filialen von Correos (geöffnet meist Mo–Fr 8.30–14.30, Sa 9.30–13 Uhr), das Porto für eine Postkarte oder einen 20-g-Brief in europäische Länder betrug zuletzt 90 Cent. Von/nach Mitteleuropa sind Karten und Briefe etwa eine Woche bis zehn Tage unterwegs, im Einzelfall auch länger. In Hotels und Souvenirläden werden auf den vier großen Inseln oft Marken privater Anbieter verkauft, etwa der Swiss Post (kein fester Preis). Damit frankierte Post muss in die Kästen der jeweiligen Anbieter geworfen werden.

PRESSE UND TV

Die auflagenstärksten deutschsprachigen Zeitungen sind die auf Teneriffa erscheinende Wochenzeitung »Kanaren Express« (www.karenexpress.com) und das alle 14 Tage herausgegebene »Wochenblatt« (www.wochenblatt.es) mit Nachrichten über alle Inseln, Veranstaltungstipps und Kleinanzeigen. Lokale Anzeiger in deutscher Sprache gibt es außerdem auf allen anderen Inseln außer El Hierro.

In Hotels und anderen Unterkünften sind in der Regel Fernseher in den Zimmern vorhanden. Via Satellit sind die wichtigsten deutschsprachigen Fernsehprogramme zu empfangen.

SICHERHEIT

Die Kanaren gelten als recht sicher. In den Metropolen, allen voran Las Palmas de Gran Canaria, aber auch in den großen Touristenorten, ist die Kriminalitätsrate aber relativ hoch. Lassen Sie deshalb nichts im Auto liegen und nehmen Sie insbesondere zum Strand nur das Allernötigste mit. Deponieren Sie Wertsachen unbedingt im Hotelsafe; die Mietkosten betragen etwa 2–4 € pro Tag. Abgelegene Geldautomaten sollten Sie meiden. In Nachtlokalen, auf Märkten usw. muss mit Taschendieben gerechnet werden.

TELEFONIEREN

Die früher üblichen, hohen Roaming-Gebühren für Handytelefonate, auch bei ankommenden Anrufen, wurden inzwischen deutlich gesenkt und sollen ab dem 15. Juni 2017 ganz entfallen. Der spanische Name für Handy ist *móvil;* inländische Mobiltelefonnummern beginnen mit einer 6. Roamingfähige Handys wählen sich automatisch in die spanischen Netze ein. Auf den Kanarischen Inseln stehen mehrere Anbieter als Roaming-Partner zur Verfügung; die wichtigsten sind Movistar, Vodafone, Orange und Amena. In allen Barrancos muss man mit Empfangsproblemen rechnen. Bei Telefonaten mit ausländischen Handys innerhalb Spaniens ist immer die Landesvorwahl 00 34 mitzuwählen,

Infos von A–Z

dann folgt die neunstellige Teilnehmernummer. Ortsvorwahlen gibt es nicht. Vorwahl Deutschland 00 49, Österreich 00 43, Schweiz 00 41.

Öffentliche Telefonzellen oder Telefonsäulen sind selten geworden, eine Mindestversorgung wird allerdings auch in Zukunft aufrechterhalten. Diese Telefone funktionieren mit Münzen, Telefonkarten *(tarjeta telefónica)* und manchmal auch Kreditkarten. Höhere Gebühren werden meist bei Gesprächen vom Hotel aus fällig (Preise vorher erfragen). Günstiger wird es mit einer Prepaid-Callingcard mit PIN, die auch in Telefonzellen funktioniert.

TRINKGELD

In Hotels und Gaststätten ist ein Bedienungsgeld (15 %) im Preis in der Regel enthalten oder wird getrennt auf der Rechnung ausgewiesen. Zusätzlich gibt man je nach Zufriedenheit mit dem Service 5–10 % Trinkgeld *(propina)*. Im Restaurant lässt man sich immer erst das Wechselgeld herausgeben und lässt beim Verlassen des Lokals dezent ein paar Münzen auf dem Rechnungsteller liegen. Zimmermädchen erhalten ca. 1 € pro Tag, Hotelgepäckträger erwarten pro Gepäckstück 1 €.

TRINKWASSER

Leitungswasser eignet sich, da es oft stark chemisch behandelt ist und manchmal auch einen relativ hohen Salzgehalt aufweist, nur zum Waschen. Zum Trinken, Kochen und Zähneputzen empfiehlt sich Tafelwasser aus dem Supermarkt, das es auch in großen 5-l-Kanistern gibt.

ZEIT

Abweichend vom spanischen Festland liegen die Kanarischen Inseln in der westeuropäischen Zeitzone (WEZ). Bei der Ankunft aus Mitteleuropa wird die Uhr daher um eine Stunde zurückgestellt. Dies gilt auch während der Sommerzeit, die europaweit zu den selben Terminen beginnt und endet.

ZOLL

Die Kanarischen Inseln sind Freihandelszone und genießen damit einen Sonderstatus innerhalb der EU. Bei der Einreise gibt es keine Zollkontrollen, bei der Wiedereinreise in EU-Länder und die Schweiz hingegen schon. Dabei gelten folgende Freigrenzen: 1 l mit mehr oder 2 l Spirituosen mit weniger als 15 Vol.-% Alkohol oder 2 l Schaum- oder Likörwein, dazu 2 l Tischwein; 200 Zigaretten oder 100 Zigarillos oder 50 Zigarren oder 250 g Tabak, 500 g Kaffee, 50 ml Parfüm und 0,25 l Eau de Toilette.

Souvenirs sind bis zu einem Gesamtwert von 430 € bzw. 300 CHF pro Person zollfrei.

URLAUBSKASSE

Tasse Kaffee: 1,50–2,50 €
Softdrink: 1,50–2,50 €
Glas Bier: 2–3 €
Portion Tapas: 4–10 €
Kugel Eis: 1,50–2 €
Taxifahrt (10 km): 9 €
Mietwagen/Tag: ab 9 €

REGISTER

A
Agaete 96, 246
Aktivitäten 334
Aloe vera 25, 126
Altkanarier 62
Anagagebirge 158
Anreise 331
Apartments 341
Archäologische Sammlungen 54
Architektur 66, 164, 167, 175, 177, 183
Arrecife 96
Ärztliche Versorgung 342
Auditorio de Tenerife 72, 167

B
Bajada de la Virgen de los Reyes 96
Barranco de Las Angústias 134
Barranco del Limonero 134
Barrierefreies Reisen 342
Betancuria 148, 290
Bevölkerung 24, 224, 239, 263, 290
Bodegas 58
Brauchtum 88
Bus 332

C
Calatrava, Santiago 72, 167, 323
Caldera de Taburiente 30, 134, 201, 202, 211
Cossió, Mariano de 79
Cueva de Belmaco 52
Cueva Pintada 79

D
Diplomatische Vertretungen 342
Drachenbäume 35, 157, 158, 219, 262, 273
Dunas de Maspalomas 142, 266

E
Einreisebestimmungen 343
Elektrizität 343
El Hierro 235
   Arenas Blancas 236
   Cala de Tacorón 243
   Charco Manso 238
   El Pinar 242
   Ermita de los Reyes 237
   Ermita de San Pedro 238
   Faro de Orchilla 237
   La Dehesa 237
   La Frontera 236, 240
   La Restinga 243
   Las Puntas 240
   Mirador de la Peña 75, 140, 238, 239
   Mocanal 238
   Pico de Malpaso 237
   Playa del Verodal 236
   Pozo de la Salud 236
   Pozo de las Calcosas 238
   Punta de Orchilla 237
   Risco de Tibataje 238
   Sabinosa 236
   Valverde 238, 239
El Jable 110, 146, 284

Essen 100
Estévez, Fernando 79

F
Fauna 40
Feiertage 343
Ferienklubs 341
Feste 94
Fischlokale 103
FKK 344
Flora 32
Flugzeug 331, 333
Folklore 88
Franco 63
Fuencaliente 121
Fuerteventura 279
   Ajuy 280
   Ampuyenta 289
   Antigua 280
   Betancuria 148, 290
   Caleta de Fuste 289
   Caleta Negra 280
   Casa de los Coroneles 280
   Cofete 297
   Corralejo 280, 283, 284
   Costa Calma 282, 293
   Ecomuseo de la Alcogida 280
   El Cotillo 283, 286
   El Jable 110, 146, 284
   Faro de Jandía 282
   Grandes Playas 284
   Islote de Lobos 285
   Jandía 282, 294
   Lajares 280
   La Oliva 280, 287
   Majanicho 283
   Mirador de Morro Velosa 282
   Molino de Antigua 280
   Morro Jable 282, 296
   Museo de la Pesca Tradicional 283
   Museo del Grano La Cilla 280
   Museo del Queso Majoreros 280
   Nuestra Señora de Regla 280
   Pájara 280
   Playa Barca 282
   Playa de Esquinzo 282
   Playa del Matorral 282
   Playa de Los Lagos 283
   Playas de Sotavento 294
   Puerto del Rosario 288
   Punta de Tostón 283
   Risco del Paso 282
   Saladar de Jandía 282
   Tiscamanita 280
   Vega de Río de las Palmas 282

G
Geld 344
Geschichte 62
Gleitschirmfliegen 337
Gofio 51, 92, 108
Golfen 336

Register

Gran Canaria 245
  Agaete 246, 270
  Arguineguín 267
  Artenara 276
  Arucas 248
  Barranco de Fataga 249
  Cenobio de Valerón 272
  Cruz de Tejeda 249
  Degollada de la Aldea 246
  Dunas de Maspalomas 142, 266
  Fataga 249
  Gáldar 248, 272
  Guía Cenobio de Valerón 248
  Iglesia del Pilar 248
  Iglesia de San Juan 248
  Jardín Botánico Viera y Clavijo 262
  La Aldea de San Nicolás 246
  La Goleta 249
  Las Palmas de Gran Canaria 248, 250
  Los Tilos 248
  Maspalomas 248, 266
  Mirador de Balcón 246
  Mogán 246
  Montaña de Arucas 248
  Paseo de Gran Canaria 248
  Pico de las Nieves 249
  Pinar de Tamadaba 277
  Playa de Güigüí 246
  Playa del Asno 246
  Playa del Inglés 264
  Puerto de la Aldea 246
  Puerto de las Nieves 246, 271
  Puerto de Mogán 144, 246, 268
  Puerto Rico 267
  San Bartolomé de Tirajana 249
  Tasartico 246
  Tejeda 249, 275
  Telde 263
  Teror 273
Guanchen 51, 62

H
Haustiere 344
Herzog & de Meuron 72, 165, 167
Höhlendörfer 84
  La Candelaria 85
  La Cueva 85
Hotels 340
Humboldt, Alexander von 33, 62

I
Icod de los Vinos 35
Ildefonso Águilar 76
Inselhüpfen 333

J
Jameos del Agua 75, 152, 301, 317
Jardín Botánico Viera y Clavijo 33
Jugendstil 72

K
Kanareneidechse 43
Kanarienvogel 42
Kitesurfen 335
Kleidung 344
Klima 328

Koschenille 125
Kreuzfahrt 321
Kunsthandwerk 92

L
La Candelaria 85
La Cueva 85
Lage 24
La Gería 57, 308
La Gomera 221
  Agulo 230
  Alto de Contadero 222
  Arure 222
  Chipude 222
  Chorros de Epina 230
  El Cercado 222
  Fortaleza de Chipude 222
  Hermigua 232
  Las Hayas 222
  Los Órganos 222
  Mirador de Abrante 231
  Mirador de Igualero 222
  Mirador de los Roques 222
  Parque Nacional de Garajonay 232
  Playa de Santiago 226
  Roque Agando 222
  San Sebastián de La Gomera 224
  Valle Gran Rey 138, 222, 227
  Vallehermoso 230
La Graciosa 303
  Caleta del Sebo 303
  Playa de El Salado 303
  Playa de las Conchas 303
  Playa Francesa 303
  Punta Corales 303
La Laguna 63, 72
Ländlicher Tourismus 341
Lanzarote 299
  Arrecife 304
  Arrieta 301
  Costa Teguise 316
  Echadero de los Camellos 302
  El Diablo 302
  Famarakliffs 301
  Fundación César Manrique 301, 314
  Guatiza 301
  Haría 301, 319
  Islote de Hilario 302
  Jameos del Agua 75, 152, 301, 317
  Jardín de Cactus 301
  La Gería 57, 308
  Mirador del Río 301
  Montañas del Fuego 302
  Montaña Timanfaya 302
  Monumento al Campesino 301, 313
  Órzola 303
  Parque Nacional de
    Timanfaya 30, 150, 302, 312
  Playa Blanca 310
  Puerto del Carmen 306
  Teguise 301, 314
  Yaiza 302, 308
La Orotava 69, 132, 158, 183
La Palma 197
  Barlovento 200, 217
  Barranco de La Galga 199

Register

Barranco de Las Angustias 200
Caldera de Taburiente 30, 134, 201, 202, 211
Cueva Bonita 215
Cueva de Belmaco 200, 207
Cumbre-Tunnel 199
Degollada de Franceses 202
El Paso 201, 210
Espigón del Roque 202
Faro Viejo 201
Fuencaliente 208
Instituto de Astrofísica de Canarias (IAC) 202
La Cumbrecita 201
Las Manchas 201, 209
Las Nieves 205
La Zarza 52, 136, 200, 217
Lomo de Las Chozas 201
Los Canarios 201
Los Cancajos 206
Los Llanos 200
Los Llanos de Aridane 212
Los Tilos 199, 219
Mirador de Los Andenes 202
Mirador El Time 200
Mirador La Tosca 200, 219
Mirca 201
Observatorio Astrofísico 202
Parque Cultural La Zarza 52, 136, 200, 217
Piscina La Fajana 199
Playa de la Veta 199
Playa de La Zamora Chica 201
Playa de Nogales 199
Playas de La Zamora 201
Plaza La Glorieta 201
Puerto de Tazacorte 200
Puerto Naos 208
Puntagorda 200, 215
Puntallana 199
Roque de los Muchachos 201, 202
Ruta de los Volcanes 211
San Andrés 219
Santa Cruz de La Palma 199, 200, 201, 203
Tazacorte 213
Villa de Mazo 207
Las Cañadas 160
Las Palmas de Gran Canaria 25, 96
   Altstadt 250
   Ciudad Jardín 254
   Hafen 257
   Hotels 258
   Restaurants 258
   Santa Catalina 255
   Triana 253
   Vegueta 250
La Zarza 52, 136, 200, 217
Leitz, Wilfried 77
Lorbeer 37
Lucha Canaria 80, 90
Luján Pérez, José 79

M
Malerei & Skulptur 78
Manrique, César 74, 75, 150, 153, 301
   Blanca Cabrera 75
   Fobos 75
   Fundación César Manrique 301, 314
   Jameos del Agua 75, 152, 301, 317
   Mirador de la Peña 75, 140, 238, 239
   Monumento al Campesino 75, 313
Mietwagen 332
Mirador de la Peña 75, 140, 238, 239
Morera, Luis 77
Mudejarstil 69

N
Nationalparks 30, 49
   Barranco de Las Angustias 30
   Caldera de Taburiente 30, 134, 201, 202, 211
   Las Cañadas 30
   Parque Nacional de Garajonay 30, 222, 232
   Parque Nacional de Timanfaya 30, 150, 302, 312
   Pico del Teide 30, 63, 160
   Roque de los Muchachos 30, 201, 202
Néstor 79
Notruf 345

O
Öffnungszeiten 345

P
Parque Cultural La Zarza 52, 136, 200, 217
Parque Nacional del Teide 130, 178
Parque Nacional de Timanfaya 30, 150, 302, 312
Pensionen 340
Petroglyphen 52, 79, 136
   Cenobio de Valerón 52
   Cuatro Puertas 52
   Cueva de Belmaco 52
   Cueva Pintada 52
   El Julán 52
   La Zarza 52, 136, 200, 217
   Poblado de Zonzamas 52
Pflanzen 33
Pico del Teide 30, 63, 160, 178
Politik und Verwaltung 24
Post 345
Presse 345
Puerto de la Cruz 163, 185
   Calle Quintana 190
   Castillo San Felipe 188
   Flanieren und Baden 186
   Hafen 188
   Loro Parque 189
   Playa Jardín 188
   Plaza de Europa 187
   Plaza del Charco 188
   Stadtbesichtigung 185
   Strände 191
Puerto de Mogán 144, 246, 268
Puntagorda 96, 200, 215
Pyramiden 54

R
Radfahren 336
Reisezeit 328
Reiten 337
Rieseneidechsen 43
Romería de San Roque 96

S
Salsa 96, 98
Salz 120
Santa Cruz de La Palma 72
Santa Cruz de Tenerife 24, 62, 96, 164

Register

Abstecher zur Kunst 167
Calle El Castillo 168
Hotels 170
Iglesia Nuestra Señora de la Concepción 166
Östlich des Zentrums 167
Parque García Sanabria 168
Plaza de España 165
Plaza de la Candelaria 169
Plaza del Príncipe 168
Restaurants 170
Stadtbesichtigung 165

Schiff 331, 333
Segeln 334
Sicherheit 345
Son 98
Sport 334
Sprachkurse 339
Strände 29, 110

T
Tapas 100, 104
Tauchen 334
Taxi 332
Teguise 69, 314
Tejeda 96
Telefonieren 345
Teneriffa 157, 161
    Adeje 177
    Aguamansa 158
    Buenavista del Norte 163
    Candelaria 172
    Costa Adeje 175
    Costa del Silencio 174
    El Médano 173
    El Portillo 160
    Garachico 163, 182
    Icod de los Vinos 163, 182
    La Fortaleza 160
    La Laguna 158, 192
    La Orotava 69, 132, 158, 183
    Los Cristianos 174
    Los Gigantes 180
    Los Roques de García 179
    Masca 163, 181
    Mirador de Humboldt 191
    Montaña Chahorra 160
    Parque Nacional del Teide 130, 178
    Pico del Teide 30, 63, 160, 178
    Pico Viejo 160, 178
    Pirámides de Güímar 172
    Plateau La Rambleta 160
    Playa de Las Américas 175
    Playa de Las Teresitas 158, 170
    Playa San Roque 158
    Puerto de la Cruz 163, 185
    Puerto de Santiago 180
    Punta de Teno 163
    San Andrés 158, 170
    Santa Cruz de Tenerife 164, 166, 167, 168
    Santiago del Teide 163, 181
    Taganana 158
    Vilaflor 177
Teror 96, 273
Tiere 41

Tijarafe 96
Timple 82, 90
Torre, Néstor Martín Fernández de la 79
Trinken 100
Trinkgeld 346
Trinkwasser 346
TV 345

U
Umwelt- & Naturschutz 46
Unterkunft 340
Unamuno, Miguel de 64
Ureinwohner 50, 62, 84
Urlaubskasse 346

V
Valle Gran Rey 138, 222, 227
Valsequillo 96
Vegueta 69
Veranstaltungen 94
Vulkane 26

W
Waldbrände 49
Wandern 338
Wein 25, 56, 102
Weinmuseen 61
Wellenreiten 336
Windmühlen 86
    Centro de Interpretación Los Molinos 86
    Guatiza 86
    Keramikwerkstatt El Molino 86
Windsurfen 335
Wirtschaft 25
Wohnhöhlen 52
Workshops 339

Z
Zoll 346

Impressum

Bildnachweis
Coverfoto: Mauritius Images, Martin Moxter
Fotos Umschlagrückseite oben shutterstock Jorg Hackemann, unten © imageBROKER / Alamy Stock Foto / Katja Kreder
© age fotostock / Alamy Stock Foto / Atmán Victor 90 links; © Alan Dawson Photography / Alamy Stock Foto 83; © Alex Polo / Alamy Stock Foto 171; © BANANA PANCAKE / Alamy Stock Foto 331; © C.O. Mercial / Alamy Stock Foto 28/29; © Canary Islands / Alamy Stock Foto 262; © Colin Underhill / Alamy Stock Foto 288; © Dirk Renckhoff / Alamy Stock Foto 93; © Ernst Wrba / Alamy Stock Foto 189; © Fabrizio Troiani / Alamy Stock Foto 185; © GraficallyMinded / Alamy Stock Foto 99; © Hackenberg-Photo-Cologne / Alamy Stock Foto 169; © huber-images.de / Gerth Roland 234, 236; © huber-images.de / Schmid Reinhard 238, 241, 242; © imageBROKER / Alamy Stock Foto / Helmut Corneli 255; © imageBROKER / Alamy Stock Foto / Katja Kreder 130/131, 206; © imageBROKER / Alamy Stock Foto / Markus Lange 216; © imageBROKER / Alamy Stock Foto / Martin Moxter 277; © imageBROKER / Alamy Stock Foto / Martin Siepmann 138/139; © imageBROKER / Alamy Stock Foto / Norbert Eisele-Hein 146/147; © imageBROKER / Alamy Stock Foto / Peter Schickert 78/79, 84/85; © imageBROKER / Alamy Stock Foto / Siepmann 276; © imageBROKER / Alamy Stock Foto / Stella 97; © Islandistock / Alamy Stock Foto 80/81, 256; © Jan Wlodarczyk / Alamy Stock Foto 38/39, 56/57; © Joris Van Ostaeyen / Alamy Stock Foto 312; © Karol Kozlowski / Alamy Stock Foto 69; © Ken Welsh / Alamy Stock Foto 87; © mediacolor's / Alamy Stock Foto 109; © Michele Falzone / Alamy Stock Foto 142/143; © MIKEL BILBAO GOROSTIAGA- TRAVELS / Alamy Stock Foto 58/59; © National Geographic Creative / Alamy Stock Foto / Tino Soriano 94/95; © Odyssey-Images / Alamy Stock Foto 150/151; © PE Forsberg / Alamy Stock Foto 65; © Prisma Bildagentur AG / Alamy Stock Foto / Gerth Roland 295; © Prisma Bildagentur AG / Alamy Stock Foto / Kreder Katja 338; © Stephen Dorey / Alamy Stock Foto 92; © Susana Guzman / Alamy Stock Foto 311; © VIEW Pictures Ltd / Alamy Stock Foto 152/153; © Werner Dieterich / Alamy Stock Foto 140/141; © Werner Otto / Alamy Stock Foto 263; © YAY Media AS / Alamy Stock Foto 66/67; Alamy Stock Foto Martin Moxter 218; Alamy Stock Foto NATUREWORLD / Alamy Stock Foto 298; Alamy Stock Foto Pawel Kazmierczak 172; Alamy Stock Foto Phil Crean 207; Alamy Stock Foto pictureproject 217; Aleksandar Todorovic / Shutterstock.com 68, 164,273; baldovina / Shutterstock.com 314; getty images Westend61 343; getty images budzik 246; getty images Iryna Shpulak 340; getty images Walter Bibikow 220; getty images Westend61 329; gettyimages Katja Kreder 209; Gräfe und Unzer Verlag GmbH Monika Schürle, Maria Grossmann 104/105, 106 /107; ImageBROKER / Alamy Stock Foto / Siepmann 100/101; IndustryAndTravel / Shutterstock.com 50/51; Jorg Hackemann / Shutterstock.com 2/3, 74; ksl / Shutterstock.com 320; MarKord / Shutterstock.com 194; Mikadun / Shutterstock.com 6/7, 326; Patryk Kosmider / Shutterstock.com 144/145; Pawel Kazmierczak / Shutterstock.com 306, 313; Peter Fuchs / Shutterstock.com 118/119; Philip Lange / Shutterstock.com 261, 296, 322; Prisma Bildagentur AG / Alamy Stock Foto 259; Salvador Aznar / Shutterstock.com 88/89, 90/91; Sasha64f / Shutterstock.com 183; shutterstock acongar 20/21; shutterstock Alberto Loyo 121 unten; shutterstock Ales Liska 16/17; shutterstock Alexander Tihonov 124/125; shutterstock Andrei Nekrassov 26/27; shutterstock anyaivanova 128/129; shutterstock cristovao 302; shutterstock Dominic Dahncke 200; shutterstock EES 136/137; shutterstock Ekkachai 120; shutterstock Eric Gevaert 196; shutterstock eska2005 46/47; shutterstock Fominayaphoto 75; shutterstock Fulcanelli 52/53; shutterstock Geza Farkas 43; shutterstock GybasDigiPhoto 284; shutterstock Henner Damke 36/37; shutterstock holbox , 4/5, 18/19, 30/31, 42, 70/71, 122/123, 179, 249, 325; shutterstock John_Walker 177, 180; shutterstock Jorg Hackemann 305, 316, 318; shutterstock Josef Skacel 160; shutterstock Karol Kozlowski 134/135, 176, 224, 231; shutterstock Kochneva Tetyana 303; shutterstock leoks 270; shutterstock manams 269; shutterstock Manuel M Almeida 44; shutterstock Maridav 154/155; shutterstock Mette Brandt 202, 244; shutterstock Mihai-Bogdan Lazar 116/117; shutterstock Monika Gregussova 163; shutterstock Natalia Paklina / Shutterstock.com 214; shutterstock Naturspruts 45, 48/49; shutterstock Neirfy 175; shutterstock Nikiforov Alexander 12/13; shutterstock nito 114/115; shutterstock Oleg Znamenskiy 252; shutterstock oryx 211; shutterstock Pavel1964 162; shutterstock Pawel Kazmierczak 14/15, 60/61, 73, 77, 110/111, 132/133, 148/149, 226, 228, 308; shutterstock Primož Cigler 40/41; shutterstock Roman Borodaev 32/33; shutterstock RossHelen 156, 159, 193, 204, 212, 233, 248, 291; shutterstock science photo 126/127; shutterstock Soloviev Andrey 55; shutterstock T.W. van Urk 121 oben; shutterstock T.W. van Urk 210; shutterstock Tamara Kulikova 34/35; shutterstock Tatyana Vyc 76; shutterstock underworld 22/23; shutterstock Valery Bareta 264; shutterstock Valery Bareta 267; shutterstock vitalez 8/9; shutterstock wjarek 278; shutterstock ZM_Photo 274; shutterstock ZM_Photo 283; shutterstock ZM_Photo 286; shutterstock ZM_Photo 292; VictorTorres / Shutterstock.com 297; Zoonar GmbH / Alamy Stock Foto 335;

Rezepte Seite 104–106: Susanne Walter, Fingerfood – Partyhäppchen ohne Besteck Gräfe und Unzer Verlag, 2014, ISBN 978-3-8338-3964-1

Liebe Leserin, lieber Leser,
wir freuen uns, dass Sie sich für diesen POLYGLOTT auf Reisen entschieden haben.
Unsere Autorinnen und Autoren sind für Sie unterwegs und recherchieren sehr gründlich, damit Sie mit aktuellen und zuverlässigen Informationen auf Reisen gehen können. Dennoch lassen sich Fehler nie ganz ausschließen. Wir bitten Sie um Verständnis, dass der Verlag dafür keine Haftung übernehmen kann.

Ihre Meinung ist uns wichtig. Bitte schreiben Sie uns: TRAVEL HOUSE MEDIA GmbH, Redaktion POLYGLOTT, Grillparzerstraße 12, 81675 München, redaktion@polyglott.de, 089/450 009 941

1. Auflage 2017
© 2017 TRAVEL HOUSE MEDIA GmbH München
Dieses Buch wurde auf chlorfrei gebleichtem Papier gedruckt.
ISBN 978-3-8464-0168-2

Alle Rechte vorbehalten. Nachdruck, auch auszugsweise, sowie die Verbreitung durch Film, Funk, Fernsehen und Internet, durch fotomechanische Wiedergabe, Tonträger und Datenverarbeitungssysteme jeglicher Art nur mit schriftlicher Genehmigung des Verlages.

Bei Interesse an maßgeschneiderten POLYGLOTT-Produkten:
veronica.reisenegger@travel-house-media.de

Bei Interesse an Anzeigen:
KV Kommunalverlag GmbH & Co KG
Tel. 089/928 09 60
info@kommunal-verlag.de

Redaktionsleitung: Grit Müller
Autoren: Susanne Lipps-Breda, Rolf Goetz
Redaktion und Gesamtproduktion:
Marc Strittmatter ppp.services
Verlagsredaktion: Antonia Latković, Anne-Katrin Scheiter
Korrektorat: Renate Nöldeke
Bildredaktion: Iris Kaczmarczyk, Marc Strittmatter
Layoutkonzept: Stephanie Henzler, Sina Chakoh studioformo.de
Karten und Pläne: Geographic Production, München
Satz: Stephanie Henzler, Sina Chakoh studioformo.de, Cordula Schaaf Grafik Design
Herstellung: Anna Bäumner
Druck und Bindung: Drukarnia Dimograf Sp.zo.o (Polen)

Ein Unternehmen der
GANSKE VERLAGSGRUPPE

ALLE TOUREN AUF EINEN BLICK

Mehr entdecken, schöner reisen

TOUREN	REGION	DAUER	SEITE
1 Ins Anagagebirge	Teneriffa	1 Tag	› S. 158
2 Auf Spaniens höchsten Gipfel	Teneriffa	1 Tag	› S. 158
3 Landstädtchen im Norden	Teneriffa	1 Tag	› S. 163
4 Die Nordtour	La Palma	1 Tag	› S. 199
5 Durch den vulkanischen Süden	La Palma	1 Tag	› S. 200
6 Auf den Roque des los Muchachos	La Palma	1 Tag	› S. 201
7 In den Garajonay-Nationalpark	La Gomera	1 Tag	› S. 222
8 Bootsfahrt nach Los Órganos	La Gomera	1 Tag	› S. 222
9 Ans »Ende der Welt« im äußersten Westen	El Hierro	1 Tag	› S. 236
10 Dörfer und Badebuchten im Norden	El Hierro	1 Tag	› S. 238
11 Panoramastraße im Westen	Gran Canaria	1 Tag	› S. 246
12 Die Nordküste entlang	Gran Canaria	1 Tag	› S. 248
13 Ins zentrale Bergland	Gran Canaria	1 Tag	› S. 248
14 Auf der Windmühlenroute	Fuerteventura	1 Tag	› S. 280
15 Strandwanderung auf Jandía	Fuerteventura	1 Tag	› S. 282
16 Mountainbiketour nach El Cotillo	Fuerteventura	1 Tag	› S. 283
17 Auf Spuren von César Manrique	Lanzarote	1 Tag	› S. 301
18 Durch die Feuerberge	Lanzarote	½ Tag	› S. 302
19 Auf die Nachbarinsel La Graciosa	Lanzarote	1 Tag	› S. 303